guía holman de
religiones
del
mundo

guía holman de
RELIGIONES
del
MUNDO

con capítulos especiales sobre
el islam y el cristianismo

george w. braswell, jr.

ESPAÑOL®
BRENTWOOD, TENNESSEE

Publicado por B&H Publishing Group
Brentwood, Tennessee 37027

ISBN: 978-0-8054-3276-3

Parte de este material fue publicado originalmente con el título
Understanding World Religions © 1994 Broadman & Holman Publishers
Usado con permiso.

Traducción y adaptación: Leticia Calçada

Tipografía de la edición castellana:
A&W Publishing Electronic Services, Inc.

Clasificación Decimal Dewey: 291
RELIGIONES

Impreso en los EE.UU.

12 13 14 15 16   28 27 26 25 24

A todos los Braswells
que vivieron entre los pueblos del Medio Oriente

y

a los estudiantes de Southeastern Baptist Theological Seminary
que siguen aventurándose
entre los pueblos de distintas tradiciones religiosas

ÍNDICE

PREFACIO

■   ■

¿Qué puede esperar quien lee este libro? No ha sido mi intención escribir algo sumamente técnico, excesivamente probatorio o exhaustivo sobre las religiones del mundo. En realidad, este es un libro sobre un grupo selecto de religiones, y se enfatiza el desarrollo y el crecimiento histórico, las creencias y las prácticas principales, y el lugar que ocupan en la comunidad religiosa.

El motivo primordial del libro es entender a una variedad de seres humanos que son religiosos. Dichos seres humanos creen en alguien o en algo más allá de ellos mismos. Oran, meditan, obedecen, y viven sus vidas de acuerdo a confesiones, declaraciones de fe y credos que trascienden los sucesos mundanos de la vida cotidiana.

Este libro también procura ofrecer una perspectiva cristiana en cuanto a las religiones. Yo escribo desde la experiencia de haber vivido y enseñado entre personas de varias religiones, de tener amigos que están activamente comprometidos con varias creencias y prácticas, y desde mi propio entendimiento y experiencia de la fe y la práctica cristiana.

Al final del libro, se incluyen varias preguntas, ejercicios y proyectos prácticos para cada capítulo. Estos tienen el propósito de ayudar a entender las varias religiones y a comunicar la fe personal a otros.

El capítulo 1 tiene su enfoque en varios temas evidentes en las principales religiones, incluyendo el concepto de deidad, escritos sagrados, creencias y prácticas, instituciones religiosas y cuestiones que van desde la política a la paz. Los capítulos 2 al 7 centran la atención en las principales tradiciones religiosas del hinduismo; el budismo; las religiones chinas y japonesas del confucianismo, el taoísmo y el sintoísmo; el judaísmo; el cristianismo; el Islam, y las relaciones entre estas dos últimas religiones.

El capítulo 8 considera varias tradiciones religiosas seleccionadas entre las que se incluyen las tradiciones egipcias, mesopotámicas, griegas y romanas; jainismo y sijismo de la India; el zoroastrismo de Irán; la religión tradicional africana, y el Baha'i con sus orígenes en Irán. El capítulo 9 presenta un breve estudio práctico de tradiciones religiosas en el Medio Oriente, con énfasis en el contexto iraní, y un epílogo de este capítulo sobre el impacto del Islam en el siglo XXI.

El capítulo 10 expresa ciertas perspectivas seleccionadas de teologías cristianas hacia las religiones. Hay un énfasis en puntos de vista cristianos para con los hindúes, los budistas y los musulmanes.

El último capítulo ofrece varios ejercicios y proyectos para permitir que el lector explore los significados de las religiones y considere su propia fe y prácticas en cuanto a personas de otras tradiciones religiosas.

De manera que, ¿qué puede esperar quien lee este libro? Creo que el lector empezará un viaje al entendimiento de los profundos anhelos religiosos y estilos de vida de una variedad de personas que están experimentando crecimiento en forma geométrica. Creo también que hará que nuestra propia fe y práctica se relacione con otras personas. Habrá una fluida conversación entre nosotros y los demás. El cristiano confrontará los profundos significados del evangelio, las buenas nuevas de la fe cristiana, con los grandes desafíos en las otras religiones en cuanto a revelación, autoridad, salvación, ética y paz.

guía holman de
religiones
del
mundo

1

PANORAMA DE LOS PUEBLOS Y SUS RELIGIONES

■ ▬▬▬▬▬▬▬▬▬▬▬▬▬▬▬▬▬▬▬▬▬▬▬▬▬▬▬ ■

Introducción

Las personas de distintas religiones ya no se encuentran a grandes distancias unas de otras. Hindúes, budistas, musulmanes y cristianos son todos pueblos que se movilizan muchísimo y han cruzado fronteras geográficas y culturales para encontrarse y vivir unos con otros. Un templo hindú, una iglesia congregacional budista, una mezquita musulmana y una iglesia cristiana tal vez se encuentren muy cerca unas de otras. En las calles de grandes ciudades y también en los pueblos se pueden ver personas que visten una vestimenta religiosa particular. Las personas de distintas religiones se han convertido en vecinos y a veces cordiales amigos.

El estudio de religiones del mundo (o religiones comparadas) ha sido una disciplina académica durante ya un largo tiempo. Eruditos universitarios, misioneros y funcionarios de gobierno han realizado muchas contribuciones a nivel literario en cuanto a religiones. Tal vez la mejor manera de entender las religiones del mundo sea observar y comunicarse con personas que profesan y practican religiones. Cuando surgen conversaciones, aparece todo un nuevo mundo.

Hay varias razones por las cuales las personas necesitan entender y comunicarse a través de las comunidades religiosas. El simple hecho del pluralismo religioso exige nuestra atención recíproca. Hay pluralismo racial, étnico, lingüístico y ahora religioso. ¿Por qué será que personas de otras religiones viven en nuestro vecindario? ¿Están allí transitoria o

3

permanentemente? ¿Son amigos o enemigos? ¿Son misioneros o no lo son? ¿Debo presentarles mi religión? La realidad del pluralismo religioso está generando nuevo interés por entender quiénes son todas estas personas y cuál es su fe.

La necesidad de entender también se basa en el común denominador de que la gente es gente al margen de la religión que profese. La gente se ríe y llora, nace y muere, sueña y hace planes, cría hijos y trabaja, disfruta de la vida y se jubila. La gente habla de sus hijos y de su familia, de sus problemas y sus éxitos, de sus esperanzas para el futuro. Hay necesidad de entendimiento compasivo y aprecio de los deseos humanos básicos, frustraciones, y sueños. Al mismo tiempo, las creencias y las prácticas religiosas de la gente añaden profundidad y riqueza a todas sus experiencias. De manera que cuando se exploran las similitudes y las diferencias entre varios pueblos religiosos surge un entendimiento básico.

El pluralismo religioso ocurre en un mundo de competición. Las religiones compiten en el mercado laboral tanto por recursos humanos como materiales. Para sobrevivir y crecer las comunidades religiosas procuran miembros o auspiciantes, léaltad y compromiso personal, fondos, desarrollo institucional y opinión pública favorable.

Una razón muy práctica para entender las religiones del mundo es lograr mejores métodos para llegar a las personas de esas religiones, o mejores respuestas cuando dichas personas llegan a nosotros. Personas de fe hindú, budista y musulmana pueden extenderse invitaciones mutuas y a cristianos para aceptar otra religión. Las técnicas y los métodos de persuasión y conversión son parte vital de muchas comunidades religiosas, que no solo enseñan y entrenan a sus adherentes a ser misioneros sino que también envían misioneros a tierras de otras comunidades religiosas. Entender otras religiones es permitir la comunicación de nuestra fe más eficientemente tanto en encuentros misioneros como al defender nuestra fe.

Las religiones cada vez más están teniendo parte activa en la política interna de una nación y entre las naciones. La historia demuestra que las religiones de importancia en el mundo han pugnado por varias clases de poder y de prestigio. La religión, la política y la economía a veces se han aliado en ciertos momentos de la historia. Por ejemplo, las guerras religiosas han tenido lugar entre cristianos, entre musulmanes, o entre cristianos y musulmanes. Las comunidades religiosas se adhieren celosamente a la historia sagrada, los lugares sagrados, las personas sagradas y las tierras sagradas. Por lo tanto, a menudo conflictos y crisis resultan algo normal para las personas que profesan religiones. Es así que para resolver conflictos y establecer paz y armonía se necesita comprensión y aceptación.

Una señal de los tiempos es el avivamiento y la revitalización de la sed de religión que tiene la gente; sed por Dios, por dioses y diosas, por encontrarle sentido a la vida. Las personas desean algo y alguien más allá de lo prosaico, más que el yo, más que la institución, y más que lo que otros digan sobre una vida mejor. La gente desea tener una experiencia espiritual. La gente tiende a una reorientación de sus antenas espirituales. Vivimos en una época en que los cohetes espaciales se lanzan a la exploración del cosmos. En el 1600 d.C. Giordano Bruno fue quemado vivo por decir "Creo que el universo es infinito, y que es el efecto de divino e infinito poder y bondad, de los cuales cualquier mundo infinito no hubiera sido digno. Por lo tanto, he declarado que además de nuestra Tierra existen mundos infinitos. Con Pitágoras declaro que la Tierra es una estrella como todas las otras estrellas finitas, y que todo este sinnúmero de mundos son un todo en un espacio infinito, que es el verdadero universo".

Hoy día naves espaciales se alzan hacia otros planetas, y hay ritos religiosos de celebración que reciben nombres de deidades mitológicas. A los Brunos ya no se los quema en hogueras, y hay un profundo entusiasmo en la búsqueda de lo misterioso, lo infinito y lo divino. Hemos llegado a una nueva etapa en la cultura humana. Somos una sociedad planetaria que contiene más información de lo que la mente puede retener, pero suficiente espacio para que el espíritu se eleve. Algunos de los astronautas en esas naves espaciales han logrado una nueva o renovada orientación cósmica. Uno de ellos se convirtió en discípulo de la Meditación Trascendental de Maharajá. Otro astronauta investigó la sanidad parapsicológica y la percepción extrasensorial. Uno de los astronautas, un bautista, utilizó su experiencia para entrar a la corte de reyes del Medio Oriente a fin de proclamar al Cristo cósmico.

Hoy es el día de salvación, de liberación, de escape o de sentirse realizado. Las calles y los lugares de trabajo, tanto como la radio y la televisión y los templos son las cajas de resonancia de una cantidad de voces religiosas, declaraciones de fe y estilos de vida. Los eruditos continúan investigaciones y escriben sobre religiones. Los gobiernos entrenan especialistas para que comprendan a la gente religiosa y sus sistemas económicos y políticos a fin de que presten servicio en embajadas y consulados. Organizaciones eclesiásticas envían misioneros a pueblos de otras creencias. Mientras tanto, en sociedades pluralistas, hindúes viven junto a budistas, y cristianos junto a musulmanes. Hay una verdadera necesidad de comprender a las personas de otras religiones, no solo a través de libros sino también cara a cara.

Las religiones, como los organismos vivientes, comienzan en un punto dado de la historia, crecen, maduran hasta convertirse en tradiciones vivientes, y a menudo afectan las vidas de cientos de millones de seguidores. Algunas religiones incluso mueren. El zoroastrismo, la religión del antiguo Irán, floreció en el centro de Sudasia y tuvo influencia tanto en el judaísmo como en el cristianismo. El zoroastrismo hoy día está limitado mayormente a unos pocos seguidores en Irán y en Bombay, India.

Rara vez las religiones son estáticas. A través del tiempo, el espacio y la historia, tienden a cambiar formas y características. Ciertas religiones han dado a luz movimientos de reforma. Se podría considerar que el budismo fue un intento de reformar el hinduismo. Otras religiones han nacido al combinarse ciertas características de varias religiones; por ejemplo, el sijismo es un sincretismo del hinduismo y del Islam. Algunas religiones comienzan sobre el fundamento de otras. El fundamento del cristianismo en el judaísmo es muy importante, y el Islam nació fundándose tanto en el judaísmo como en el cristianismo.

Para muchas religiones no hay diferencia entre religión y cultura, entre religión y política, o entre religión y modo de vida. El hinduismo en la India es sinónimo de haber nacido en la India. Es una forma de vida para la gente de la India. Del mismo modo, el Islam ofrece a los musulmanes un modo de vida total. En la sociedad islámica, política, economía y vida religiosa se unen como partes de un todo integral. Por otra parte, el cristianismo varía en sus interpretaciones y en el impacto sobre la cultura y la política.

Algunas religiones se contentan con ser locales, tienen impacto en su propia comunidad nacional, y no son misioneras. Otras religiones son más universalistas y con fervor misionero migran cruzando culturas y fronteras nacionales. Sin embargo, todas las religiones sostienen ciertas creencias, filosofías, rituales e instituciones. En las páginas que siguen consideraremos temas como las deidades y los espíritus, profetas, escritos sagrados, creencias, instituciones religiosas y otros temas.

Dioses, diosas, fantasmas y espíritus: De profetas a gurúes y héroes culturales

A los seres humanos les ha resultado difícil enfrentar los desafíos y las crisis de la vida sin la ayuda de deidades y espíritus. Los seres sobrenaturales tienen un papel importante en las principales religiones mundiales que aún existen. Algunas religiones cuentan con un panteón de deidades que a veces compiten por el afecto y la lealtad de sus fieles. Estas deidades pueden ser femeninas o masculinas, y representan poder y control de las estaciones de la naturaleza, además de otorgar salud y felicidad. Un discípulo a menudo procura la ayuda de varias deidades hasta lograr lo que necesita. La religión que ofrece una variedad de dioses a sus fieles es una *religión politeísta*. Al hinduismo se lo puede considerar politeísta.

Algunas religiones declaran tener una sola deidad real y válida para la experiencia humana. Puede haber otros dioses y otras diosas con nombres y tradiciones, pero se los considera ídolos o bien falsas imitaciones. La única deidad es universal y celosa de su propia autoridad y su poder; exige total lealtad de parte de sus seguidores. Una religión que afirma que hay un solo dios es una *religión monoteísta*. El judaísmo, el cristianismo y el Islam se pueden considerar religiones monoteístas.

Varias personas consideran que los antepasados son importantes en sus tradiciones religiosas. Dichos antepasados pueden aparecer como espíritus o fantasmas, y se los apacigua tanto en rituales domésticos como de la comunidad. El mundo de los espíritus es un fenómeno común entre los pueblos religiosos, y los espíritus pueden ser tanto buenos como malvados. A veces, en la misma religión son prominentes tanto deidades como antepasados. Estos tienen relevancia en pueblos tribales y asimismo en religiones como el taoísmo y el sintoísmo.

Las religiones tribales y las tradiciones animistas cuentan con sacerdotes, especialistas en medicina y chamanes que actúan como intermediarios entre el antepasado y el mundo de los espíritus y la persona. Cuando hay una deidad o una fuerza sobrenatural en una religión, hay un especialista religioso con ciertos deberes de conocer lo sobrenatural y ayudar a controlar y a mediar poder para beneficio de los seguidores religiosos. A menudo se confunde al profeta o al especialista religioso con la naturaleza y el ser mismo de la deidad. Cuando ello ocurre, al especialista se lo puede asociar con lo sobrenatural. Por ejemplo, Buda nunca declaró creer en la deidad, pero sus seguidores con el tiempo lo elevaron a la condición divina.

Las deidades y los antepasados se dan a conocer a la gente a través de cierta *élite religiosa* en la comunidad religiosa. Los dioses no revelan su voluntad, sus leyes y sus expectativas en un vacío. En las religiones monoteístas, un profeta se convierte en el principal vocero de la deidad. El profeta Mahoma de la religión islámica no sólo oyó el mensaje de Alá, el dios, sino que además les enseñó a los musulmanes la voluntad y la ley de Alá. A Mahoma se lo puede considerar el fundador de la religión del Islam. El hinduismo no reconoce fundadores. Las creencias y las prácticas del hinduismo parecen no perder actualidad. Los sabios o gurúes han enseñado y descrito las deidades y las verdades del hinduismo, y los hindúes siguen esas enseñanzas.

En el budismo no hay un profeta como el profeta hebreo Amós, Jesucristo o Mahoma. Aunque a Buda se lo reconoce como el fundador del budismo, los budistas están divididos en la forma de entender a Buda. Algunos lo consideran como un héroe de su cultura, un gurú supremo que halló la clave para entender la vida y demostró la manera de vivirla. Otros budistas ven a Buda como alguien que logró la deidad, y por lo tanto lo adoran y lo imitan como su salvador. Los seguidores del confucianismo se asemejan a los budistas en la forma de entender a Confucio.

Las personas religiosas a menudo son sorprendentes en cómo necesitan a los dioses y cómo los adoran. Un hindú en particular puede llegar a honrar a varios dioses y diosas por medio de rituales en el templo y ofrendas. Sin embargo, ese mismo hindú puede ofrecer devoción más frecuente a un dios, por ejemplo Krishna, y así ser más monoteísta en la práctica que un politeísta. Un budista puede declarar que no hay seres sobrenaturales, mientras otro budista puede adorar a Buda como el dios supremo. Un musulmán puede confesar explícitamente que sólo hay una deidad, Alá, pero ese mismo musulmán puede pasar más tiempo y energía religiosa procurando la ayuda de un santo musulmán.

Algunos hindúes y confucianos pueden llegar a tolerar la fe en dioses y diosas de sus correligionarios, pero sin por ello ser creyentes en lo sobrenatural. El hindú puede adherirse a una filosofía de monismo, una creencia en leyes impersonales que gobiernan el universo. El confuciano puede creer que las leyes y las tradiciones de la sociedad son sagradas. Por lo tanto, en algunas religiones como el hinduismo la variedad de deidades es ilimitada. En otras religiones como el cristianismo, la opción es, o bien un Dios o bien los dioses falsos.

De manera que en el estudio de las religiones es importante entender que una religión se compone de una cantidad de personas con distintas creencias y prácticas. No todos los hindúes ni todos los budistas creen y practican tradiciones idénticas. Puede llegar a haber más diversidad dentro del hinduismo que entre el cristianismo y el Islam. El hinduismo puede permitir ateísmo, secularismo, politeísmo y monoteísmo. Pero hay una perspectiva que se hace clara en el estudio de las religiones: el espíritu, la mente y el corazón humano continúa en la búsqueda de alguien o de algo más allá de sí mismo. A menudo se hace necesario un profeta o héroe religioso.

Escritos sagrados: Mapas de ruta para la vida y el más allá
Del Bhagavad Gita al Corán

Las religiones vivientes más importantes cuentan con escritos sagrados. Algunas han puesto por escrito las palabras de sus profetas tal como ellos pronunciaron el mensaje de Dios al pueblo. La Torá del judaísmo, el Antiguo y el Nuevo Testamento del cristianismo y el Corán del Islam son ejemplos de mensajes de profetas y apóstoles de estas religiones tal como ellos anunciaron las palabras de su dios y en el nombre de su dios. Otras religiones han preservado las enseñanzas de sus fundadores y de sus líderes inspirados. Los venerables sabios desconocidos del hinduismo recogieron verdades sobre el universo y las preservaron en escritos sagrados conocidos como Vedas, Upanishads y Bhagavad Gita.

Buda, el fundador del budismo, dejó enseñanzas explícitas a sus discípulos, que luego las pusieron por escrito. El Tripitaka contiene los fundamentos de las enseñanzas de Buda. Fases posteriores del budismo incluyen el Sutra del Corazón y el Lotus Sutra como lectura devocional. En la China, Confucio inició el confucianismo. Los escritos sagrados asociados con Confucio y sus seguidores son Los Cinco Clásicos y Los Cuatro Libros. Los Analectos, uno de los Cuatro Libros, es la colección de dichos que se atribuyen a Confucio. El taoísmo, la otra religión china importante, se inició con Lao Tzu, contemporáneo de Confucio. Su escrito de más relevancia, El Tao Te Ching, se le atribuye a Lao Tzu.

Las religiones pueden diferir en la manera en que consideran sus tradiciones escritas. La cuestión de la fuente de la tradición escrita es importante para un musulmán o un budista devoto. Si se trata de un musulmán, el autor del Corán (Qur'an) es Alá, y el idioma del Corán y de Alá es el árabe, de manera que el musulmán piadoso cuestiona hasta una traducción del árabe de Alá y del Corán a otro idioma. Por otro lado, el budista devoto reconoce que las enseñanzas de Buda han sido transmitidas en varios idiomas y a varias comunidades. El budista también sabe que estas enseñanzas han sido interpretadas por diversas escuelas de monjes, y que dichas interpretaciones han llegado a ser parte de las creencias de los budistas.

Las escrituras sagradas a menudo son un aspecto serio de cierta vocación religiosa. Deben ser preservadas, interpretadas, enseñadas y transmitidas a futuras generaciones. Por lo tanto, las comunidades religiosas seleccionan a individuos religiosamente sagaces que tengan la capacidad de trabajar con las escrituras. El hinduismo temprano confió en los sacerdotes brahmanes para que salvaguardaran y enseñaran la sabiduría de las Vedas. El budismo desarrolló el monasterio (Sangha) donde los monjes se transformaron en intérpretes del Tripitaka a los laicos. El Islam necesitaba eruditos religiosos, como por ejemplo los Imanes y los Ulema, a fin de que conocieran con fluidez el árabe clásico del Corán para enseñarlo a los que fueran menos cultos y a quienes no hablaran árabe. Hasta la época de la Reforma, el cristianismo se apoyó en una élite académica-sacerdotal para predicar y enseñar las escrituras cristianas en latín a los que contaran con menos cultura y a quienes no hablaran latín.

La interpretación de las escrituras ha sido un desafío y a menudo un problema para las comunidades religiosas. Sacerdotes y eruditos han estado en desacuerdo en cuanto a traducciones y significados de sus tradiciones sagradas. Estos conflictos muchas veces han dado como resultado divisiones en la comunidad religiosa en vista de las distintas perspectivas e interpretaciones, y las discrepancias han dado lugar a varias escuelas, seminarios, monasterios y sectas religiosas.

El budismo es un ejemplo clásico de escuelas de pensamiento en desacuerdo por el significado de las enseñanzas de Buda. Los budistas Hinayana interpretan las enseñanzas del Tripitaka declarando que Buda era un gran maestro y un gran ejemplo. Los budistas Mahayana interpretan el Sutra del Corazón y el Lotus Sutra considerando que Buda es un gran ser con condición sobrenatural. El cristianismo es otro ejemplo. Los grandes debates teológicos sobre la naturaleza y el significado de la escritura y la naturaleza de Dios han dado como resultado las divisiones del catolicismo romano, la ortodoxia griega y el protestantismo. De modo que las religiones desarrollan diversas escuelas, las que a su vez tienen eruditos de renombre cuyas perspectivas sobre la escritura, la filosofía y la teología se respetan con amplitud. El confucianismo tiene a su gran erudito, Mencio; el cristianismo cuenta con Agustín, Tomás de Aquino y Martín Lutero.

Los escritos sagrados de las religiones cuentan con una variedad de temas. Si la religión tiene su enfoque en un concepto de deidad, la escritura habrá de describir la naturaleza de la deidad y la relación de esta con el mundo. Los temas de la creación, la preservación y el juicio pueden resultar prominentes. Las leyes y las pautas para los asuntos humanos, y para la relación entre la deidad y la persona o la comunidad pueden formar una parte importante de la Escritura. El escrito sagrado hindú, el Upanishad, centra la atención en el aspecto filosófico del principio universal del mundo, mientras que otro escrito hindú, el Bhagavad Gita, eleva al dios Krishna como la más importante deidad hindú. En sus escritos, Confucio desestima a los dioses y escribe acerca de las supremas relaciones éticas en la sociedad. La escritura musulmana, el Qur'an, proporciona un plan completo para el individuo, la comunidad, y la vida nacional bajo el gobierno de Alá.

En las distintas relaciones escriturales dentro de una religión y entre las diferentes religiones, se destaca la *piedad* de quienes leen las escrituras y los que dirigen la adoración. El hindú analfabeto acude al sacerdote brahmán a fin de obtener un rayo de esperanza de la declamación profesional de un versículo del Veda. Un budista Mahayana trata de obtener ayuda divina más allá de las palabras y los símbolos de una lectura del Lotus Sutra. Un musulmán va a la mezquita a pararse detrás del líder de oración, quien recita el Qur'an en el idioma de Alá.

Para los millones de devotos de las religiones más importantes, las escrituras proporcionan tanto una explicación racional de la vida como además esperanza y una manera para solucionar los problemas de la vida y sobreponerse a ellos. Las escrituras se convierten en una fuente autorizada para la vida religiosa. Si uno es analfabeto, se hace más importante depositar la fe en un entrenado especialista en las escrituras. Este a menudo se convierte en una persona muy poderosa en la comunidad religiosa en razón de su conocimiento y en la confianza que le tiene la comunidad. Las escrituras con frecuencia se convierten en la cuña misionera que usa una religión para hacer prosélitos.

De manera que las escrituras tienen varios propósitos en las religiones. En las páginas que siguen se prestará atención a ciertas tradiciones escriturales de las religiones más importantes. En vista de que no todas las religiones ni sus escrituras enfatizan fe en la deidad, no se puede ofrecer una selección escritural comparativa sobre la deidad. Sin embargo, intentaremos resaltar algunos de los temas más visibles en las escrituras de las religiones con más relevancia. Es importante recordar que gente como los hindúes, los budistas y los musulmanes memorizan las escrituras, las recitan en su hogar, en el trabajo y en los cultos de adoración, y además las enseñan a sus hijos y a los hijos de sus hijos.

Creer y hacer: Lo ideal y lo real: Religión de la cabeza y religión del corazón

Las personas religiosas tienen creencias que enfocan su atención y las motivan a la acción, y tienen ciertas prácticas que las distinguen como personas de determinada religión. Las creencias son el fundamento que proporciona una cosmovisión. Una creencia básica o una cosmovisión del budismo, por ejemplo, es que en el mundo hay muchísimo sufrimiento. En vista de que no hay un creador personal y el mundo no es real, el budista está motivado a negar el mundo y a escapar de él. Por otro lado, el Islam ve el mundo como algo real y algo bueno. Según el Islam, Dios no sólo creó el mundo sino que lo rige con sabiduría y poder, y da a la gente instrucciones para vivir responsablemente y con seguridad.

Las creencias se pueden hacer verbales en forma de *confesiones* o declaraciones de principios. Un budista declara creer en Buda, en la ley (Dharma) y en los monjes (Sangha). Un musulmán confiesa creer en Dios, y que Mahoma es el profeta de Dios. De modo que las creencias son percepciones del mundo y declaraciones de hechos religiosos que las religiones del mundo dan a sus seguidores. En cierto sentido, las creencias son parte de la *religión de la cabeza*, o bien la cualidad intelectual de una religión. Cuando alguien dice: "Creo", puede que no ponga en práctica lo que cree. Una creencia puede ser el ideal en la religión. Un budista puede hacer un voto para sostener a los monjes, pero tal vez haga muy poco para ayudarlos. Un cristiano puede confesar que Jesucristo es Señor, pero tal vez descuide el señorío de Cristo en su vida. El voto del budista y la confesión del cristiano son los ideales de sus respectivas religiones, y verdaderas expresiones de sus creencias. Sin embargo, las religiones intentan que sus ideales y sus creencias se implementen en acciones o práctica.

La *práctica religiosa* pone en movimiento las creencias de una religión. Por cierto que las creencias pueden ser una forma de práctica religiosa. Cuando el budista hace su voto o el musulmán confiesa a Dios y al profeta diariamente en oraciones o en contextos devocionales, estos votos y estas confesiones son tanto creer como hacer. El contexto para el hacer puede ser el culto, y las palabras que se dicen están llenas de emoción y devoción. De manera que la práctica es *religión del corazón*. En la acción están tanto los sentimientos como el compromiso. La práctica religiosa puede ocurrir tanto individualmente como en comunidad. Los edificios (por ejemplo templos), las formas artísticas (por ejemplo imágenes) o bien la forma de sentarse y el uso de las escrituras ayudan en la práctica de la religión. La adoración, la oración, las peregrinaciones, las festividades, las distintas celebraciones y una cantidad de otras formas permiten que el individuo o la comunidad religiosa practiquen la religión y ayudan a aunar el creer y el hacer, lo ideal y lo real, la religión de la cabeza y la del corazón.

A menudo hay una gran *brecha entre lo ideal y lo real*. Algunas religiones dicen que la creencia y la práctica ideal sólo la pueden lograr unos pocos. El hinduismo reserva sus recompensas religiosas sólo para los santos hindúes que abandonan familia y amigos y van a los bosques en busca de liberación (Moksha). El budismo enseñó que los monjes eran la élite religiosa que contaba con la oportunidad más próxima de alcanzar el Nirvana. Las implicaciones en el hinduismo y el budismo son que para las multitudes el camino a la liberación es difícil y prolongado. Sin embargo, es interesante notar que en el hinduismo Krishna se convirtió en el gran salvador de millones de hindúes que no huyeron a los bosques. En el budismo, Buda y muchos salvadores (Bodhisattva) como él fueron libertadores para millones de budistas que no se convirtieron en monjes.

También se puede observar que a veces hay una profunda brecha entre lo que enseñan los filósofos, los teólogos y los predicadores religiosos, y lo que practican los seguidores. Frecuentemente se oye decir: "Esto es lo que enseña la Biblia", o "El Corán dice", o "En los Vedas está escrito", o "El Swami dice que en el hinduismo". La gente busca autoridad en las creencias y las prácticas religiosas, y está lista para ofrecer su lealtad a una fuente fidedigna, bien sea un intérprete individual o una escritura. En algunas religiones la gente se cansa si las creencias son demasiado intelectuales, y van a optar por creencias y prácticas que lleguen al corazón y tengan más emociones.

Hay dos conceptos útiles para entender las creencias y las prácticas: la *gran tradición* y la *pequeña tradición*, y son diferencias dentro de una misma religión. La gran tradición por lo general se asocia con los escritos sagrados más antiguos y los maestros de más renombre. Tiene las escuelas teológicas de más data y su posición es la ortodoxia. La gran tradición a menudo tiene su edificio religioso y sus sistemas legales y educacionales en una ciudad antigua y venerada. Por otra parte la pequeña tradición dio comienzo dentro de la gran tradición, pero desarrolló un conjunto distinto de interpretaciones e intérpretes de la escritura. Tiene sus centros de actividad lejos de la gran tradición, y o bien sostiene la ortodoxia o bien admite una visión renovada. Algunos tal vez digan que la gran tradición es el método ortodoxo, académico e intelectual de la religión. A la pequeña tradición se la considera el método flexible, popular y sentido de la religión. Los adjetivos gran y pequeña no tienen valor numérico en cuanto a la cantidad de seguidores de la tradición ni en cuanto a su mayor o menor importancia.

Los ejemplos que siguen muestran la naturaleza de estas tradiciones en cuanto a creencias y práctica. Los budistas Hinayana consideran que Buda es un gran maestro y un ejemplo. Esta percepción o creencia en Buda es parte de la gran tradición del budismo. Por otra parte, los budistas

Mahayana creen que Buda se convirtió en un ser divino o sobrenatural junto con otros seres como Buda, por ejemplo Amida. Esta creencia es parte de la pequeña tradición del budismo, y nació dentro de la gran tradición. Otro ejemplo tiene que ver con el Islam. La gran tradición en el Islam enseña la creencia en un Dios y la peregrinación a La Meca. Sin embargo, muchos musulmanes son devotos de santos y hacen peregrinaciones a las tumbas de santos. Hacer de los santos objetos de devoción y de las tumbas de santos lugares de peregrinación es todo parte de la pequeña tradición del Islam. A menudo la gente participa en ambas tradiciones. Sin embargo, la pequeña tradición le ofrece al seguidor una experiencia religiosa más inmediata y personal. A muchos musulmanes les resulta imposible viajar a La Meca en vista de la distancia y de las finanzas, de manera que optan por el sepulcro de un santo.

Es así que hay tensión dentro de las religiones entre creencia y práctica. Las religiones tienen cierto modo de proyectar la imagen de una vida religiosa perfecta y completa. Las tensiones surgen entre los principios, creencias o declaraciones de fe, y por otro lado la puesta en práctica de la fe. Las tensiones surgen entre una teología o una filosofía, y por otro lado la ética o la conducta religiosa. Por lo general, el desafío más grande en una religión es tomar lo ideal y hacerlo real, tomar la fe y convertirla en práctica.

Templos, pagodas, iglesias, mezquitas y hogares: Lugares seguros y plataformas de lanzamiento

La experiencia religiosa es una experiencia tanto individual como de la comunidad. El hogar proporciona un lugar para que los padres enseñen a los hijos ideales y valores religiosos, y les transmitan los significados y un estilo de vida. Por ejemplo, en el hogar musulmán el niño puede imitar al padre al aprender posturas para la oración o memorizar palabras del Corán. El hogar hindú tal vez aparte una habitación o parte de la casa para la adoración de una deidad en particular. Los padres instruyen al niño a participar diariamente en el hogar en los varios modelos de culto. En el hogar cristiano, tal vez se le dé gran atención a enseñarle al niño pasajes de la Biblia y a guiar a la familia en lecturas devocionales y en oración. De esta manera el individuo a menudo aprende las formas y los modelos religiosos en el hogar, y los practica como expresión individual o dentro del contexto familiar.

Así como la familia a menudo es importante para alimentar la experiencia religiosa de una persona, lo mismo sucede con las grandes comunidades religiosas. Las religiones más importantes del mundo hacen énfasis en *experiencias grupales*, y animan a que haya participación grupal. El ideal de la comunidad islámica es una comunidad reunida donde se experimente adoración y oración en la mezquita u otro santuario a fin de ofrecer oraciones y oír sermones. Hay líderes religiosos especializados que llaman a la gente a la oración, los guían en oración, predican sermones, y los aconsejan en asuntos cotidianos. El templo budista o pagoda puede ser un lugar de peregrinación en el que presiden monjes y donde los fieles budistas se reúnen para el culto. La sinagoga judía y la iglesia cristiana son similares en el sentido que ofrecen un lugar para la adoración, la oración, el canto y la instrucción religiosa. El rabino y el pastor son profesionales religiosos, así como el imán musulmán o el monje budista, y administran y enseñan a la comunidad religiosa. Es así que cada religión de importancia en el mundo tiene varias instituciones religiosas clave que proporcionan alimento religioso para sus fieles.

Los *centros de adoración*, por ejemplo los templos y las mezquitas, varían en tamaño y prestigio. Una aldea puede contar con una mezquita sencilla hecha de barro, paja y madera. Un gran centro urbano puede contar con una enorme mezquita construida con exquisitos mosaicos azulejados y cúpulas recubiertas en dorado. La mezquita de la ciudad puede llegar a ser el cuartel general de un popular ayatolá o de un imán, mientras que la mezquita de la aldea tal vez cuente con un Ulema itinerante. De la misma manera, los templos hindúes, las pagodas budistas y las iglesias cristianas tienen variedad de tamaños e importancia.

La *educación religiosa* es relevante para las religiones en todo el mundo. Las comunidades religiosas necesitan profesionales que hayan obtenido conocimiento de los escritos sagrados, que se hayan destacado en el liderazgo de la adoración y los rituales, y que puedan proporcionar consejos religiosos tanto en cuestiones legales como domésticas. Por lo tanto, las escuelas religiosas son prominentes en la mayoría de las grandes religiones. Frecuentemente junto a un templo budista hay una escuela o un monasterio religioso. Una escuela teológica puede ser parte del complejo edilicio de una mezquita en un contexto islámico. Conocidos monjes budistas (Bhikku) y eruditos religiosos musulmanes (Ulema) enseñan material religioso a individuos de todas las edades. Estas personas luego reciben certificación de sus maestros para ser monjes y Ulema en otros templos y mezquitas. A menudo estos notables maestros reciben gran autoridad tanto en la esfera religiosa como en la política por parte de la multitud de estudiantes en templos y mezquitas en toda la región. Un ejemplo es el de un ayatolá en Irán cuyos miles de ex estudiantes y otros mullahs musulmanes, bajo su autoridad liberaron a cientos de miles de fieles de musulmanes. La iglesia cristiana es conocida por su énfasis en la educación religiosa. Iglesias, bibliotecas, seminarios teológicos y clases de instrucción religiosa para todas las edades han sido un método unificado en el cristianismo.

Entre las religiones en todo el mundo el entrenamiento de líderes religiosos constituye una prioridad. Se invierte mucho en escuelas, maestros, edificios y materiales. Hay dos actividades relacionadas con la educación religiosa. En cada religión se desarrollan eruditos que escriben y publican libros doctrinales, litúrgicos e históricos. Ellos escriben materiales de estudio y manuales de catecismo. Escriben obras apologéticas a fin de explicar a extraños su religión y a fin de defenderla contra ataques externos. A menudo estos escritos no son publicados únicamente en el idioma nativo sino además en otros idiomas a fin de influir de modo positivo en los de afuera. Las comunidades religiosas pueden tener sus propias instituciones editoriales con imprentas, servicios de marketing y librerías. Es frecuente que se observen publicaciones religiosas en distintos templos, mezquitas e iglesias.

La *actividad misionera* también recibe énfasis por parte de muchas religiones en todo el mundo. Tanto profesionales religiosos como también laicos pueden ser misioneros de su respectiva comunidad religiosa. Dichos misioneros reciben entrenamiento en técnicas de comunicación, estudios multiculturales e idiomas. A menudo se sostienen con fondos de sus propias comunidades religiosas. Reciben material impreso apropiado en el idioma de la cultura a la que apuntan. El budismo es un ejemplo de religión misionera que rápidamente se trasladó desde su India nativa a China, Corea y Japón, y más tarde llegó a las Américas. Los monjes budistas, armados con la página impresa en el idioma vernáculo, llevaron el mensaje budista a pueblos distantes. Con celo misionero se establecieron templos, pagodas y sociedades budistas.

De la misma manera, el ímpetu misionero del Islam lo ha llevado a una gran mayoría de lugares en el mundo. Mezquitas y centros islámicos y literatura islámica traducida a la arquitectura y al idioma de la población se hallan desperdigados junto con mil millones de personas en miles de culturas. El cristianismo sea quizás el mejor ejemplo de una religión misionera que ha cruzado las fronteras de las principales áreas poblacionales con iglesias, escuelas, hospitales, proyectos de servicio social, y además prolíficas traducciones de sus escritos y sus enseñanzas.

Las *instituciones religiosas* y lugares tales como templos, mezquitas e iglesias en realidad cumplen varios propósitos. Por cierto que sus seguidores los consideran lugares santos donde uno puede tener un encuentro con Dios. Son lugares donde el individuo puede convertirse en una parte visible y sensible de una comunidad que se une en la adoración, y son también lugares donde la gente espera respuestas a los dilemas de la vida y guía para el destino de la vida. A menudo estas instituciones son puntos focales para el liderazgo cristiano, la educación y la actividad misionera. A una pagoda se la puede conocer por su muy renombrado monje. Tal vez se hagan visitas a un templo porque se cree que es el lugar donde habita una deidad de mucha utilidad. Una mezquita en particular puede ser muy importante en razón del poder de la predicación del imán durante el sermón del día viernes. Tal vez elijamos una iglesia a la luz de su muy conocido programa de

educación para niños. El templo o la mezquita pueden ser un edificio sencillo, o pueden ser un complejo edilicio que incluya el lugar de adoración,
una biblioteca, una escuela, y oficinas administrativas. Al margen del tamaño o de la importancia que tenga, la institución religiosa es un lugar donde
acude el individuo para tener una experiencia de seguridad y piedad. Por lo
general es un lugar que une al individuo con la comunidad, al hogar con la
institución religiosa, a la piedad con la práctica.

Temas para sobrevivir y crecer:
De la política a la modernización, de la guerra a la paz

Ahora volcamos nuestra atención a algunas de las cuestiones básicas
que resultan un desafío para las religiones. Las que hemos observado hasta
ahora han demostrado profundas raíces en la conciencia histórica, han
producido y hecho madurar liderazgo carismático con profunda influencia
en los ideales y la conducta de los pueblos, y han desarrollado sólidas instituciones dedicadas a la adoración y al aprendizaje, con profunda influencia
en la vida individual y de comunidad. Sin embargo, los desafíos se presentan dentro de las religiones y entre las religiones.

El *secularismo* es un serio desafío para todas las religiones, ya que co-
rroe la fe y la práctica de las religiones, con el énfasis de que los ideales y
las prácticas religiosas no necesitan afectar la moral y las instituciones de
un pueblo. El confucianismo y el taoísmo sintieron este impacto con la influencia comunista en China. Los pueblos musulmanes sintieron la influencia del secularismo cuando sus líderes nacionales se negaron a incorporar
en la constitución nacional el Islam, la religión del estado. Turquía bajo el liderazgo de Kemal Ataturk luego de la Primera Guerra Mundial es un claro
ejemplo de cómo se desmantelaron los valores y las instituciones islámicas
a través de un compromiso con el secularismo.

Otra cuestión que enfrentan las religiones es la relación entre *política y
religión*. El cristianismo ha luchado con esto desde los mismos comienzos.
"Dad a César lo que le corresponde, y a Dios lo que le corresponde" ha sido la declaración que ha causado tensiones. El santo Imperio Romano, la
santa mancomunidad en Nueva Inglaterra en los primeros tiempos de los
Estados Unidos, y también la constante cuestión de la separación de iglesia
y estado son ejemplos de lo que ha confrontado el cristianismo. La religión
y la política han tenido luchas con el islamismo. Los desacuerdos entre el
rey y el califa, y entre el sha y el ayatolá han realzado la historia islámica. El
Islam ha enseñado que la religión debe llegar a cada faceta de la sociedad,
incluso al gobierno. Consecuentemente, cuando los gobernantes no han
estado dispuestos a establecer las enseñanzas del Corán en los asuntos de
gobierno de la nación, han surgido conflictos con la élite religiosa. Un
magnífico ejemplo de un gran conflicto fue la confrontación entre el sha de
Irán y el ayatolá Khomeini.

Muchas comunidades religiosas han formado partidos políticos a fin de afectar la opción de candidatos de gobierno tanto a nivel local como nacional, y para tener influencia con sus valores religiosos en cuestiones políticas. Los musulmanes en Indonesia, los hindúes en la India y los cristianos en Chile son simplemente unos pocos ejemplos de comunidades religiosas que se han organizado en la corriente de modernas organizaciones políticas a fin de expresar aspiraciones y valores religiosos.

La relación entre la religión y la política tiene varias ramificaciones. El concepto de *teocracia* significa que una nación está gobernada por una deidad a través de un rey divino o de un sacerdocio sagrado. En la historia hindú y en la budista hubo épocas cuando un rey recibía la bendición de los líderes religiosos para gobernar en el nombre del sistema de valores hindú o budista. Los faraones egipcios son famosos ejemplos de gobernantes teocráticos. El Islam básicamente sostiene un gobierno teocrático donde la totalidad de la vida está integrada a través del gobierno divino de Alá junto a la función política y religiosa.

La cuestión de religión y política también hace surgir desafíos de *pluralismo religioso y libertad religiosa*. En algunas naciones el estado sostiene determinada religión. En dichas naciones por lo general hay minorías religiosas. ¿Cuál es la relación de la religión dominante con las minorías religiosas? ¿De qué derechos y privilegios gozan la religión dominante y la minoritaria? Muchas naciones se ven confrontadas con la cuestión de pluralismo religioso y libertad.

Indonesia, con pluralidad de musulmanes, cuenta con un ministerio gubernamental de religión que supervisa los asuntos de todos los grupos religiosos. Indonesia no tiene una constitución basada en el Islam, y ha sido escenario de intensos partidos políticos musulmanes. Los hindúes y los mahometanos conversaron y pelearon hasta que las naciones de Paquistán y Bangladesh se convirtieron en territorios principalmente de musulmanes, mientras que la India permaneció mayormente hindú. De modo que las religiones en las sociedades pluralistas se enfrentan con el desafío de ajustarse unas a otras o remitirse al conflicto.

La historia está repleta de *guerras* entre comunidades religiosas. Durante las cruzadas, los cristianos occidentales lucharon con los cristianos orientales en Constantinopla. Durante el medioevo el cristianismo luchó con el Islam tanto en Europa como en el Medio Oriente. Durante distintas épocas de la historia, naciones islámicas han luchado con naciones islámicas en el nombre de Alá. Un estado judío ha luchado con musulmanes árabes y con cristianos árabes. En tiempos más recientes Irlanda del Norte ha sido testigo del conflicto entre católicos romanos y protestantes. Irán e Irak, ambas naciones musulmanas, han librado una guerra disputándose territorio. Es así que el secularismo es el enemigo en común de las religiones, ya que las religiones se enemistan unas con otras a nivel nacional e individual.

El *nacionalismo religioso* es otro gran desafío entre las religiones. En las últimas décadas hemos sido testigos de revitalizaciones y avivamientos entre algunas de las religiones más importantes. Algunas naciones fueron alentadas a regresar a sus raíces culturales y religiosas. El trasfondo del nacionalismo religioso incluye el deseo de obtener el favor de la mayoría religiosa por parte de quienes toman decisiones políticas. Al mismo tiempo, la nación intenta reconocer épocas de invasiones militares, culturales y religiosas por parte de extranjeros, y desea algo que pueda llamar propio y experimentarlo como tal. Hindú es el nombre de un nativo de la India, y consecuentemente el nacionalismo hindú presenta cultura india y valores hindúes. El nacionalismo islámico ha sido instigado por sus enredos con el estado de Israel, por el cartel de petróleo dominado por países musulmanes, y por el avivamiento de un sentido de valía y orgullo musulmán entre las naciones del mundo. Los musulmanes hablan de regresar a la prominencia cultural, política y religiosa que gozaron durante la época medieval y el imperio otomano. El nacionalismo religioso puede tener valor no sólo para un renovado sentido y condición de bienestar para una religión sino además para las libertades religiosas entre las minorías y para la propagación de otras religiones.

Una de las cuestiones permanentes que enfrentan las religiones es disposición al *cambio*. Especialmente en el siglo XX, ha sido grande el impacto y la presencia de occidentales en comunidades religiosas fuera del hemisferio occidental. Las guerras mundiales, la revolución industrial, la exploración tecnológica y la facilidad de transporte y comunicaciones ha conseguido que las ideas, los valores y las instituciones occidentales se tornen accesibles al extremo.

Por otra parte, las naciones han enviado cientos de millares de jóvenes a universidades occidentales. Estos jóvenes han regresado a sus países y han puesto en práctica aptitudes y técnicas no conocidas en su patria. Las modernas técnicas de medicina han sido un desafío para el papel religioso del chamán. Los principios empresariales y los modernos calendarios de actividades han sido un desafío para el tradicional calendario religioso de los musulmanes en cuanto a tiempo de oración y días de ayuno. Una de las características de la modernización es pensar en cosas nuevas y estar abierto a la posibilidad de nuevas ideas. El mismo proceso de modernización puede convertirse en un reto a las comunidades religiosas tradicionales.

Donde hubo *revitalización entre religiones*, a menudo hubo un renovado sentido de identidad y un nuevo intento de impactar al mundo a través de la religión. A lo largo de su historia al cristianismo se lo ha reconocido como una religión misionera, hasta el punto que para fines del siglo XX su presencia fue casi universal entre los pueblos del mundo. El Islam también ha sido una religión misionera, y a partir de 1975 contó con un enérgico resurgimiento. El hinduismo y el budismo también dejaron sus regiones nativas en pos del servicio misionero en Europa y las Américas, con movimientos tales como la meditación trascendental, el hare krishna, las sociedades vedanta, el budismo zen y las iglesias congregacionales budistas. A medida que las religiones se han vuelto más misioneras, varios grupos religiosos fueron sometidos a prueba en cuanto a lo que creían y practicaban sobre el pluralismo religioso y la libertad religiosa.

Uno de los retos de más relevancia para las comunidades religiosas es la estabilidad y la integridad de la *familia*. Algunas religiones aprueban familias numerosas ya que la cantidad de hijos demuestra el favor de la deidad sobre los padres. Algunas religiones animan a los padres o al hijo mayor para que cuide de sus padres y sus abuelos. El círculo familiar más amplio puede llegar a incluir a varias familias bajo un mismo techo. Algunas comunidades religiosas están a favor de los matrimonios monógamos y consideran que el divorcio es un gran mal. En otras comunidades religiosas la regla general pueden ser los matrimonios polígamos, donde el esposo tiene varias mujeres o la esposa tiene varios maridos. En ciertas comunidades religiosas a los varones se les concede el divorcio con facilidad mientras que a las mujeres se les restringe.

A medida que las naciones y sus religiones se han enfrentado a crisis constitucionales y han recibido la influencia del estándar de principios y prácticas legales internacionales y tradiciones familiares y domésticas de otras comunidades, han tenido la opción de alternativas a los modelos tradicionales. Las naciones han optado por la industrialización, por una fuerza laboral que incluya a mujeres, por costosa educación para sus hijos, y por equilibrio ecológico entre la cantidad de personas y la escasa cantidad de comida y recursos para sobrevivir. Esto afecta el estilo de vida de la familia en cuanto a si tener dos hijos o diez, tener una madre en la casa o en la oficina, tener a los abuelos en la casa o mantenerlos en algún otro lugar.

Además, en muchas naciones los gobiernos se han hecho cargo de la educación de los hijos, algo que anteriormente estaba bajo los auspicios de las comunidades religiosas. Los gobiernos han tenido tendencias a modernizar sus roles mientras que la tendencia de las religiones es tener roles tradicionales. Por lo tanto, a menudo se han presentado conflictos en los modelos de vida familiar idealizados por el gobierno y los modelos de las escuelas religiosas tradicionales.

Los gobiernos han expuesto pósteres y afiches en calles de ciudades y pueblos en que se ve una feliz familia compuesta por el padre, la madre, un niño y su hermanita. Se ha promovido la educación sexual para hacer énfasis en la planificación familiar y en el uso de anticonceptivos. El gobierno ha auspiciado los programas de seguridad social y asistencia social para brindar ayuda a las personas de edad y a los necesitados. Es tradicional que las comunidades religiosas hayan prestado ayuda a los indigentes y a los ancianos a través de donaciones de todo tipo y de impuestos religiosos. Es así que las religiones cada vez más se han enfrentado al control y la influencia del gobierno en cuestiones familiares y domésticas.

Posteriormente habremos de enfatizar varias cuestiones entre las principales religiones, para representar profundas necesidades humanas, conflictos e intentos de hallar soluciones religiosas. Estos temas de ninguna manera son exhaustivos sino que servirán de ejemplo para los temas generales que se presenten.

2

HINDUISMO

■ ────────────────────────────────────── ■

Del clásico al contemporáneo

El hinduismo es una religión nativa de la India, cuyas raíces se remontan al inicio de la civilización de los Indus alrededor del 3000 a.C. Los hindúes no hablan de un profeta que iniciara su religión, como sí lo hacen los musulmanes al hablar de su profeta Mahoma. Sin embargo, los escritos sagrados son muy importantes en el desarrollo del hinduismo. Los Vedas, los Upanishads y el Bhagavad Gita forman parte de las escrituras sagradas hindúes. En estos escritos, los sabios han preservado la verdad de las generaciones.

En su desarrollo, hubo dos movimientos dominantes que caracterizaron al hinduismo. Los sistema filosóficos hindúes han explicado los orígenes del mundo y han interpretado las leyes de la vida para la conducta social y las relaciones de la comunidad. Estas filosofías han establecido los axiomas de la verdad basándose en principios y procesos que son exclusivos de la divinidad. Por otra parte, el hinduismo ha estado inmerso en un movimiento basado en creencias, adoración, oración y templos que se centran en miles de dioses y diosas. Ríos, santuarios y templos se consideran lugares santos y lugares de peregrinación donde los adoradores tienen encuentros con la deidad. El hinduismo, entonces, se ha convertido en una religión muy inclusiva, religión que ofrece contemplaciones y visiones de la verdad, a las que a menudo se llega practicando yoga. Al mismo tiempo, ofrece a sus millones de seguidores una sincera devoción a un dios o una diosa, que prestará ayuda y liberará a un alma en esta vida y de esta vida.

El hinduismo tiene una filosofía para explicar la vida, una ley para dirigir la vida, un sendero elevado hacia la verdad a través de la contemplación y la experiencia mística, y una senda popular de adoración y devoción a una multitud de deidades. Ofrece algo para cada uno, y puede llegar a incluir componentes de otras religiones. Para el hinduismo, Jesucristo o Mahoma pueden ser profetas y/o deidades que se añaden a la corriente hindú de portadores de verdad o ayudadores divinos.

Hay más de 500 millones de hindúes. La mayoría vive en la India. Esta religión nunca ha sido misionera como el cristianismo o el Islam; sin embargo, ciertos hindúes han propugnado principios religiosos hindúes en otras naciones, especialmente en Europa y Norteamérica. Desde el comienzo del siglo XX se han establecido en países occidentales sociedades Vedanta basadas en enseñanzas y prácticas hindúes. Cuando los hindúes prevalecen numéricamente, un templo hindú sirve a las necesidades de la comunidad. Tal vez la forma más popular de hinduismo en occidente es el Hare Krishna. Esta forma de hinduismo sigue las escrituras del Bhagavad Gita, en devoción al dios Krishna. También hay sociedades y clases de meditación trascendental en Europa y las Américas. Estas prácticas de meditación están fundadas en varias disciplinas yoga del hinduismo clásico.

El impacto más grande del hinduismo ha tenido lugar en la población de la India, la segunda nación más populosa de la tierra. Las tradiciones hindúes continúan siendo la base sólida de la gente de la India. En las lecturas que siguen, examinaremos profundamente los dioses y las diosas de los hindúes, los libros sagrados y las doctrinas y formas de vida que siguen.

Ningún dios, muchos dioses, un dios

El hinduismo es una de las religiones más inclusivas. El intelectual sofisticado tal vez encuentre su lugar en el ateísmo filosófico o en el agnosticismo, y aun así puede seguir siendo un buen hindú. Una hombre de familia hindú puede dividir su devoción entre los dioses de su propia familia y los de su esposa. Un mercader hindú puede darle devoción exclusiva a un dios. Todos pueden seguir siendo hindúes, mutuamente aceptados y respetados. En el hinduismo también hay un sendero para la metafísica y la especulación. Muchos siguen un estilo de vida contemplativo, en busca de los principios de la verdad. Otros hindúes siguen la senda de templos elaborados, rituales coloridos y altares sagrados en los hogares; estos hindúes adoran a infinidad de dioses y diosas.

Una importante tradición filosófica dentro del hinduismo es la Advaita Vedanta. Esta filosofía apareció con Shankara, que vivió en la India aproximadamente en el 750 d.C. Advaita significa sin dualismo, y Vedanta significa la sumatoria de los Vedas, las antiguas escrituras de los hindúes. Sus enseñanzas enfatizan la unidad de todas las cosas. Sólo existe una cosa: se llama Brahmán, que es el verdadero ser. El Atman es el alma de los individuos, pero el Atman y el Brahmán son uno. Las almas separadas y los dioses separados son ilusiones o representaciones falsas. El Brahmán puede interpretarse como Dios en un aspecto absoluto e impersonal. A Brahmán no se lo debe confundir con Brahma, un dios hindú, o con Brahmin, un sacerdote o una casta hindú.

A esta filosofía Brahmán se la describe como panteísmo, un dios o un principio supremo cuya presencia está en todos y en todas las cosas. Otras filosofías hindúes han enfatizado el monismo, la idea de un propósito o principio unificante en todo el universo pero sin características divinas ni personales. Entre los hindúes, la especulación metafísica sigue siendo una disciplina. Varias escuelas de yoga se basan en los principios filosóficos de la metafísica hindú. Los gurúes y los maharajis hindúes ofrecen varios sistemas de especulación y práctica meditativa. Los foros y las sociedades de meditación trascendental tienen sus raíces en los sistemas de filosofía y yoga de las antiguas escrituras hindúes, como por ejemplo los Vedas, y en interpretaciones como Shankara. Los movimientos de meditación trascendental son parte de la corriente del pluralismo religioso de nuestra sociedad contemporánea.

La devoción hindú primitiva incluía sacrificio a varias deidades. Estos primeros dioses regían en el cielo, el aire y la tierra. Eran dioses de la naturaleza pero se los consideraba humanos. Varuna defendía la ley moral y física. Indra era el gran dios guerrero y dios de las tormentas. Se lo asociaba con la bebida sagrada llamada soma. Agni, el dios del fuego, proporcionaba tanto luz como calor a quienes lo adoraban. La mayoría de las deidades hindúes primitivas han desaparecido y se las ha reemplazado con una tríada de dioses llamados Brahma, Vishnu y Shiva.

Los dioses de la tríada hindú han sido las deidades más populares del culto hinduista desde la época medieval. Estos dioses representan el politeísmo hindú y se los adora como representaciones iconográficas y como símbolos. En templos y en altares domésticos se pueden encontrar tanto estatuas grandes como pequeñas. *Brahma* es el primer dios de la tríada y se lo conoce como el creador. La tradición dice que las cuatro castas en la India surgieron del cuerpo de Brahma. En la India de la actualidad hay sólo unos pocos templos dedicados exclusivamente a la adoración de Brahma.

Vishnu y Shiva son las deidades más populares. A *Vishnu* se lo ha comparado al concepto cristiano de Dios. Vishnu reside en el cielo, rige sobre la tierra como sustentador, paladín de todo lo bueno, y a veces toma forma humana. En el hinduismo está el concepto de avatara, el descendiente del dios. Avatara significa que una parte de la esencia divina se ha encarnado en forma humana o animal. Vishnu ha tomado muchas formas humanas, incluyendo Rama y Krishna.

Shiva es el tercer dios de la tríada. Es más temible y complejo que Vishnu. Tiene muchos roles y se lo ha caracterizado como creador, destructor, asceta, dios de la fertilidad, bailarín alocado, yogui enloquecido. Shiva significa el eterno ritmo de vida y muerte del universo. Al toro Nandi se lo asocia con el culto a Shiva, y la tradición dice que Shiva creó el río Ganges.

Una popular imagen de Shiva lo muestra con cuatro brazos danzando como la fuerza de la vida. Su emblema es una columna de piedra, el lingam, que es el símbolo sexual. A diferencia de Vishnu, Shiva no tiene avatara o encarnaciones. Sin embargo, a varias diosas se las asocia como sus consortes. La diosa Shakti representa el poder femenino de la fertilidad para complementar lo masculino de Shiva. La gran diosa consorte Kali representa el poder violento. Inspira gran temor y al culto a esa diosa se le han asociado orgías sexuales. Lakshmi, otra de las consortes de Shiva, es una diosa de la prosperidad y la buena fortuna. De modo que Shiva y sus diosas representan una mezcla de características positivas y negativas como se demuestra en el universo y en la familia humana. A través de toda la India hay templos al dios Shiva.

Krishna es una de las deidades más populares en el hinduismo. En el Bhagavad Gita, el escrito sagrado más popular en la India, hay historias sobre Krishna. Al Gita se lo ha llamado el "Nuevo Testamento de la India" y también el "Evangelio de Krishna". Este es la encarnación de Vishnu. Tiene el rol de guerrero y maestro magnánimo. Se lo caracteriza como todopoderoso, entendedor de todo, además de encantador y compasivo. A menudo se lo muestra rodeado de ninfas lecheras (gopis), que representan la devoción ideal y última al dios Krishna. Esta se convierte en la razón de ser para sus seguidores. El amor se convierte en un fin en sí mismo. Krishna es quien transforma las cuestiones terrenales en celestiales, y garantiza a sus devotos un paraíso Krishna. En vista de tanto amor y tanta gracia, a menudo Krishna se convierte en el único dios a quien los hindúes le ofrecen devoción y consagración, y esto prevalece tanto en la India como fuera de ella. La Sociedad Internacional para una Conciencia Krishna, el movimiento Hare Krishna, ha traído dicho culto a las Américas. Los Hare Krishna consideran que Krishna es la personalidad suprema de Dios.

La religión hindú siempre ha honrado a sus líderes religiosos. Desde los primeros tiempos los *Brahmines* eran los sabios y los sacerdotes que interpretaron la sabiduría de los dioses y los tiempos al pueblo; además realizaban los varios sacrificios y presidían los rituales del culto en el templo. En vista de que hay numerosas escuelas de filosofía hindú y prácticas de meditación, nacieron los *gurúes*, maestros espirituales y líderes cúlticos. Aceptaban estudiantes o discípulos y se convertían en maestros de estos.

En el hinduismo se entiende que las verdades importantes, aunque estén guardadas en libros, deben interpretarse y transmitirse a través de líderes inspirados. Los gurúes son quienes reciben los secretos del universo, de los dioses y de la vida. Además, las prácticas de meditación y de yoga son difíciles de lograr, y se necesita un maestro gurú para que las enseñe y sea ejemplo. Los gurúes han adoptado títulos más específicos como por ejemplo Swami y Mahariji. A menudo los seguidores del gurú lo pueden considerar el dios-fundador de esa escuela u orden en particular. Los Maharijis con frecuencia van a otros países a fundar sus escuelas de especulación y meditación.

Los hindúes pueden optar por qué dioses adorar, y si adorar a uno o a varios. Algunos hindúes deciden no creer en la deidad. Tanto en la India como en otros países hay gurúes hinduistas, especialistas en filosofía y técnicas de yoga, siempre listos para ayudar a los discípulos con la multiplicidad de creencias y prácticas hindúes.

Un poema clásico

Las escrituras hindúes datan de alrededor del 1500 a.C., cuando se compilaron los primeros himnos. Los himnos más antiguos pertenecen a las escrituras Veda. Estos escritos ofrecen variados materiales, como por ejemplo discursos al panteón de los dioses, rituales relacionados con el sacrificio a los dioses, y especulación sobre el origen del universo. El idioma del Veda es sánscrito antiguo, y los autores son anónimos. Probablemente fueron sacerdotes Brahmines.

La sección más antigua de los escritos Veda es el Rig Veda. Una edición posterior de la escritura Veda es el Upanishad, que se hizo conocer alrededor del 500 a.C. Contiene parábolas, diálogos y máximas, y es el escrito hindú más filosófico. Su tema principal es la unidad en medio de la diversidad. Arguye que se obtiene unidad cuando el alma individual (Atman) se unifica con el alma del mundo (Brahman). Lo importante no es el sacrificio tal como se enfatiza en el Rig Veda, sino el conocimiento, que es la clave para convertirse en uno con el Brahman. Se puede llegar a esta unidad a través de estilos de meditación yoga.

Otra selección del Upanishad describe la preparación para la disciplina de yoga. Para que el individuo pueda alcanzar la unidad con el alma universal, se hace necesario la forma de meditación yoga. El yoga es una forma de vida de profunda meditación, cierta forma de respiración y ejercicios físicos.

Alrededor del 100 a.C. en la India apareció un escrito de gran influencia conocido como las *Leyes de Manu*. Este escrito describía el orden social del hinduismo basándose en el sistema de castas. Este colocó a los hindúes en grupos de acuerdo a la vocación. También describía los rituales, las prohibiciones y los matrimonios de cada grupo. Las castas eran Brahmin, Kshatriya, Vaisya y Sudra. El siguiente pasaje seleccionado de la Ley de Manu describe a cada casta.

De las Leyes de Manu

Pero a fin de proteger este universo Él, el más resplandeciente, asignó ocupaciones (y deberes) separadas a aquellos que salieron de su boca, sus brazos, sus muslos y sus pies.

A los Brahmanas les asignó la enseñanza y el estudio (del Veda), sacrificándose para su propio beneficio y para los otros, dando y aceptando (limosnas).

A los Kshatriya les ordenó proteger a la gente, dar ofrendas, ofrecer sacrificios, estudiar (el Veda) y abstenerse de los placeres sensuales.

A los Vaisya les encomendó cuidar el ganado, hacer ofrendas, ofrecer sacrificios, estudiar (el Veda), comerciar, prestar dinero y cultivar la tierra.

A los Sudra el señor les asignó una sola tarea: servir con humildad a estas (otras) tres castas.

Hay otras tradiciones escriturales dignas de notar en el hinduismo. La Ramayana es una épica que consiste en 24.000 versos dobles. Relata las aventuras del príncipe Rama, que es objeto de devoción de muchos hindúes, y de su esposa Sita. La Mahabharata es una épica de unos 90.000 versos dobles. La sección de más influencia es el Bhagavad Gita, también conocido como la canción celestial. En esta Krishna le dice a Arjuna, un joven guerrero, que aunque la muerte y el asesinato son desagradables, tanto la vida como la muerte son cosas pequeñas cuando se las compara con valores eternos. Krishna gradualmente se revela a Arjuna como Señor supremo, y le enseña a depender en él como libertador. Es probable que el Bhagavad Gita sea el escrito hindú más popular tanto en la India como en Europa y las Américas. Se lo ha llegado a conocer como el Nuevo Testamento del hinduismo y el Evangelio de Krishna.

La modalidad hindú: obras, conocimiento, devoción; trasmigración, casta, transición

El hinduismo es una religión que ofrece muchas creencias y prácticas a todos los que quieran participar. Ya hemos presentado las creencias hindúes en una diversidad de dioses, diosas y espíritus. También hemos mencionado varias tradiciones escriturales que sostienen esta variedad de creencias. El hinduismo es inclusivo pues proporciona a sus seguidores múltiples maneras para obtener sus metas.

Una creencia básica del hinduismo es la *ley del Karma* y la *trasmigración del alma*. Hay dos palabras para definir al alma. Brahmán es el alma universal, y Atmán es el alma individual. Una de las metas del hinduismo es que el alma individual se una con la universal. Hasta tanto esto suceda, el alma individual nace una y otra vez. Este ciclo de nuevos nacimientos se llama la trasmigración del alma (Samsara). La ley del Karma es el equilibrio de las acciones buenas y las malas en el alma individual. A medida que el alma obtiene buen Karma, aumentan las posibilidades de que se rompa el ciclo de nuevos nacimientos y que entonces se una para siempre con el alma universal. Sin embargo, si el alma tiene más Karma malo que bueno, se enfrentará a más nacimientos y se demorará la unificación con el alma universal. La meta fundamental del hinduismo es obtener libertad (Moksha). En ese momento el Karma o las buenas obras son algo perfecto, el ciclo de nacimientos concluye, y el alma individual y el alma universal se hacen una.

¿Cómo se logran las buenas obras? El hinduismo ofrece *tres caminos (margas) clásicos.* Estos son la actividad (karma marga), el conocimiento (jnana marga) y la devoción (bhakti marga). Uno puede optar por uno o más caminos al tratar de romper el ciclo de nacimientos y así conseguir la libertad definitiva.

El camino de la actividad

El camino de la actividad o de las obras enfatiza ofrendas y sacrificios a dioses, diosas y espíritus, en ceremonias realizadas tanto en templos como en hogares. Las deidades hindúes habitan en la tierra y tienen sus moradas en imágenes y formas terrenas. El templo es el lugar de la deidad. A menudo las personas ricas edifican templos creyendo que hacen méritos. En el templo está la imagen de la deidad. Los sacerdotes llamados Brahmin realizan los distintos rituales de purificación y adoración en el templo. Los sacerdotes despiertan a la deidad, la bañan y le ofrecen alimento, flores e incienso. Además tienen íntima comunión con la deidad al recitar una y otra vez literatura sagrada.

Cerca del templo tal vez haya una escuela teológica y una florería. Los hinduistas llevan flores y alimentos al templo para ofrecérselos al dios de ese lugar, y confían en los sacerdotes para que cuiden de la deidad en forma apropiada. No van al templo para oír un sermón. No hay predicadores, ni púlpitos ni asientos. Lo que desean es fortaleza, éxito en lo económico, salud para la familia y poder para vencer los malos agüeros. El templo es un lugar donde se acumula poder que el Brahman puede liberar a través de la deidad. A través de buenas obras o Karma. Los hindúes anhelan amontonar suficientes méritos para poder vencer todos los obstáculos de la vida. Los hinduistas también pueden practicar buenas obras en el hogar. El culto personal y el familiar se puede llevar a cabo en la casa o en un altar familiar. Si hay lugar en la casa, a la deidad de la familia se le dedica un espacio en particular y se le hace un altar. La imagen de la deidad se coloca en una caja. Todos los días a la deidad se la despierta con una campanilla, se la baña, se la alimenta, se la unta con incienso, y se tiene comunión con ella leyendo y recitando. En un santuario familiar, en ocasiones podía haber sacerdotes y cantores que ayudaran en la adoración. El camino de las obras es una forma de hinduismo muy popular y la practican millones. El culto (puja) a una deidad ayuda al adorador a conseguir buen Karma. Es el camino para obtener libertad.

El camino del conocimiento

Otro de los caminos hacia la libertad es el *camino del conocimiento*, o jnana marga. Dicho camino ofrece a los hindúes el secreto de la vida y el fin de la vida. Proporciona conocimiento y discernimiento en cuanto a la esencia y el significado de todas las cosas. Este camino se enseñó por primera vez en las escrituras Upanishad. Más tarde se detalló en las Leyes de Manu. La creencia principal es que el fundamento para todas las cosas es una simple esencia, el alma universal. Esta va más allá de una conceptualización; sin embargo, se puede experimentar a través de una relación mística. La práctica de la meditación yoga facilita esta experiencia mística del alma individual con el alma universal. En el momento de la unión, hay libertad o salvación.

Es difícil obtener esta clase de conocimiento. Las Leyes de Manu bosquejaron las *cuatro etapas de la vida* (asramas) que uno debe pasar para lograr el camino del conocimiento. Dichas etapas son la etapa del estudiante, del dueño de casa, del que vive en el bosque y del asceta. En la etapa del *estudiante*, el joven estudia las escrituras Veda, incluyendo la tradición Upanishad. El Gurú le enseña al joven las verdades del hinduismo y las transiciones de la vida para alcanzar la verdad. En la segunda etapa, del *dueño de casa*, es deber del hombre casarse con una mujer, tener una familia, proveer sustento para la familia y para los necesitados.

La tercera etapa, la del que *vive en el bosque*, no es un deber sino una opción si el hindú desea continuar en el camino del conocimiento. Él encomienda a sus hijos que cuiden a su esposa, entrega sus propiedades a la familia, realiza los sacrificios de fuego por última vez, y deja su hogar para irse a los bosques. Allí busca a un Gurú para que sea su guía espiritual, se hace su discípulo, y se convierte al estilo de vida ascético y de meditación, lejos de familia, amigos y distracciones mundanas.

La cuarta etapa es la vida del *asceta*, cuando el hinduista ha aprendido del Gurú las técnicas de conocimiento y meditación, y está listo para practicar el arte del yoga por sí solo. Algunas prácticas ascéticas son de mortificación. El hindú tal vez se acueste en una cama de clavos. Quizás mire fijo el sol radiante hasta que ya no pueda ver. O se pare en un pie durante horas. La autoflagelación es una manera de controlar el cuerpo para entonces desarrollar la concentración de la mente.

Esta es la clase de concentración que logra el yoga, que es la disciplina (en el camino del conocimiento) que lleva a la experiencia definitiva de libertad y al fin del ciclo de trasmigración. Sin embargo, hay ciertas virtudes que deben ser parte del carácter y la conducta del hinduista antes que este pueda lograr esta etapa final de meditación. Entre las virtudes podemos mencionar veracidad, honestidad, inocuidad, pureza y continencia.

El yoga proporciona al hindú el método para llegar a la libertad. La postura yoga con la cabeza erguida, la columna derecha y el control de la respiración le permiten al hinduista una extrema concentración. Al observar ciertos símbolos sagrados y recitar ciertos sonidos sagrados, el hindú se acerca a la unión mística con lo absoluto, el alma universal. Esta unión lo lleva a un estado de samadhi, un sentimiento de ligereza o fluidez, de estar exento de las leyes de gravedad, de serenidad. Ahora se lo puede llamar un hombre santo, un Sannyasin, para lo cual se necesita toda una vida de aprendizaje, de disciplina y meditación. El camino del conocimiento es un sendero exclusivo a la liberación.

El camino de la devoción

El tercer sendero clásico es el *camino de la devoción* (bhakti). Este le ofrece al hindú un dios personal que le da gracia para vencer el mal Karma. El hindú entonces se apoya en la deidad a través de la fe y la devoción. Es interesante notar las diferencias que existen entre los tres caminos clásicos. El de las obras está al alcance de todos. Un hogar o un templo pueden ser albergue de la deidad. Sin embargo, a pesar de todos los sacrificios y ofrendas a varias deidades, el hindú nunca está seguro de poder romper el ciclo de trasmigración y Karma. El segundo camino, el del conocimiento, es difícil y limitado a unos pocos. No todos pueden dejar la familia, el hogar y el trabajo a fin de internarse en el bosque. Para la mayoría de los hindúes es un precio demasiado alto.

El camino de la devoción tiene gran atractivo para decenas de millones de hinduistas. En realidad, es la creencia y la práctica religiosa más popular en el hinduismo. Vishnu y Shiva son las deidades a quien los hindúes dan su devoción y de quien esperan recibir gracia. Vishnu es un dios de encarnaciones. Rama y Krishna son encarnaciones (avatara) de Vishnu. Además la diosa Shakti tiene prominencia, especialmente como la madre divina. En las diosas que son esposas de Rama y Krishna, hay cierta presencia de Shakti. La deidad más popular en el politeísmo del hinduismo es Krishna. Cuando un hindú le ofrece amor y devoción a Krishna, y también a otras prominentes deidades, Krishna hace posible la liberación. No hay necesidad de innumerables sacrificios a incontables deidades. No es necesario pasar la vida internado en los bosques. La devoción y la gracia obran de la mano a fin de proporcionar Karma positivo, poner fin a la trasmigración del alma, y permitir que el hinduista obtenga liberación.

El sistema de castas

Los tres clásicos sistemas de liberación y libertad se proyectan en una sociedad hindú basados en un sistema de castas. Hay cinco categorías de personas cuyos deberes se establecen de acuerdo al estatus social. La casta *Brahmin* es la más privilegiada. Protege y transmite los escritos Veda, y en términos generales vela por la sociedad. La casta de *guerreros* (Kshatriya) es la clase gobernante: reyes, príncipes. políticos, ejército y fuerzas policiales. Dictan leyes, cobran impuestos y defienden al pueblo, y al mismo tiempo reconocen la supremacía del Brahmin en fe e instrucción moral. A la tercera casta se la conoce como *Vaisya*, compuesta por ocupaciones de la clase media, incluyendo mercaderes, comerciantes, maestros y artesanos. La casta *Sudra* está compuesta por granjeros, campesinos y peones de todo tipo. Esta casta sostiene a las otras tres y actúa como sistema de apoyo. Hay otra casta que se ha desarrollado y se la conoce como los *parias* o los intocables. Estos son extranjeros que han ido a vivir a la India. Tienen poca relación con las otras cuatro castas. Realizan tareas como lavar ropa, hacer zapatos y cremar a los muertos. No tienen acceso a los rituales religiosos de las otras castas.

De acuerdo a las Leyes de Manu, la creencia en el Karma y en la trasmigración de las almas justifica el sistema de castas. No es por accidente que los hindúes están en una determinada posición social, y no hay injusticia en pertenecer a ninguna de las castas. Uno recibe lo que merece. Un hindú puede cumplir todas las reglas de la casta a lo largo de su vida. Si cumplió dichas reglas, quizás en otra vida se haya acumulado suficiente Karma como para progresar a una casta más elevada. Sin embargo, mientras uno está en una casta, debe realizar las tareas de la casta, no debe casarse con nadie que pertenezca a otra casta, y no debe existir relación social fuera de la propia casta.

En la India el sistema de castas todavía existe. Sin embargo, fue objeto de críticas y ataques por parte de lo que creía y vivía Mahatma Gandhi, que falleció en 1947. Gandhi creía que Dios estaba en el corazón de millones de personas en la India en todas las castas. Él decía que el poder de Dios estaba dentro de la gente. Donde hay poder, hay verdad. Donde hay verdad, hay conocimiento. Y donde hay conocimiento, hay felicidad. Gandhi afirmaba que uno podía llegar a la verdad o a Dios a través del amor y la no violencia (ahimsa). Él no solo se oponía al sistema de castas sino también al colonialismo británico en la India. Desarrolló la práctica de la reverencia por la vida (*ahimsa*) en contraposición a lo que él consideraba los males de ese tiempo. Sufrimiento, valentía, el no matar y la renunciación o ascetismo eran cualidades de vida que él apoyó. India sintió el impacto de la vida y las enseñanzas de Gandhi, pero la población es tan diversa y fragmentada en grupos étnicos, tribales y lingüísticos, que los cambios ocurren lenta y tediosamente.

Práctica religiosa

El hinduismo es como un inmenso océano con innumerables barcos de todos los tamaños y todos los colores moviéndose entre las olas. Hay un barco del tamaño apropiado para el modo de ser de cada uno en lo religioso, y el océano es suficientemente grande para contener a todos los barcos y llevarlos a destino sin que estos colisionen. Las creencias se encauzan en el animismo, el politeísmo, en sistemas filosóficos, y en gran proximidad con el monoteísmo.

¿Qué se puede decir sobre las grandes y las pequeñas tradiciones del hinduismo? Por cierto, la gran tradición tiene que incluir las creencias y las prácticas de las escrituras Veda, la autoridad de los sacerdotes Brahmin y las Leyes de Manu que describen las inexorables leyes del Karma, la trasmigración y las castas. De acuerdo a esta tradición, la vida ideal es pertenecer a la casta de Brahmin, lograr ser una persona santa, el Sannyasin, y vivir la vida de acuerdo a las leyes sociales y religiosas de la sociedad.

La pequeña tradición hace énfasis en las creencias y las prácticas según los escritos sagrados Ramayana y Bhagavad Gita. Esta tradición valora el camino de la devoción (bhakti marga) como el camino supremo, y cuestiona la rigidez y el determinismo del sistema de castas. Pone su enfoque en una relación personal entre dios y el individuo. La pequeña tradición enfatiza la religión del corazón, mientras la gran tradición da importancia a los logros intelectuales. Sin embargo, para algunos hinduistas la opción viable es un poco de ambas tradiciones.

Tal vez el espíritu de Mahatma Gandhi capte mejor que nadie el espíritu del hinduismo. Gandhi a menudo cuestionaba la autoridad doctrinal y temporal. Él valoraba la Biblia, el Corán y el Avesta, y dijo que su propia lealtad a las enseñanzas del Bhagavad Gita le permitían usar su fe y su razón para corregirlo. Su meta fue la autoconcientización, ver "a Dios cara a cara" y obtener libertad (Moksha). Moksha significa liberación, libertad, escape, puesta en libertad. De manera que en esencia el hinduismo es católico, se inclina al sincretismo y ofrece una variedad de creencias y prácticas.

Templos y la vida familiar

En la India hay templos hindúes en aldeas, al costado de caminos y ríos, y en el centro mismo de ciudades. Los templos varían en tamaño, características arquitectónicas e importancia, según sea su geografía, culto diario y devoción de la comunidad. El templo puede incluir una entrada piramidal, un atrio con una zona tipo terraza y tal vez una fuente, el edificio del templo con un santuario interior que es un ambiente interno donde se guarda la imagen sagrada. Tal vez en el atrio haya una campana, y en el templo un capitel hacia lo alto del cielo. Un templo grande tal vez incluya una cocina. Puede haber un muro que rodea los distintos componentes del templo como para dar la idea de un complejo. Que haya un templo indica que hay clérigos, y estos son los que administran las pautas usuales para el culto.

Nada se deja al azar en la vida religiosa en torno al templo. Hay un estricto programa diario que se centra en el cuidado de la deidad del templo.

Antes de la salida del sol hay una ceremonia del despertar que a veces se llama ceremonia de la lámpara, en la cual se despierta a la deidad con música y lecturas de la escritura. Durante la ceremonia del despertar, se higieniza la imagen de la deidad, luego se la unge con pasta de sándalo. Al concluir estos ritos iniciales, se rinde culto a la imagen a través de recitado de escrituras. A mediodía se le ofrece comida, y se realiza una ofrenda de fuego. Seguidamente se lleva a la imagen para el descanso de la tarde. Antes del atardecer se ofrece otra ceremonia de lámpara, y se le da comida. Después del crepúsculo durante la ceremonia de acostarse, a la imagen se la viste con hermosas ropas y flores y se la deja descansar.

En los templos de gran tamaño, es posible que haya una comitiva de sacerdotes en estos numerosos y técnicos rituales, que son muy aparatosos. Pero no solo los sacerdotes toman parte sino también los fieles hindúes que acuden al templo a ser testigos y a participar en las ceremonias. Llevan guirnaldas de flores, perfumes, alimentos, variedad de adornos y hasta animales para el sacrificio. Los adoradores llegan con lámparas encendidas y se paran a la entrada del salón interior de la imagen. Allí hacen ofrendas a los sacerdotes para que estos lean de las sagradas escrituras, y a menudo pagan a bailarines y a actores para que representen ciertas obras dramáticas allí en el templo.

Los hindúes observan incontables festividades y peregrinaciones. Las festividades tienen lugar en torno al hogar y los templos y por los vecindarios. Se conmemoran los cumpleaños, las historias de la vida de una persona y las grandes victorias de las deidades como Krishna, Rama y Shiva. Se honran los caracoles, los monos, las vacas y los ríos. Se observan las fases de la luna, los eclipses, las estrellas, las estaciones de la cosecha y otros ciclos de estación. Los hinduistas celebran estas festividades con adoración, ayuno, baños corporales, recitaciones, votos, ofrendas y danzas. Se hacen peregrinajes a varios lugares, incluyendo templos, ciudades y ríos. Benares es una de las ciudades hindúes más santas de la India. Está ubicada sobre el río Ganges y se estima que cuenta con unos 1500 templos y ghats (lugares de baños corporales), como así también medio millón de imágenes de deidades. Los hindúes creen que bañarse en el río Ganges purifica de todo pecado y cura las enfermedades. Cuando los huesos y las cenizas de una persona se echan en el Ganges, se cree que esa persona tiene asegurado un lugar en la eternidad.

Una importante peregrinación es el festival de Jagannath (imagen de Krishna) en Puri, India. Las imágenes de las deidades se colocan sobre una plataforma rodante y se llevan por toda la ciudad. Los peregrinos hindúes viajan grandes distancias para esta especial ocasión. El relato que sigue es una descripción de uno de estos festivales de hace más de un siglo.

"Durante semanas antes del festival del carruaje, miles de peregrinos llegan en tropel a Puri todos los días. Todo el distrito está conmocionado. Para cuando el gran carruaje ha llegado a la altura ortodoxa de 15 metros, los cocineros del templo hacen cálculos para alimentar a 90.000 personas. El vasto edificio está apoyado en 16 ruedas de 7 pies de diámetro, y tiene 35 pies cuadrados. El hermano y la hermana de Jagannath tienen carros un poco más chicos. Cuando las imágenes sagradas por fin son traídas y colocadas sobre los carruajes, millares se arrodillan e inclinan la frente a tierra. La vasta multitud clama a una voz y, con marcado vaivén, lleva a rastras las estructuras rodantes por la ancha calle hacia la morada campestre del señor Jagannath. Comienza la música, suenan los tambores, retiñen los címbalos, los sacerdotes arengan desde los carruajes o gritan un popurrí obsceno animado con groseras alusiones y gestos ordinarios, que la multitud recibe con carcajadas. Es así que la densa masa humana avanza dificultosamente con sacudidas convulsivas, a los tirones, sudando, gritando, saltando, cantando, elevando oraciones y maldiciones. La distancia desde el templo hasta la morada campestres es menos de una milla, pero las ruedas se hunden en la arena y el viaje demora varios días. Después de horas de gran esfuerzo y salvaje excitación bajo el sol tropical del mes de julio, es lógica la reacción que sigue. El celo de los peregrinos flaquea antes de llegar a la zona del jardín; los carros, que los devotos han abandonado, son arrastrados por profesionales que resoplan y gimen. Estos 4200 hombres son campesinos de divisiones fiscales vecinas que por lo general pueden vivir gratuitamente en Puri durante el festival ...

"En una impaciente y atestada muchedumbre de 100.000 hombres y mujeres, muchos de ellos desacostumbrados a estar a la intemperie o a labores muy duras, todos arrastrando y esforzándose al máximo bajo el ardiente sol tropical, de vez en cuando hay alguna muerte. Sin duda hubo casos de peregrinos que se arrojaron bajo las ruedas en el frenesí de la conmoción religiosa. Pero esos casos no son frecuentes, y en la actualidad no suceden. En un tiempo todos los años varios infelices sufrían la muerte o daños corporales, pero casi siempre era porque morían aplastados accidentalmente. Los pocos suicidios que tenían lugar en su mayoría eran personas muy enfermas o miserables, que recurrían a este medio para terminar con su sufrimiento. Hoy día ya no sucede. En realidad, nada podría ser más opuesto al espíritu del culto a Vishnu que autoinmolarse."[1]

La práctica en el hogar

Los hindúes practican sus ceremonias religiosas tanto en el hogar como en el templo. El relato que aparece a continuación describe un hogar hinduista en los Estados Unidos de América. Las descripciones son reales, pero se usan pseudónimos para proteger a la familia. El Dr. Dharma es un hindú brillante y devoto, empleado del gobierno. Está casado y tiene cinco hijos. Es presidente de la sociedad hindú de la región en que vive, que se reúne una vez por mes para la adoración corporativa y la enseñanza. Su padre era sacerdote Brahmán en la India, pero el Dr. Dharma decidió convertirse en científico y docente, y es ciudadano naturalizado de los Estados Unidos.

La familia del Dr. Dharma es devota del camino Bhakti del hinduismo, el camino de la devoción. Él recibió enseñanza de los Vedas y el Bhagavad Gita por parte de su padre. Recuerda cuando se levantaba a las cinco de la mañana para recitar oraciones con su padre y acompañarlo al templo. Su padre le escogió la mujer que sería su esposa, y no la vio hasta la ceremonia de bodas. Han estado casados unos 30 años. El Dr. Dharma afirma que incluso para su esposa y para él mismo, el matrimonio es responsabilidad de los padres. Recientemente hizo arreglos para el matrimonio de su hijo, con quien viajó a la India para conocer a la joven, que era pariente lejana, y la pareja contrajo matrimonio allá. Los Dharma son de la casta Brahmán, de modo que la nuera debía ser de la misma casta.

El Dr. Dharma cree que hay una sola religión universal y un dios supremo (Krishna). Él cree en un dios que no tiene forma ni figura "ni lugar en que vivir". Este dios está en todas partes y en todas las cosas. El alma es una parte de dios, pero dios no está dividido. El Dr. Dharma dice que dios es como un gran océano. Uno puede tomar una gota del océano, pero no se divide. Cada alma proviene de dios y es una parte de dios. El Dr. Dharma dice que las imágenes son representaciones a fin de que la gente entienda quién es dios. Enseñar que dios no tiene forma o que es impersonal es un obstáculo para la adoración. Uno necesita una forma o una figura a fin de poder concentrarse. Como dios está presente en todos lados, también está presente en la imagen. El Dr. Dharma y su familia adoran a Radha y a Krishna como mensajeros de dios. El Dr. Dharma también adora a otras figuras, entre las cuales se encuentra Shiva y el hijo de este, Ghanesa, el dios con cabeza de elefante.

El hogar de la familia Dharma tiene un altar familiar. Después que uno se quita los zapatos, uno puede ir a la alcoba a ver el santuario. Es una caja de unos 5 pies de alto, 4 de ancho y 3 de profundidad. Hay una luz en la parte superior del altar, y el frente está abierto. En el estante del centro hay dos estatuas, una de Radha y una de Krishna, ambas de un pie de alto. Están cubiertas con vestidos plateados y collares de flores. Frente a las estatuas hay varias ofrendas, incluyendo pilas de monedas. A cada lado y en estantes inferiores hay otras figuras de bronce y de madera. Alrededor de la caja hay colgadas distintas fotos de varias figuras. Frente al relicario hay una lámpara con aceite, que se mantiene ardiendo.

La familia realiza el culto todas las mañanas alrededor de las siete duran-te una media hora. Todos tienen que haberse bañado, tener ropas limpias, estar en ayunas, un ambiente calmo, el aroma del incienso y el cuerpo en la posición del loto. Las figuras en el relicario reciben un baño cada maña-na y se les ofrece comida que preparó la señora Dharma. El Dr. Dharma recita del Gita en sánscrito, y luego traduce para su familia. Dice que la vi-bración del sonido causado por la recitación tiene cierto efecto en el am-biente.

Pareciera que a las figuras se las tratara como a bebés. Cuando los Dhar-ma están de vacaciones, llevan a las figuras o bien las dejan con amigos. Nunca se las deja solas en la casa.

Para la familia Dharma la adoración en el hogar es importante ya que para los hindúes no es necesario ir al templo a adorar. En la mayoría de las ciudades occidentales no hay templos hindúes. El Dr. Dharma está orgullo-so de su religión y también de ser ciudadano de un país occidental. En una esquina del living de su casa hay una bandera de los Estados Unidos de América, y el lugar está lleno de plantas y muebles modernos. Él dice que su religión no es mala ni es inferior a ninguna otra. En vista de que él vive en un país libre, desea mantener su tradición y su religión. Dice que todos los hindúes creen que su religión es la mejor, de manera que no hay necesi-dad de cambio.

Vacas, castas, Krishna y sectarismo

¿Por qué la gente escatima una vaca cuando necesita máxima produc-ción de comestibles y a menudo tiene raciones alimenticias con valores ca-lóricos y proteicos insuficientes? Parecería que ciertos pueblos limitan sus posibilidades de sobrevivencia a fin de observar costumbres y tabúes reli-giosos. La religión hindú prohíbe matar ganado, tiene tabú en cuanto a co-mer carne de vaca, y les permite a estos animales deambular por la campiña de la India, atascar caminos, detener trenes, tomar comida de mercados e irritar a los turistas. ¿Qué clase de vaca sagrada es esta?

La vaca sagrada

En la India la vaca cumple muchas funciones. El estiércol contribuye mu-cho al sistema energético en la India, pues sirve como combustible para co-cinar y como fertilizante. Entre la gente extremadamente pobre y con necesidades de sobrevivencia, el estiércol vacuno es barato y se consigue en la calle. Reemplaza al fertilizante artificial, que resulta costoso, escaso, y no es accesible para el hindú promedio. El estiércol vacuno es barato por-que las vacas no comen alimentos que come la gente.

La prohibición de matar vacas ha afectado el desarrollo de la industria del empacado de carne; esto podría tener serias consecuencias en el equilibrio ecológico dentro de la India. Muchas familias tienen sólo una vaca. Matarla alejaría a la familia de su única técnica de supervivencia, la agricultura. Además, las vacas producen cantidades de leche que resultan críticas como valor proteico. Los parias comen carne de animales que mueren de muerte natural. El tabú de las vacas resuelve el problema de la tentación de comer su carne en tiempos difíciles, lo que implicaría que otros no tendrían ganado para plantar sus cultivos cuando llegara la época de las lluvias. Mahatma Gandhi manifestó: "Es obvio para mí por qué se eligió la vaca. En la India era el animal más compañero del hombre. Era la dadora de la abundancia. No sólo daba leche sino que además hacía posible la agricultura."

Para aquellos que viven diariamente en la realidad ultramoderna de artefactos de último modelo y alimentos embotellados, congelados, enlatados y empaquetados, la mentalidad hindú y el tabú hinduista tal vez resulte difícil de entender. La vaca se ha convertido en un objeto de adoración y práctica cúltica, pero el hinduismo incluye una multiplicidad de animales, espíritus, dioses y diosas como objetos de devoción. Más importante resulta la manera en que los hindúes abogan por equilibrio entre las necesidades de la familia humana y las de la naturaleza. La preservación de la vaca ha servido a una necesidad en una sociedad basada en la agricultura y la tradición. La perspectiva y la práctica hinduista demuestran que hay una relación específica con los animales y los órdenes naturales.

La vaca sagrada de la India y del hinduismo quizás siga siendo digna de considerarse, no ya por su divinidad o su veneración, sino porque llama la atención al frecuentemente frágil equilibrio entre la familia humana y la naturaleza, y por usar los recursos más apropiados para el tiempo y el lugar de que somos parte. Qué sucederá con las vacas de la India a medida que el país se industrializa, será una cuestión que habrán de enfrentar tanto el hinduismo como las influencias modernizantes.

El sistema de castas

El sistema de castas ha servido de varias maneras a la sociedad de la India. Tal sistema ha ofrecido seguridad en el ámbito económico. Las vocaciones hereditarias dieron como consecuencia estabilidad laboral. Otro sentimiento de seguridad es que cada uno tiene su lugar definido y cada uno es necesario en la sociedad. La cosmovisión hindú y la enseñanza de valores hinduistas tienen la tendencia a suavizar el espíritu competitivo. No vale la pena luchar por cosas mundanas, y habrá oportunidades en otra vida.

El sistema tiende a alentar y a fortificar las virtudes de afabilidad, resignación, paciencia y docilidad. Se desalienta la lucha de clases y la tensión resultante. Una forma de escape es huir a los bosques para hallar paz y liberación y convertirse en un santo hindú o en alguien que deambula permanentemente. Millones han hecho esto. Los iconoclastas potenciales y los disidentes de la sociedad que tal vez hayan causado trastornos comunitarios y en el sistema de castas, se han internado y perdido en los bosques. De modo que el sistema de castas ha tenido resultados variados.

La sociedad de la India ha experimentado muchos cambios. La invasión islámica en el siglo VII d.C., el colonialismo británico en los últimos siglos, y la independencia de la India y los énfasis seculares han sido clave en la lucha del sistema de castas con las influencias externas y con el cambio. La India tiene una de las mayores poblaciones mundiales, con diversificación de idiomas, tribus y grupos étnicos. Presenta un sorprendente contraste en industrialización, potencial de energía nuclear, secularización, y costumbres y prácticas religiosas extremadamente tradicionales. El cambio ha llegado rápido en ciertos segmentos de la sociedad y con lentitud en otros. Las implicancias de las influencias modernizadoras en el sistema de castas han sido serias. Mahatma Gandhi se opuso a dicho sistema. Adoptó a una hija criada en una casta más baja que la suya. Muchos otros líderes hindúes han manifestado la necesidad de un cambio social, y el cambio ha llegado. Las personas de distintas castas se han entremezclado. Han llegado los matrimonios mixtos. Personas de varias castas han dejado de lado las restricciones de las castas y han asumido cargos y posiciones de autoridad no dictadas por su propia casta. Aún así el sistema de castas sigue siendo un aspecto tradicional del pueblo de la India y de la tradición y de las enseñanzas hindúes.

Otros de los desafíos que encuentra el sistema de castas es la alternativa que pueden tener los hindúes de hacerse miembros de otras comunidades religiosas como el Islam, el cristianismo y el zoroastrismo. Por ejemplo, la comunidad cristiana puede adoptar características de casta. Esto también abre la puerta a la cuestión del pluralismo religioso y la libertad religiosa en el contexto del hinduismo.

Krishna

La veneración de las vacas y la complejidad del sistema de castas son tradiciones arraigadas en el hinduismo que enfrentan vientos nuevos guiados por el liderazgo de la India y por influencias externas. Hay otro modelo en el hinduismo que ha emergido con renovado impacto: la adoración a Krishna, la deidad suprema presentada en el Bhagavad Gita. Como indicamos anteriormente, en el hinduismo hay varios senderos que llevan a la realización o a la liberación. Los caminos del conocimiento, de las obras y del misticismo pueden llevar a que se rompa el ciclo de trasmigración del alma y que se equilibre el Karma de la persona. El otro camino es el da la devoción (bhakti marga). Krishna se ha convertido en objeto de culto para millones y millones de hinduistas, y además es la deidad hindú que atrae extremadamente a gente fuera de la India, más específicamente en Europa y las Américas.

Hay ciertas tendencias en el culto a Krishna, que constituyen un desafío para otras partes de la religión hindú, al tiempo que presagian desafíos a otras religiones en lo que se refiere a un hinduismo con espíritu misionero. Entre los hindúes hay innumerables dioses, diosas y espíritus. Sin embargo, Krishna surge como una nueva concepción de lo que es dios. Krishna se convierte en un dios de la naturaleza en vez de ser un dios en la naturaleza. Los hindúes van más allá de las especulaciones metafísicas sobre los orígenes del mundo y los principios que lo gobiernan, y hallan en Krishna un dios personal que rige el mundo. En su suprema devoción a Krishna, el hindú está cerca del monoteísmo, aunque en el marco del hinduismo hay otras deidades.

Krishna puede lograr varias cosas para el hindú, que otras deidades no pueden lograr con facilidad. Krishna puede vencer las leyes de Karma y romper el ciclo de la trasmigración a través del amor y la gracia al individuo y a través de una respuesta amante y obediente del individuo hacia Krishna.

Al adorar a Krishna, a menudo las restricciones entre castas se ignoran o se olvidan. La naturaleza de la humanidad se entiende de manera distinta. Las personas no son idénticas a la deidad, a un principio divino o a un alma universal. Las personas son entidades separadas de la deidad, y dependen de la deidad. Krishna se convierte en el ser amado, el amigo personal, afectuoso, con poder para hacer para uno lo que uno no puede hacer por uno mismo. Con esta clase de devoción no se hace necesario la huida a los bosques, ni son esenciales el ascetismo ni las prácticas extremas de meditación. Uno simplemente tiene que estar con Krishna en compañía de otros devotos. El culto presenta un aspecto congregacional, y de comunión con Krishna y con otros fieles, no de unión con la deidad.

Es así que posteriores desarrollos del culto, la devoción y la conciencia de Krishna han impactado las doctrinas ortodoxas, los rituales tradicionales y el sistema de castas del hinduismo en la India. La devoción a Krishna también ha sido un movimiento de vanguardia para la migración del hinduismo a otras tierras. Gurúes "swamis" y maharijis han dejado la India para enseñar en otras tierras las verdades del hinduismo. Por ejemplo, en 1965 el Swami Bhaktivedanta Prabhupada llegó a la ciudad de Nueva York y poco después la Sociedad Internacional para la Conciencia de Krishna, más popularmente conocida como Hare Krishna, se estableció en distintas ciudades por todos los Estados Unidos y América Latina. El Swami Prabhupada había obtenido su conocimiento devocional (Bhaktivedanta) de gurúes del camino de Krishna en la India. Él llegó a los Estados Unidos a tiempo para cosechar los últimos efectos de la cultura de las drogas, y el movimiento que lideró apeló mayormente a la contracultura juvenil. Muchos de sus seguidores que formaron parte de comunidades y templos Krishna, consideraron al Swami la encarnación (avatar) de Krishna para esa época en particular. Hare Krishna se convirtió en un movimiento misionero dentro de la corriente de pluralismo religioso de la sociedad de su día. El poeta Alan Ginsberg y George Harrison, uno de los Beatles, elogiaron la obra del Swami tanto en poesía como en canciones. La revista editada por el Swami, *De regreso a la deidad*, se convirtió en un folleto en manos de ardientes miembros que los repartían en las calles y en aeropuertos por todo el país.

Otro movimiento hinduista en toda América Latina es la escuela de meditación trascendental. El Yogui Mahariji Mahesh trajo consigo esta escuela a fines de los años '50. Otros gurúes llegaron de la India para promover las enseñanzas. El gurú Krishna, que recibió su nombre por el dios Krishna, estableció sus clases de meditación. Estas ofrecían un sendero a la autorrealización como persona. El sendero permitiría que uno construyera un puente entre espíritu y materia a través de una disciplina de unificación de cuerpo, mente y espíritu en una postura que manifestara en forma perfecta la presencia de dios. Cuando el Gurú detiene su corazón durante 17 segundos en la Clínica Menninger bajo condiciones de precisa observación científica, él insiste en que la materia será espiritualizada y en que la conciencia se eleva a nuevos niveles. El Gurú les ofrece a sus seguidores una nueva dimensión de vida y muerte que proviene del trasfondo de los senderos del Yoga del hinduismo.

Hay otras cuestiones que ha confrontado y que confronta el hinduismo al ser desafiado o cuestionado por eventos nacionales y mundiales. India cuenta con millones de minorías religiosas, incluyendo a musulmanes, cristianos, jainistas y sijs. El hinduismo como comunidad religiosa predominantemente se enfrenta al continuo experimento de existir con diversos grupos religiosos. Los hindúes y los musulmanes han tenido sus dificultades, y el resultado ha sido guerras y nuevas naciones, específicamente Paquistán y Bangladesh. A través de toda la cuestión de las vacas sagradas, el sistema de castas, la modernización y la guerra, el hinduismo ha demostrado una asombrosa capacidad para la asimilación, la flexibilidad y la tenacidad. El hinduismo continúa ofreciéndole al pueblo de la India una serie de alternativas para la vida y la fe, y al mundo en general una parte de su herencia religiosa.

3

BUDISMO

■ ▬▬▬▬▬▬▬▬▬▬▬▬▬▬▬▬▬▬▬▬▬▬▬▬▬▬▬ ■

India es la cuna del budismo. Buda, que nació del clan Gautama en el siglo VI a.C., fundó la religión. Él se crió en la tradición hinduista. Sin embargo, en su juventud se enfrentó a las cuestiones cruciales de la vida: el sufrimiento, la ancianidad y la muerte; y terminó desilusionándose con las respuestas que le ofrecía el hinduismo. Abandonó su hogar, deambuló por el bosque, y tuvo una experiencia que llegó a conocerse como "la iluminación".

Buda enseñó que el problema de la vida es el sufrimiento, y la causa del sufrimiento es el deseo mal habido. La solución a la angustia de la vida es el sendero de los pensamientos correctos, las acciones justas y las buenas obras. Después de esta experiencia Buda reunió a un grupo de discípulos y predicó sus doctrinas. Un estilo de vida budista se centraba en las enseñanzas de Buda, el sendero budista y una comunidad de monjes. Sus enseñanzas fueron transmitidas en forma escrita en la Tripitaka y las Sutras.

De la A a la Z de Zen

Aunque el budismo está presente en la India, desde que comenzó se ha esparcido notablemente y hay varias ramas de importancia. Los budistas *Hinayana* (Theraveda) prevalecen en el sur y el sudeste de Asia, en Birmania y Tailandia. Los Hinayana consideran que Buda es un gran maestro, y hacen énfasis en la vida monástica. Otra de sus ramas, los budistas *Mahayana*, cuentan con gran influencia en su área de expansión a través de China y Corea hasta Japón. Los Mahayana crearon elaborados panteones budistas, los cuales han elevado a Buda y a otros grandes maestros budistas en libertadores que permiten a sus seguidores obtener la dicha absoluta de la vida y el mundo venidero.

Al budismo del Tibet se lo conoce como Tántrico o *Vajrayana*. Es una mezcla de Mahayana con pensamientos y prácticas místicas y mágicas. Tal vez la forma más popular de budismo en países occidentales sea el budismo *Zen*. Un maestro Zen enseña y guía a los discípulos con ciertas técnicas y ejercicios de meditación a fin de experimentar iluminación suprema (Satori). En los Estados Unidos, por ejemplo, además de grupos budistas Zen hay también sociedades budistas Vihara e iglesias budistas congregacionales.

El expansionismo y el celo misionero ha sido más una característica del budismo que del hinduismo. Por otra parte, la flexibilidad y la adaptación han permitido que el budismo produzca interés en poblaciones tan diversas como China, Corea y Japón. Buda se crió en el corazón mismo del hinduismo, e incluso intentó reformarlo con sus enseñanzas y sus discípulos. Sin embargo, el budismo tuvo que dejar su lugar de origen a fin de que otros le dieran la bienvenida. Se ha propagado a más de 30 países y ha afectado la filosofía, la literatura, la música, el arte dramático y el arte en general de muchas culturas, incluyendo Europa Occidental y América del Norte. El budismo asegura tener más de 300 millones de adherentes, entre los que se incluyen 100 millones de Hinayana, 200 millones de Mahayana y 15 millones de Vajrayana.

En total, entonces, la India fue la cuna del hinduismo y del budismo, que afirman contar con mil millones de seguidores. India además incluye una gran población de otras religiones, entre las que se incluyen el jainismo, el sijismo y el Islam.

Buda:
De reformador a bendito y a budeidad (unión con el dios)

El fundador del budismo fue Siddharta Gautama, más conocido como Buda. Nació en la India alrededor del 560 a.C., y fue contemporáneo de Confucio y Zoroastro. Se crió como parte de una familia adinerada. La tradición afirma que a su nacimiento se le asignan señales maravillosas, y que su madre lo concibió de manera milagrosa. Un sabio hindú le declaró a su padre que el niño se convertiría en un rey famoso o un Buda, que significa el iluminado. El padre entonces trató de proteger a su hijo de lo desagradable y las cosas malas de la vida. El hijo se casó y tuvo un hijo. Sin embargo, un día Buda tuvo cuatro visiones que le causaron gran angustia. Vio a un hombre anciano, un hombre que se estaba muriendo, un hombre muerto y un hombre santo. La vista de la edad avanzada y de la muerte lo alarmaron, y al sabio hindú le causó intriga; así entonces dejó a su familia para comenzar una vida de peregrinaje espiritual en el bosque. Se convirtió en estudiante de los gurúes hindúes. Meditaba en la filosofía hinduista, seguía la estricta disciplina de la vida ascética, autoflagelándose a menudo, pero no hallaba satisfacción en su búsqueda de una santa vida hindú.

Fue entonces que tuvo la experiencia de *iluminación*. Se encontraba meditando debajo de una higuera cuando percibió la verdad. Él entonces formuló sus enseñanzas, a las que llamó "Las cuatro verdades nobles" y "El sendero de ocho aspectos". Por medio de sermones e invitaciones Buda logró reunir una cantidad de discípulos que lo siguieron y formaron el primer monasterio. El budismo estaba por convertirse en una alternativa religiosa para la gente de la India.

A medida que emigró de la India a otras tierras orientales, el budismo se encontró con tradiciones religiosas de las poblaciones nativas y, a partir de las enseñanzas de Buda y de las tradiciones de los monjes budistas iniciales, evolucionó hasta sus propias interpretaciones y expresiones. Buda se describía a sus seguidores como un ejemplo a imitar y a menudo como el supremo símbolo religioso. Se construían templos para que albergaran sus estatuas. Las ofrendas y las oraciones ante su imagen se convirtieron en ceremonias regulares. Se le otorgaba más que una categoría humana: Buda era el Bendito.

A medida que el budismo se extendió a China, Corea y Japón, formó varias sectas. Surgió la creencia de que muchos individuos habían alcanzado el mismo estado de iluminación que Buda Gautama, y por lo tanto otros Budas también tenían derecho a budeidad (la unión con el dios). Habían decidido que después de recibir iluminación no dejarían esta vida sino que ayudarían a que otros optaran por la misma meta.

Una prominente secta budista es la "tierra pura", que ha elevado a Amitabha a la condición de Buda. Amitabha es el padre misericordioso de una tierra pura o del paraíso occidental. Sus seguidores alcanzan la salvación al poner su fe en él. Los budistas en China, Corea y Japón rezan la siguiente oración diaria: "Voy hacia ti, Amitabha; gloria sea a ti, Amitabha". Este Buda es responsable del paraíso que ofrece a sus seguidores y lo describe con términos vívidos.

De modo que a diferencia del hinduismo, el budismo cuenta con un fundador específico, Gautama Buda. Sus seguidores lo han considerado y venerado tanto en términos humanistas como metafísicos. Al ser el iluminado, se lo considera un maestro, un gran hombre, un señor, y un ser exaltado o bendito. Comunidades budistas posteriores lo consideraron un Bodhisattva (un salvador y un gobernante universal). Tiempo después, otros grandes hombres que alcanzaron el mismo nivel de iluminación que Gautama fueron elevados al nivel de Budas, y así emergió un elaborado panteón de Budas.

Es así que dentro del budismo existen diversas interpretaciones en cuanto a la naturaleza de Buda. Algunos insisten en que el budismo es ateo, o por lo menos agnóstico. Otros no sólo afirman sino que también expresan en prácticas devocionales que dios es real en figuras como Amitab. Los budistas, como los hinduistas, cuentan con una cantidad de necesidades humanas para las que necesitan ayuda. Su experiencia religiosa da lugar a preguntas y a problemas que no se resuelven en el contexto humano. Ellos tienden sus mentes, sus corazones y sus manos a una fuente, a personas o a una deidad más allá de ellos mismos. De modo que en el hinduismo hay un Krishna y en el budismo un Amitab que ofrece gracia y recompensa a los devotos y los fieles.

Literatura budista:
Enseñanzas de Buda e interpretaciones de los discípulos

El budismo cuenta con una variedad de tradiciones sagradas en forma escrita basadas en las enseñanzas de Buda y en las numerosas interpretaciones de sus discípulos. Las dos escuelas más importantes del budismo, la Hinayana (Theraveda) y la Mahayana tienen sus cánones distintivos y sus interpretaciones académicas. Los escritos sagrados de la Hinayana están en idioma Pali, y se estima que en tamaño son el doble que la Biblia. Los escritos sagrados Mahayana cuentan con traducciones del idioma sánscrito y también escritos originales en chino, japonés y tibetano. Aunque algunas de las escrituras Mahayana son similares al canon Hinayana, muchos textos del Mahayana no tienen similitud alguna con los escritos de Hinayana. Las dos escuelas tienen claras diferenciaciones en sus interpretaciones del significado del budismo y de sus enseñanzas.

El canon Hinayana prevalece en el sudeste de Asia en Birmania y Tailandia. Los textos del canon reciben el nombre de Tripitaka, que literalmente significa división en tres canastas. La Tripitaka contiene los sermones y los discursos de Buda, los reglamentos para los monjes en los monasterios y los tratados metafísicos. El canon se transmitió oralmente desde la época de Buda en el siglo V a.C. hasta el siglo III a.C., cuando se puso por escrito.

Según Buda el problema de la vida es el deseo o apego a los objetos externos. Sus enseñanzas enfatizan la dependencia del individuo para resolver sus propios problemas y su destino. La meta de un budista es llegar al Nirvana, y para lograrlo uno debe verse libre de este mundo. Para Buda la práctica de la meditación es crucial y lleva a la tranquilidad y a la percepción espiritual.

Las Escrituras Mayahanas son una edición posterior del budismo. A medida que este llegó a China, Corea y Japón, se encontró con el confucianismo, el taoísmo y el sintoísmo, y recibió influencia de estas religiones. Las escrituras Mahayanas se codificaron alrededor del 100 d.C. Se dice que un monje budista no puede leer todos los escritos sagrados Mahayana ya que estos son tan numerosos. Estas escrituras expanden las interpretaciones del canon Hinayana y enseñan la doctrina de los Budas celestiales y de los Bodhisattvas (los iluminados).

Tal vez los textos Mahayana más importantes sean el "Lotus de la ley verdadera" y los Discursos de la perfección de la sabiduría, que incluye el famoso Sutra del corazón y el Sutra diamante. Todos estos textos hacen énfasis en la naturaleza de Buda, que se ha vuelto infinito y universal. Buda ha alcanzado sabiduría perfecta y conoce el camino al Nirvana, que está en la otra orilla. Por otra parte, estos textos enfatizan que otros como Buda Gautama pueden llegar a ser Bodhisattvas, aquellos que han logrado la iluminación o la sabiduría perfecta, y ayudan a otros a cruzar a la otra orilla.

Los escritos budistas son multifacéticos y voluminosos. A diferencias de las escrituras hinduistas, que fueron escritas por incontables sabios, las budistas están en el nombre de Buda, o bien se refieren a sus enseñanzas. Debe mencionarse que en las tradiciones escriturales, a Buda se lo describe de variadas maneras, desde un maestro, un ideal y un ejemplo hasta un libertador, un señor y un ser sobrenatural.

Otra forma de budismo, el budismo Zazen o Zen, también cuenta con escritos variados y complejos. El budismo Zen tal vez sea la expresión de budismo más conocida en las Américas, hasta donde llegó desde Japón. El Zen enseña la iluminación (Satori) a través de meditación y ejercicios mentales sumamente disciplinados llamados Mondo y Koan, que han sido transmitidos de formas chinas y japonesas. Mondo es un ejercicio de rápidas preguntas y respuestas entre maestro y alumno. Koan es una afirmación o una pregunta a manera de enigma. Los cuatro ejercicios que siguen muestran la complejidad y la dificultad de la práctica del Zen, cuyo propósito es llevarnos aún más allá del intelecto y las emociones hasta la intuición y la iluminación.

Un maestro del Zen se encontró con un emperador. Este empezó a jactarse: "He construido muchos templos y monasterios. He copiado los libros sagrados de Buda. ¿Cuáles son, entonces, mis méritos?

El maestro del Zen le contestó: "Ninguno, majestad".

El emperador no se dio por vencido: "¿Cuál es el primer principio del budismo?"

El gran maestro respondió: "Un inmenso vacío".

El emperador preguntó: "¿Quién me está confrontando ahora?"

El maestro replicó: "No tengo idea".

Dos monjes estaban camino a casa y llegaron a un arroyo que atravesaba el sendero. Allí había una hermosa muchacha que temía mojarse si cruzaba. Uno de los monjes la alzó en sus brazos, cruzó el arroyo, la puso en el suelo y siguió su camino. El otro monje estaba horrorizado por lo que había hecho su amigo, tocar a una hermosa muchacha, y empezó a reprochar a su amigo mientras continuaban su marcha. El primer monje de pronto se dio cuenta de las duras palabras de su amigo, y le dijo: "Ah, ¡esa muchacha! Yo la bajé luego de cruzar el arroyo. ¿Tú todavía la llevas alzada?"

Cuando dos manos aplauden hacen determinado sonido. ¿Qué sonido hace una sola mano que aplaude?

Un hombre cuelga de un precipicio, y cuelga de sus dientes, que muerden fuertemente la rama de un árbol. Sus manos están llenas y sus pies penden torpemente. Un amigo se inclina hacia el precipicio y le pregunta: "¿Qué es el Zen?" ¿Cuál sería tu respuesta?[2]

El sendero budista: Del sufrimiento al Nirvana
Ética e iluminación

El budismo le ofrece a sus seguidores distintas opciones en cuanto a creencias y prácticas. Ya hemos señalado que se divide en varios movimientos de importancia incluyendo el Hinayana y el Mahayana. El Hinayana se ajusta a la gran tradición, mientras que el Mahayana demuestra tener características de la pequeña tradición. Por lo tanto, hay grandes diferencias entre dichos movimientos. Sin embargo, hay un conjunto central de creencias y prácticas a las que adhieren todos los budistas. La cosmovisión budista se centra en las cuatro verdades nobles, y los budistas consideran que el camino óctuple es un sendero para vivir de manera ética y para alcanzar la iluminación.

Las cuatro nobles verdades

Buda Gautama basó sus enseñanzas en su experiencia al crecer como hindú en la India. Él meditó en el significado de las enfermedades, el proceso del envejecimiento, la muerte, y la vida santa vivida por ascetas hindúes. Buda rechazó las creencias hindúes de las escrituras Veda, de la autoridad Brahmin y del sistema de castas, y la idea de un alma individual y una universal. Aceptó la creencia en el karma y en la trasmigración. Sin embargo, Buda enseñó que el alma no existe. El individuo consta de predisposiciones o fuerzas psicológicas llamadas Skandas. Están constituidas por átomos, pero no son eternas. Son los medios por los cuales se transfieren el karma o las buenas acciones de una vida a otra. Los cinco skandas son cuerpo, sensación, percepción, formaciones mentales y conciencia. No hay un yo permanente. Sólo hay un conjunto cambiante de skandas.

Buda rechazó muchas creencias y prácticas hinduistas, y formuló sus propias enseñanzas en las cuatro verdades nobles. Estas verdades surgieron de su rechazo para con las creencias y las prácticas hindúes y de la formulación de sus enseñanzas. Las verdades son las siguientes:

- Toda la vida es sufrimiento (dukkha)

- Todo sufrimiento surge del deseo o del apego al deseo (tanha)

- Si no hay apego al deseo, no hay sufrimiento.

- Si uno practica el camino óctuple, no hay apego al deseo y, por ende, no hay sufrimiento.

El nacimiento es sufrimiento. El deterioro y la descomposición son sufrimiento. La enfermedad es sufrimiento. La muerte es sufrimiento. La presencia de objetos que odiamos es sufrimiento. No obtener lo que deseamos es sufrimiento. Todo de la A a la Z es sufrimiento. Buda pronunció juicio sobre la vida y rechazó las maneras corrientes de responder a los dilemas de la vida.

En las paredes de los monasterios budistas primitivos se pintaba una rueda que describía la rueda de la transformación. Los rayos de la rueda simbolizaban las creencias budistas de la vida. Un rayo concentraba la atención en hacerse viejo y morir. Para los budistas esto resultaba insatisfactorio. ¿Por qué estaba precedido? El nacimiento precedía el hacerse viejo y morirse; pero si no existía el nacimiento, uno no se iba a hacer viejo ni se iba a morir. Otro de los rayos simbolizaba el proceso de transformarse, de nacer de una existencia a otra. ¿Qué sucede en el lecho de muerte de la vida anterior? Uno se aferra a la vida. Uno desea vivir, no morir, y a través de la vida hay un ansia, un terrible deseo de tener más cosas, más vida. Uno muere en la ignorancia (avidya), sin saber cómo terminar con el deseo. Uno necesita sabiduría e iluminación para romper el ciclo de la rueda, nacimiento a muerte a nacimiento, y así lograr Nirvana.

Para los budistas el conocimiento resulta vital. Uno debe conocer las cuatro verdades nobles, y lo que subyace en ellas. Por cierto que hay sufrimiento. El placer en sí no es sólo un preludio al dolor sino que es una forma de dolor. Hay también impermanencia (anicca), una continua sucesión de transformarse en la forma de Skandas. No hay alma; no hay ego (anatta). Detrás de estas verdades no existe fe en una deidad ni en deidades. No hay oraciones a dioses. No hay confianza en ayuda externa. Buda enseñó que uno debe ocuparse de su propia salvación. Él se daba cuenta de que la gente creía en dioses, diosas y espíritus. Él sabía que hacían sacrificios y ofrendas, pero él ofrecía otra manera de entender el mundo y de vivir la vida.

Algunos han alegado que Buda y el budismo primitivo eran ateos en sus creencias. Otros han declarado que, como mucho, eran agnósticos. Es prudente decir que en su inicio el budismo enfatizó la importancia del conocimiento y de la ética, y básicamente ignoró las tendencias animistas y politeístas del hinduismo. La evolución del budismo, especialmente el Mahayana, inició una serie de creencias y prácticas que difirieron de las de períodos anteriores.

El noble camino óctuple

Después que uno cree en las cuatro verdades nobles y en los temas subyacentes, ¿qué resta hacer? ¿Cómo se actúa para sobreponerse al sufrimiento y dejar el deseo? ¿Cómo se llega a la iluminación? ¿Qué clase de experiencia es Nirvana para los budistas? La respuesta budista está en *el noble camino óctuple*. Es la cuarta verdad noble. El camino óctuple se puede dividir en tres secciones más amplias: las creencias y las determinaciones correctas, la vida moral y la vida mística o de meditación.

En la categoría de *creencias y determinaciones correctas* hay perspectivas correctas y decisiones correctas. Un buen budista tiene perspectivas correctas cuando ha entendido y aceptado las cuatro verdades nobles. Resulta básico conocer el origen y el fin del sufrimiento. Una determinación correcta tiene lugar cuando uno hace un juramento solemne a romper la "rueda" de la transformación y eliminar la sensualidad, las ansias y la malicia. Ambos senderos afectan el entendimiento y la voluntad de la persona.

La siguiente etapa del camino óctuple incluye la *vida moral* con los tres componentes: hablar correcto, conducta correcta, ocupación correcta. Uno se abstiene de chismes, de rumores y de palabras duras. Un buen budista obra sin violencia (ahimsa) para con todas las criaturas. Está prohibido hurtar. El celibato es el estado ideal. Uno debe tener una ocupación apropiada. Un buen budista no comercia con armamento ni carnea animales.

La tercera división describe la *vida disciplinada de reflexión*. Esto incluye empeño correcto, concientización correcta y meditación correcta. Estos tres senderos necesitan aislamiento y retiro a un lugar que llame a la quietud y a la serenidad. Empeño correcto significa poner la mente bajo el control de la voluntad. Implica eliminar los malos pensamientos y hacer que el punto focal sean las buenas cualidades. Concientización correcta significa dirigir los pensamientos a temas ya prescritos y que extirpan distracciones, falta de atención y objetos físicos. El lograr plena atención en los ejercicios de meditación.

La octava etapa en el camino es la *meditación correcta*. Resultan importantes tanto la forma como el contenido apropiado de la meditación. Hay una variedad de posturas y ejercicios. Los de control de respiración son esenciales. Uno puede enfocar la visión en un objeto o un símbolo. Uno puede repetir ciertas palabras sagradas de los sutras, los escritos sagrados budistas. Los budistas que llegan a este último estado luego habrán de experimentar ciertos trances. Dichos trances (dhyanas) se caracterizan por la serenidad de cuerpo y alma, la libertad del intelecto, el elevarse por encima del gozo y el sufrimiento, y la conquista de la mente por sobre la ignorancia. Uno puede ver más allá del nacimiento y llegar a discernir la causa del renacimiento. Uno ha erradicado todo deseo y ha vencido el sufrimiento. El ciclo de la transformación ha sido vencido. El camino óctuple se ha completado y uno ha llegado a la iluminación. El budista en esta etapa y en esta experiencia está listo para el Nirvana. Uno se ha convertido en Arahat.

A los budistas se los educa para que conozcan las cuatro verdades nobles y el camino óctuple; estos componen el dharma o la manera en que se conduce el budismo. Los budistas saben que Buda enseñó esas verdades en el contexto de un sendero en el punto medio de las cosas. Él no abogó por el extremo placer de la vida hedonista ni por la vida estricta del ascetismo.

El punto medio budista de la ética y la iluminación incluye respeto por toda forma de vida. Los budistas deben abstenerse de la falta de castidad y de las bebidas alcohólicas y las drogas. El consejo es comer moderadamente y abstenerse de actividades frívolas.

La devoción budista

Todos los budistas hacen votos a Buda, al dharma y al sangha (monasterio). Buda fue el ejemplo supremo de sus seguidores. Les proveyó los principios y las prácticas que los habrían de guiar en la vida. Pero ¿qué del monasterio? Este proporciona un tipo de vida superior y la mejor oportunidad para que uno logre la iluminación. La enseñanza de Buda fue que lo ideal era vivir como monje. La tradicional vestimenta naranja del monje, la cabeza rasurada y el alojamiento en el templo separaban al monje de los laicos. Debe observar unas 227 reglas. No debe cultivar su propio alimento por temor a quitar la vida de alguna forma animal y de quebrantar una de las reglas. El monje demuestra a los laicos su superioridad ética por medio de su vida enclaustrada y restringida. Un laico tal vez observe alguna de las cualidades del camino óctuple, pero sólo un monje puede tener el tiempo y la disposición para completar dicho camino óctuple. De manera que existe una discrepancia entre el monje y el laico. Las personas con familias y responsabilidades laborales sencillamente no pueden asumir la vida del monje.

Los laicos deben sostener económicamente a los monjes. En Tailandia, un país budista hinayana, todas las mañanas se pueden ver monjes por las calles que aceptan en platos limosnas que dan los laicos. Estos van a los templos durante los días de fiestas religiosas para llevar regalos especiales a los monjes. Según la perspectiva budista, hay bendiciones recíprocas, o karma, que cada una de las partes obtiene. Los monjes obtienen buen karma al renunciar al mundo. Los laicos logran buen karma al ayudar al monje. De manera que el sistema es beneficioso para ambas partes. El monje recibe sostén financiero en las etapas finales del camino óctuple, y proporciona a los laicos la oportunidad de obtener méritos. El voto que hace el monje no es vinculante de por vida, ya que uno puede entrar al monasterio por una corta etapa. La vida monástica es símbolo de una creencia budista básica de que uno obtiene méritos al renunciar al mundo. Resulta interesante destacar que así como Buda rechazó el elitismo de los sacerdotes Brahmin, él formuló la idea del monasterio como un grupo elitista en el budismo.

Nirvana en Hinayana y Mahayana

Después de entender las verdades y de seguir los caminos hacia la iluminación, ¿cómo es Nirvana? ¿Cómo podemos experimentarlo y describirlo? Tal vez sea uno de los términos religiosos más difíciles y enigmáticos para definir o clarificar. Etimológicamente significa extinción. Un fuego se extingue o muere. Hay otras palabras que también se usan para describir el Nirvana. Es el fin del sufrimiento. Es el remedio para toda la maldad. Es separación o cesación de la transformación.

Buda consideró que la personalidad era una compilación de elementos materiales, volitivos y mentales. Dichos elementos permanecían juntos por las ansias del deseo. Una vez que las ansias se vencen, los elementos se dispersan. No hay historia en la trasmigración una vez que las ansias cesan. La teoría de Buda sobre la "no-alma" o el "no-yo" implica que hay extinción. No hay dios que restaure los elementos. ¿Dónde va el fuego cuando se extingue? No va ni al norte ni al sur. Simplemente se va. De manera que Nirvana es la no existencia. Nirvana es no nacer. Buda se niega a especular sobre la vida después de la muerte. ¿Acaso el santo (Arahat) existe después de la muerte? Buda dijo que eso no debe ser motivo de preocupación. Es un logro de libertad, y es un escape de la ignorancia y de la codicia. Sin embargo, millones de budistas están insatisfechos con el vacío del Nirvana y buscan otra respuesta.

El budismo, así como el hinduismo, cuenta con un sistema de creencias y prácticas que hace énfasis en una relación personal con la deidad y una respuesta de fe a la gracia. En el hinduismo el camino de devoción a un dios como Krishna atrajo a millones que se cansaron y frustraron de sistemas filosóficos, principios impersonales y conocimiento místico. En el budismo, el sendero Hinayana, que pone de relieve la vida monástica y prácticas de seria meditación que requieren largo tiempo y aislamiento, se convirtió en un problema para millones. Además, como el budismo migró desde la India a tierras donde debía competir con otras religiones, fue flexible y se adaptó a la conciencia religiosa de los pueblos. De manera que hizo énfasis en diferentes creencias y prácticas en lo que respecta a su India nativa y al budismo más temprano. Esta forma posterior se llamó *Mahayana*. El Mahayana consta de pequeñas tradiciones como el Hinayana, que a veces recibe el nombre de Theraveda, las grandes tradiciones. Los Mahayana constituyen la cantidad más grande de budistas.

¿Cómo son los Mahayana? Quizás haya tres palabras para caracterizarlos: transigencia, universalismo y trascendencia. Estos budistas en su desarrollo histórico estuvieron dispuestos a cambiar o a transigir en sus creencias y sus prácticas en lo que respecta a las expectativas y las ideas religiosas de la gente. Estuvieron dispuestos a ir más allá de creer que los monjes eran la única élite religiosa, y a pensar más allá del monasterio. Atrajeron a más gente y se convirtieron en misioneros a otras tierras. Se consideraron una religión universal. Los Mahayana interpretaron y transformaron a Buda y sus enseñanzas en un ser divino de naturaleza personal y trascendencia. Buda se convirtió en un dios. Otros podrían ser como él. Estos seres divinos trascendentes ofrecían más que un camino hacia la iluminación. Ofrecían gracia a quienes tenían fe en ellos y les rendían culto.

¿Qué sucede con la idea de Nirvana entre los Mahayana? Una vez más Nirvana es un término ambivalente. En primer lugar Mahayana habla de un cielo, una tierra de Buda a donde son llevados los fieles budistas cuando mueren. El Buda Amida, tan prominente entre los budistas japoneses, es una deidad cósmica que ha logrado la naturaleza de Buda. Cuenta con un cielo de felicidad absoluta llamado la Tierra Pura, ofrece compasión a quienes lo honran, y les promete una recompensa celestial en su paraíso.

El Lotus Sutra, un escrito sagrado budista, dice que hubo una cantidad infinita de Budas que salvaron a gente. Muchos pueden obtener la condición de Buda. Cuando uno ha realizado este logro, que se basa en ética, iluminación y en la compasión y la misericordia de un Buda, uno puede convertirse en Bodhisattva, un salvador que ayuda a otros. En Mahayana hay distintas jerarquías de Budas y de Bodhisattvas. Hay esferas celestiales. Las enseñanzas de Nirvana por parte de Buda pasan a un lugar secundario; se transforma o se desarrolla hasta llegar a una forma más personalizada y entendible. De modo que se llenan los templos con imágenes de Buda y otros tipos de Buda como Amida, y estos sirven como puntos focales para culto y devoción por parte de los Mahayana.

Tanto la forma de budismo Hinayana como la Mahayana son buenos ejemplos de las grandes y las pequeñas tradiciones que hay en una religión. Ambas se fundamentan en las enseñanzas de Buda, pero hacen distintas interpretaciones de las verdades nobles y del sendero óctuple. Tal vez el bosquejo que sigue a continuación sea útil para distinguir diferencias clave:

	Hinayana	Mahayana
Persona	individualista autoemancipada	orientada a la comunidad depende de salvación por gracia
Virtud clave	sabiduría	compasión
Religión	trabajo de tiempo completo elitismo monástico	vida normal laicos y santos
Ideal	Arahat (santo)	Bodhisattva (salvador)
Buda	santo	salvador
Oración	meditación	petición
Orientación	tradicional	innovadora (flexible)

El budismo ofrece a sus seguidores una extensa variedad de creencias y prácticas similares a la clase de posibilidades que ofrece el hinduismo.

Santuarios y monasterios

El budismo ha tenido una historia muy singular al trasladarse desde India y por el sudeste de Asia a China, Corea y Japón. Ha tenido influencia en culturas de otros pueblos y ha transigido en dichas culturas. De modo que, a diferencia de lo que ocurre en la India con toda su unidad y su uniformidad en cuanto a adoración y organización en el templo, el budismo muestra variedad de formas en los santuarios y las comunidades monásticas. En los párrafos que siguen habrá descripciones selectas de santuarios del sudeste asiático, de un monasterio tailandés y de un monasterio budista Zen japonés.

Santuarios del sudeste asiático

El santuario primitivo, del cual emergió la pagoda, fue la stupa, un túmulo funerario con un relicario de Buda. Estas stupas se convirtieron en lugares de culto popular. Durante el siglo III a.C, el rey Asoka, que tenía disposición misionera, construyó más de 84.000 santuarios en un período de tres años. El túmulo funerario estaba cubierto por un techo tipo paraguas, y la stupa en sí se convirtió en objeto de culto y en sitio de peregrinación. Dos de los santuarios más famosos son El Templo del Diente en Kandy, Sri Lanka, que alberga un diente de Buda, y la pagoda Shyway Dagón en Birmania, que alberga ocho de sus cabellos. Estos relicarios siguen existiendo como sitios de culto, pero los santuarios también son parte de un sistema más grande en la organización budista.

El voto de los budistas incluye fe en Buda, en la Dharma (ley) y el Sangha (monasterio). Este, al que según la cultura a veces se llama el Vihara o Wat, ha sido una comunidad importante para los budistas desde la época de Buda. El monasterio budista creció, y se convirtió en equivalente a la iglesia cristiana o a la mezquita islámica en lo que se refiere a importancia para la comunidad en general. Hoy día el Vihara o Wat se entiende como un edificio o un templo que alberga la imagen de Buda y por lo general incluye un complejo mayor de edificios. Los templos de mayor tamaño tienen una zona para rituales de importancia, y ordenaciones y recitados de más estima. Un edificio separado podía incluir un gran salón para sermones dirigidos a laicos durante épocas santas.

Dentro del Vihara a menudo hay otros lugares sagrados que contienen reliquias de Buda, santuarios amurados para meditación, y a menudo un árbol Bodhi, como el árbol bajo el cual se sentó Buda para lograr iluminación. El complejo Vihara también puede incluir viviendas para los monjes (bhikkus), atrios abiertos, salón de cocina y comedor, un depósito, un campanario, una biblioteca y un cuarto de baño. También puede haber una escuela anexada al templo para la instrucción de los monjes principiantes.

Un monasterio Hinayana en Tailandia

Durante las fuertes lluvias de la época del monzón los monjes permanecen en su propio Wat para las observancias religiosas. Después de esta temporada los monjes pueden dejar su Wat y viajar para visitar otros Wats o para realizar peregrinaciones a stupas sagradas. En determinado momento puede haber entre 4000 y 6000 monjes que residen en un Wat. Su vida cotidiana es extremadamente disciplinada. Se despiertan con campanadas a las cuatro de la mañana. Después de bañarse, cada uno se pone tres vestiduras amarillas. Cada residencia tiene un altar donde se coloca una imagen de Buda. El monje se inclina ante la imagen y recita el voto. Luego entonces, se sienta cruzando las piernas y medita. Acto seguido y una vez que llega al atrio, se dirige a otro monje y confiesa sus deficiencias. Una vez que concluye con estos ejercicios antes del amanecer, los monjes se retiran a sus residencias para descansar.

Poco después de que haya amanecido los monjes se dirigen a los caminos con su tazón para limosnas a fin de recibir ofrendas de comida de parte de la gente, que a su vez espera que ellos emerjan del Wat. Los monjes toman el desayuno en sus residencias individuales, aunque en Wats más chicos tal vez se reúnan para el desayuno. Después de comer, pronuncian una bendición sobre los que proveyeron limosnas. Alrededor de las ocho de la mañana suena una campana para llamar a los monjes al santuario para la ceremonia matutina de canto gregoriano. Se sientan en hileras de acuerdo a su antigüedad monástica: los monjes mayores al frente, seguidos por los monjes más jóvenes, y luego los novicios. Se inclinan y recitan en idioma pali ante el altar de Buda luego de encender las velas. Los monjes nuevos reciben instrucciones básicas mientras los restantes se dirigen a su residencia.

A las once y media de la mañana se come la comida principal, ya sea de lo que haya sobrado de las ofrendas matinales entregadas por los laicos, o puede que se haya preparado en la cocina del Wat. Después del almuerzo hay descanso y un período de estudio. A las seis de la tarde suena la campana para llamarlos nuevamente al santuario. En grupos de a dos confiesan sus faltas, y luego se inclinan y cantan a la imagen de Buda como lo hicieron a la mañana. Los monjes nuevos tienen clases vespertinas. Luego puede haber un tiempo de conversación entre los monjes antes de retirarse para el descanso nocturno.

En el Wat hay varias ceremonias y celebraciones de acuerdo al calendario budista. En ciertas ocasiones los laicos pueden visitar el Wat para hacer votos y para oír un sermón. Los visitantes se inclinan ante la imagen de Buda y toman parte en el canto gregoriano juntamente con los monjes, aunque la manera de sentarse los habrá de segregar. Un representante del grupo de laicos solicitará un sermón al director del Wat. En otras ocasiones especiales todos los monjes habrán de reunirse en el santuario a fin de escuchar a un monje con entrenamiento especial mientras este recita con claridad y fluidez las 227 reglas del budismo. Otro monje constata el recitado en un texto pali impreso. Durante una de las épocas santas, hay un tiempo especial en que los laicos obsequian a los monjes vestiduras amarillas nuevas. Luego está la ceremonia en que los hombres que se han hecho monjes sólo por unos meses, dejan el Wat y regresan a sus familias y a sus empleos. En la sociedad tailandesa se espera que un varón adulto pase varios meses en un Wat.

Un monasterio Zen en Japón

El budismo Zen se originó en la tradición Mahayana en China y en Japón. El objetivo de la vida Zen es experimentar Satori, que es la iluminación. Además, el Zen se esfuerza por alcanzar virtudes morales y sociales que le permiten al individuo promover paz y bienestar en la comunidad. La vida Zen se observa en términos de humildad, trabajo, servicio, oración y gratitud, y meditación.

La humildad es una virtud que el monje Zen logra por medio de una vida en que pide limosna. Esto no es simplemente la manera en que el monje sobrevive físicamente sino que además es un sistema en que se otorga y se recibe mérito entre el monje y el laico. Pedir limosna le enseña humildad al monje y negación de sí mismo al dador. El monje sale a las calles con otros varios monjes. Un sombrero amplio le permite ver solamente unos pocos pasos delante de sí, y esto evita que vea quién coloca dinero o arroz en su plato de limosnas. La caridad debe estar al margen de relaciones interpersonales y de favoritismos, ya sea de parte del monje o del laico. También hay familias que en forma regular ofrendan arroz y otros productos alimenticios al monasterio. Todos los meses los monjes salen en busca de estas familias con bolsas o carretillas para recoger grandes cantidades de comida.

El trabajo es un rasgo fundamental en la vida Zen. "Un día sin labor es una día sin comida". Por cierto que la vida Zen se caracteriza por largo tiempo de meditación y pensamiento abstracto, pero los maestros del Zen enseñan a sus monjes a trabajar en la granja y en los bosques, a usar hachas, a maniobrar carros y a llevar agua. Y trabajan tanto el maestro como los alumnos. En la vida Zen hay cierto espíritu democrático donde en el orden jerárquico tanto el que está más alto como el que se halla más bajo hacen la misma tarea.

En el monasterio a todo el trabajo se lo considera vida de servicio. La administración del monasterio la llevan a cabo el maestro (que seguramente es director del monasterio), y los integrantes con más antigüedad. La división de los varios tipos de servicio incluyen la supervisión de la obtención y la preparación de alimentos, la administración del santuario budista y las instalaciones aledañas, y la supervisión general de la vida en el salón de meditación liderado por el gran maestro. Las comidas son eventos sumamente ceremoniales.

Para el desayuno se sirven gachas y pickles. La comida principal del día tiene lugar alrededor de las diez de la mañana y consta de arroz con cebada, sopa y pickles. Para la cena se sirven las sobras del almuerzo. En vista de que los monjes Zen, siguiendo el ejemplo de Buda, deben tener sólo dos comidas diarias, a la comida de la noche se la llama "alimento medicinal".

Mientras están sentados y en tanto llega la comida, los monjes recitan los nombres de los grandes bodhisattvas. Luego recitan los cinco temas de meditación: su propio mérito para comer, sus virtudes, su desprendimiento de los defectos, su compromiso a tener un cuerpo fuerte y sano, y su devoción a la verdad. Concluyen con los votos para destruir el mal, hacer obras de bien y ayudar a todos y a sí mismos a lograr la "budeidad". Durante la comida en sí se hace silencio. Los monjes se turnan para servir las mesas. Al terminar la comida, cada monje limpia su plato y lo guarda en un paño apropiado; luego, entonces, regresa a su residencia. El monasterio se caracteriza por un espíritu fraternal, de ayuda y de servicio mutuo.

En la comunidad Zen se vive una vida de oración y gratitud. Las oraciones se dirigen a los Budas y a los Bodhisattvas. Además se leen y se recitan las sutras, y esto ayuda a que uno entienda los pensamientos de los autores de dichas escrituras, y ayudan a obtener méritos espirituales. Los monjes muestran su gratitud a todos los Budas, Bodhisattvas, maestros y a todos los otros seres a través de lectura y recitado de sutras, ofrenda de incienso, reverencias y meditación individual. En el año nuevo hay ceremonias especiales de recitado sutra en que los monjes rezan pidiendo bienestar nacional y paz mundial. Este recitado conlleva un mérito especial tanto para quien recita como para aquellos a quienes se dedica el recitado. Los monjes recitan a viva voz, y es una ocasión animada y alegre.

La vida de meditación Zen es de rigurosa disciplina. El salón de meditación o *zendo* es el lugar principal en que reside el monje. El interior del salón tiene plataformas elevadas llamadas Tan, paralelas a los lados del salón. El Tan tiene 2,5 m de ancho y 1 m de largo. El relicario para el Bodhisattva está a un extremo del piso vacío entre el Tan. El piso vacío hace posible que los monjes tengan lugar para caminar durante los tiempos de meditación a fin de mantener sus mentes agudas y sus cuerpos ágiles. Cada monje tiene un espacio de uno a dos metros sobre el Tan. En dicho espacio vive el monje: allí se sienta, medita, duerme y vive. Se le provee un estante para la ropa de cama y otras necesidades. Los monjes van a dormir a las nueve de la noche después de los recitados y las reverencias ante el Bodhisattva. Se levantan a las tres y media de la mañana para practicar Zazen.

Los aspectos básicos de la vida zendo son estudiar los dichos, los escritos y las acciones de los maestros pasados y practicar meditación. La práctica de esta se llama Zazen, y el estudio de los grandes maestros incluye asistencia a las conferencias del maestro del zendo, a quien se llama Roshi. Este procura que el monje se ayude a sí mismo comprendiendo las antiguas enseñanzas.

Es responsabilidad del monje llegar a ser experto en el ejercicio Koan, ya que es una de las disciplinas más importantes en la vida de meditación. El Koan es una pregunta o un acertijo que el monje debe resolver. Cuando ha dominado un Koan, recibe otros. En el salón de meditación (zendo) los monjes se sientan a lo largo del Tan enfrentándose unos con otros. Durante ciertas épocas del año están exentos de trabajar y practican Zazen desde las tres y media de la mañana hasta las nueve de la noche, con intervalos para las comidas. Para que el Zazen dé frutos, el monje debe practicar Sanzen. Durante este, el monje presenta al maestro sus perspectivas sobre el Koan. Por lo general esto tiene lugar dos veces por día. Un monje Zen puede dejar el monasterio y unirse a otro si el maestro lo permite. Por lo general varias veces por año se hace una evaluación de cada monje de acuerdo a su conducta y a su dedicación a la vida disciplinada. El monje puede permanecer en el monasterio o puede peticionar otro. Si su comportamiento no ha sido aceptable, tal vez no pueda continuar en ningún monasterio Zen.

De modo que el budismo Zen proporciona un sistema claro y preciso de templo, santuario y monasterio, sistema que une a monjes y laicos en actividades y satisfacciones religiosas. Los laicos budistas dependen de los religiosos de los santuarios y los monasterios para obtener méritos y garantía en lo religioso. Por otra parte, los religiosos dependen de los laicos para sobrevivir económica y físicamente por medio de un definido y aceptado método de otorgar y recibir méritos. En todo el budismo hay confianza mutua entre los monjes y los laicos en cuanto a organización, práctica y supervivencia religiosa.

Militancia, misiones y mesías

La enseñanza budista tiene como fundamento una cosmovisión donde el mundo es ilusorio o malvado y promueve una vía de escape o liberación del mundo. Una obvia dificultad en el budismo es la tensión de vivir en el mundo y reivindicarlo, huir del mundo por medio del aislamiento dentro de él, o hallar un sendero de disciplina a través de él. El budismo ha ofrecido un enfoque de la vida más universal que el hinduismo. Se ha opuesto al sistema de castas y ha hecho énfasis en el individuo. Este ha recibido la responsabilidad de lograr su propio destino. El budismo ha mantenido las enseñanzas hindúes de reencarnación y karma, pero un desafío que sufrió internamente fue la diversidad de pensamiento que incorporó al adaptarse a otras tradiciones religiosas en China y Japón.

El budismo se ha adaptado al mundo de varias maneras. Ha encontrado patrocinadores para protección y sustento. Ha interpretado las enseñanzas de Buda de modo que incluyan Bodhisattvas o especie de salvadores a fin de ofrecer ayuda para que individuos puedan alcanzar sus destinos. El budismo se ha propagado a otros pueblos para continuar vital y estable.

Tailandia es ejemplo de un país donde el budismo halló en el rey un mecenas. Los monjes (Shanga) y el estado tailandés han tenido una estrecha relación. Hasta hace unas décadas, al rey se lo consideraba el emperador budista mundial, y se le asignaban características divinas. Era protector de la tradición budista y mecenas de los monjes. Las ceremonias de la corte se simbolizaban con instituciones y valores budistas. En la Tailandia moderna continúa existiendo una relación de trabajo entre las instituciones budistas y el gobierno, pero con los cambios sociales y políticos. Han surgido tensiones entre iglesia y estado. Cuando existe un proceso de modernización la religión tiende a compartimentarse, y lo mismo ocurre con otros importantes asuntos sociales y culturales.

Es así que el budismo, en su etapa de desarrollo, se enfrenta con el reto de considerar temas de teoría y práctica política. En el caso del rey de Tailandia, el rey debía proteger a los budistas de amenazas e invasiones. En el caso de Vietnam del Sur, en la década del 60 se desató una crisis entre los budistas y el gobierno católico romano, y tuvo repercusiones en la política, la militancia y la libertad religiosa. Catorce sectas Mahayana lideradas por sus monjes se fusionaron con la Iglesia Budista Unida. Los monjes se dirigieron a miles de budistas en las pagodas, con discursos que denunciaban el régimen católico romano. Pronto hubo ocho suicidios rituales por parte de monjes que se quemaron vivos como protesta por las acciones del gobierno. Su líder fue el venerable Thich Quang Duc, un viejo monje de 73 años que se quemó vivo en una calle de Saigón en 1963. Aunque el gobierno intentó aplastar la oposición budista con represalias masivas, no lo consiguió. Estados Unidos retiró su apoyo, y hubo un golpe militar. Al budismo no le ha resultado sencillo entender cómo actúa el mundo secular en lo relativo al orden político.

Después de la Segunda Guerra Mundial, en Japón surgió una forma militante y misionera de budismo conocida como Soka Gakkai, que significa "Sociedad que crea valía". La Soka Gakkai se remonta a Nichiren Daishonen, un líder budista del siglo XIII d.C., quien consideró el Lotus Sutra como la escritura budista primordial. Él enseñó que una forma de salmodia del Lotus Sutra produciría felicidad, gozo y éxito material. No había necesidad de otras clases de budismo. Nichiren declaró que Japón sólo necesitaba el Sutra y su propia interpretación de este. A medida que Nichiren enseñaba y obtenía seguidores, estos creían (y también él) que era el nuevo Buda por los siglos de los siglos.

En el Japón de la posguerra el Soka Gakkai creció de a millones. Reclutaban miembros usando coerción y otros métodos de intimidación. Formaron un partido político, el Komeito, que se convirtió en la tercera influencia política poderosa de Japón. El Soka Gakkai llegó a los Estados Unidos en la década del 60, donde se lo conoció como Nichiren Shoshu. Se organizó en muchas de las principales ciudades, y asegura tener más de 300.000

seguidores, la mayoría de los cuales no son asiáticos. Este grupo budista demuestra tener militancia y espíritu misionero, y ofrece devoción y obediencia a un hombre que declara ser Buda.

Otro movimiento budista que migró a occidente desde China y Japón es el budismo Zen, que es misionero en extremo. Sin embargo, el Zen no es militante y no sugiere un Bodhisattva o salvador para sus adherentes. En realidad, el Zen está en contraposición al Soka Gakkai. Enseña autodisciplina y autorrealización. Los fundamentos son la confianza en uno mismo y en los ejercicios meditativos del gran maestro del Zen. Paz, serenidad y orden son ingredientes del Zen. Cuando uno viaja a Japón ve que la evidencia del Zen tiene influencia en los jardines, en las ceremonias del té y en los arreglos florales como así también en las artes. El budismo Zen se ha establecido calladamente en una gran cantidad de centros en los Estados Unidos y América Latina, con líderes que son entrenados maestros de Zen. Llama a los que por medio de la autoayuda quieren encontrar un sendero gratificante sin que haya militancia ni un salvador.

De modo que el budismo, que comenzó de manera exclusiva y pasiva con las enseñanzas y el ejemplo de Buda, a través del tiempo y el espacio modificó enseñanzas y formas. Así como el hinduismo, se convirtió en global. Le hizo lugar a deidades, a la especulación y a disciplinas yoga. Se desprendió de la rigidez del sistema monástico, que restringía los frutos de liberación o Nirvana sólo para los monjes, y estableció un sistema de Budas y salvadores que ofrecían a las masas una manera mejor y más rápida para lograr la realización. Además estuvo dispuesto a luchar por su lugar en el sistema político, económico y social de las naciones, y no sólo llegó a un acuerdo con políticos, estadistas y gobiernos, sino que además tuvo un impacto en ellos. Así como el movimiento Krishna en el hinduismo, tuvo empuje, fue misionero, y se expandió a otros pueblos y continentes.

A medida que el proceso de modernización penetra las sociedades tradicionales de las que es parte el budismo, este se enfrentará al continuado desafío del cambio. ¿Qué influencia tendrán los monjes y los monasterios (Shanga) a medida que los laicos adquieran más educación, tecnicismo, y experiencia en los procesos seculares? ¿Qué impacto puede tener el budismo sobre naciones y gobiernos en la corriente de movimientos nacionalistas y revolucionarios al enseñar individualismo o pasividad o escape de ansias y deseos? ¿Qué adaptaciones adicionales necesitará el budismo para continuar influyendo en sus pueblos nativos y en pueblos no budistas? El budismo, como otras religiones de importancia, se ha enfrentado a desafíos durante varios milenios. Al comenzar se enfrentó con la oposición del hinduismo, y migró a lugares más fértiles. Así aprendió a hacer ajustes.

4

TRADICIONES RELIGIOSAS CHINAS Y JAPONESAS

Confuciana, taoísta, sintoísta, budista

Dos religiones nativas de China son el confucianismo y el taoísmo. Así como la India, China contaba con varias tradiciones religiosas antes que se desarrollaran el confucianismo y el taoísmo. Las antiguas religiones chinas hacían énfasis en los mundos de los espíritus y en la adoración a los antepasados. Sin embargo, para el siglo VI. a.C., aparecieron dos genios religiosos que ofrecieron otras religiones.

Confucio nació alrededor del 550 a.C. en la provincia de Shantung. Trabajó como funcionario, viajó ampliamente en China e hizo amistad con líderes de gobierno y príncipes. Estos procuraron su sabiduría y su consejo, y él reunió discípulos y fundó una escuela. Sus enseñanzas luego se compilaron en las Analectas. Confucio se inclinaba muy poco hacia lo místico y lo sobrenatural; él tendía más hacia lo racional y lo humanista.

El *confucianismo* se basó en la importancia del orden correcto en la familia y en la sociedad. De acuerdo a Confucio, la gente es básicamente buena y responderá a la bondad si tiene modelos adecuados. Hay relaciones de familia, sociedad y trabajo que debemos seguir. Confucio enseñó una ética para la sociedad que regía los deberes, la conducta y todas las relaciones. El confucianismo se ajusta perfectamente a la tendencia china hacia la adoración de los antepasados, las estrechas relaciones familiares y la obediencia a los distintos niveles de autoridad.

La segunda religión en importancia que se desarrolló en China fue el taoísmo. Su fundador Lao Tzu también fue prominente en el siglo VI a.C. El taoísmo comenzó como una filosofía de liberalismo que enfatizaba principios de no-interferencia en las vidas de otros y principios de quietismo. Posteriormente a Lao Tzu se lo consideró dios en un panteón de otras deidades donde había templos, monjes y escrituras taoístas. Los emperadores chinos otorgaron condición divina tanto a Confucio como a Lao Tzu. El confucianismo y el taoísmo se desarrollaron en una época en que el budismo Mahayana estaba impactando China. Los emperadores, entonces, pueden haber reaccionado negativamente contra la aceptación de Buda, ofreciéndole al pueblo dioses y rituales chinos autóctonos.

El sintoísmo es la religión japonesa autóctona más importante. Se practica tanto a nivel nacional como familiar. El gobierno nacional sostiene los santuarios y los rituales sintoístas que alinean estrechamente las deidades del sol con el emperador. El código de ética Bushido promueve el espíritu Samurai de lealtad y obediencia a los dioses y al emperador. El sintoísmo en el hogar incluye altar para los dioses, ofrendas y rituales que la familia realiza diariamente.

Además del sintoísmo, el budismo Mahayana ha tenido una gran influencia en la sociedad del Japón. Un grupo budista japonés se llama "tierra pura". Este grupo adora a Amida, que les ofrece liberación hacia un cielo llamado "tierra pura". Más de 14 millones de japoneses adhieren a este grupo. Otro grupo de expresión budista en el Japón es el Soka Gokkai, una expresión de budismo japonés del siglo XX que declara tener más de 16 millones de adherentes. Este grupo es dogmático, militante y misionero. Un tercer grupo es el de los budistas Zen. El profesor D.T. Susuki ha convertido el Zen de tinte japonés en una disciplina muy popular en occidente.

Antepasados, dioses del arroz y Budas

China y Japón ofrecen a su gente experiencias religiosas variadas y numerosos seres y espíritus divinos en quienes creer y a quienes adorar. En ambos pueblos existe el *culto a los antepasados*, donde se honra y venera a familiares o figuras nacionales como emperadores ya fallecidos. En China, el sabio Confucio surgió como un gran maestro. El confucianismo se convirtió en modo de vida basado en relaciones correctas con la familia y la sociedad; posteriormente el nombre de Confucio fue honrado con templos y culto. De la misma manera, Lao Tzu, el fundador del taoísmo chino, estableció sus enseñanzas religiosas, y más tarde también fue deificado e incluido en el panteón de los dioses chinos.

En Japón hay una práctica predominante de honrar a los antepasados con ofrendas diarias. El sintoísmo japonés es la religión autóctona fundamentada en la senda de los dioses o los espíritus. La palabra para Dios, Kami, significa superior y se la usa para describir personas u objetos como cielo, tierra, montañas, animales y emperadores a quienes los japoneses honran y veneran.

Así como el Buda Gautama, Confucio fue el fundador de una tradición religiosa. Él deseaba fortalecer la familia y la estructura social de la China enfatizando la autoridad y las relaciones obedientes entre padre e hijo, entre gobernante y gobernado, entre los ancianos y los jóvenes. Algunos eruditos han sostenido que Confucio era moralista y escéptico. Sin embargo, él aceptaba las prácticas religiosas de su época con reverencia hacia antepasados y espíritus. En sus escritos, las Analectas, le aconsejó a la gente mantenerse distante de los espíritus. Es evidente que aprobaba ciertas prácticas religiosas, en especial las asociadas con antepasados, mientras que desaprobaba otras.

El sintoísmo ofrece a Kami, una pluralidad de espíritus y poderes. Hay variados relatos que hablan de la actividad de los dioses por toda la isla japonesa. Del dios Izanagi y de la diosa Izanami nacieron las islas y asimismo los dioses de la naturaleza y otras deidades. Amaterasu, la diosas del sol y además la hija de Izanami, es la deidad más importante en el sintoísmo. Uno de los santuarios más grandiosos está dedicado a ella en Ise. Su hermano, el dios Susanowa de las tormentas, y el hijo de éste, el dios de la Tierra, tienen un gran santuario en Izumo. La tradición dice que Amaterasu le dio a su hijo Ninigi todo Japón para que reinara allí. Ninigi se casó con la diosa del monte Fují. Uno de sus biznietos se convirtió en el primer emperador de Japón. Tiempo después esta historia le dio validez a la creencia en la divinidad del emperador y a la secta nacional del sintoísmo.

Inari, el *dios del arroz*, tiene un santuario en la mayoría de los pueblos. Se lo venera constantemente durante las estaciones agrícolas de plantar, trasplantar, y cosechar arroz. A través del Japón, hay un sinnúmero de deidades a quienes la gente acude. El sintoísmo se practica en más de cien mil santuarios. Las deidades en dichos santuarios protegen a las familias y a la tierra a su alrededor. Sacerdotes supervisan organizadamente los rituales en los santuarios más grandes. Además, en el hogar hay pequeños santuarios a los antepasados y allí se elevan ofrendas diarias.

El budismo entró a Japón en el siglo VI d.C., y halló que el pueblo japonés era muy receptivo. Según el budismo, las deidades del sintoísmo eran Bodhisattvas, manifestaciones de varias *figuras de Buda*. Los monjes budistas estuvieron a cargo de los santuarios sintoístas, y hubo una gran interconexión de deidades y rituales sintoístas y budistas. Más adelante estas religiones rozaron entre sí, y cada una procuró purificar y expresar sus propios sistemas religiosos. Sin embargo, en el Japón de hoy muchas familias japonesas cuentan con santuarios para los antepasados, asisten a festividades sintoístas y adhieren a las enseñanzas de un monje budista. La secta Jodo en Japón equivale a la secta "tierra pura" en China. Venera a Buda Amida (Amitabha en China) y declara que él es el Señor del paraíso de occidente. A través de su propia iluminación, Amida ha acumulado suficientes méritos para salvar a todo el que recite su nombre con fe. Amida proporciona salvación incluso a quien esté por morir y pueda orar, diciendo: "Oh, Buda Amida".

De manera que Japón no puede alegar fundadores de religión como Buda o Confucio. Sin embargo, cuenta con una multitud de shamanes, sacerdotes, monjes y grandes maestros que han influido en la fe que tiene el pueblo en deidades. En el budismo especialmente, líderes carismáticos como Kobo, Kaishi, Honen, Shinran y Nichiren han surgido en Japón a fin de promover distintas interpretaciones. Incluso algunos de esos líderes se caracterizaron porque sus seguidores eran más que simples seres humanos. Los tiempos modernos han traído consigo cambios drásticos con la toma del poder comunista en China, que enfatiza el ateísmo, y la derrota de Japón en la Segunda Guerra Mundial, cuando el emperador repudió toda asociación con los dioses. Sin embargo, la lealtad y la creencia religiosa en dioses ancestrales y espíritus es difícil de atenuar, mucho menos de olvidar, y los chinos y los japoneses continúan en procura de realidades en el más allá.

Los clásicos confucianos y los escritos taoístas y sintoístas

La literatura principal del *confucianismo* se puede agrupar en dos categoría primarias: Los cinco clásicos y los cuatro libros. A esta literatura no se la considera revelación divina como en el caso de la Biblia o el Corán ya que no fue escrita ni por Confucio ni por sus discípulos. Hay dudas en cuanto a la autoría del material. Algunos eruditos creen que parte de los clásicos se escribió antes de la época de Confucio y que tal vez él los haya editado. Otros piensan que los cuatro libros se escribieron durante y después de la vida de Confucio.

Los cinco clásicos se componen de el Libro de los cambios (I Ching), el Libro de la historia (Shu Ching), el Libro de la poesía (Shih Ching), el Libro de los ritos (Li Ching) y los Anales de primavera y otoño (Ch'un Ch'iu). Estos escritos incluyen un manual para adivinar la suerte, deberes civiles, baladas y sátiras, rituales y canciones de amor.

Los cuatro libros son las Analectas (Lun Yen), el Libro de Mencio (Meng Tzu), la Doctrina del Método (Cheng Yung) y el Gran Saber (Ta Hsueh). Las Analectas incluyen los dichos de Confucio. Mencio fue un notable discípulo de Confucio, y escribe sobre las cualidades positivas de la naturaleza humana y los deberes cívicos. La Doctrina del Método se le atribuye al nieto de Confucio, Tsu-Ssu. Describe una manera moderada de vida en armonía con el Tao, el camino del Cielo. El Gran Saber describe la vida refinada del individuo, la familia, la nación y el mundo.

En la Doctrina del Método se hace evidente que la preocupación primordial de Confucio no era la deidad. A él le interesaba más el desarrollo de la naturaleza y la armonía social e individual de modo que pudiera haber buenas relaciones en las familias y las sociedades. Tao es la palabra que se usa para hablar de naturaleza.

La principal pieza literaria del taoísmo incluye el Tao-Te Ching, el Chiang Tzu y el Tao-Tsang. El Tao-Te Ching se le atribuye a Lao Tzu, aunque los estudiosos difieren en su evaluación de él como autor. Los otros escritos fueron compuestos por pensadores taoístas posteriores. El taoísmo primitivo enfatizó el pensamiento filosófico sobre la naturaleza de la vida y del universo. La palabra *Tao* significa el camino, y resulta compleja en su significado pleno. *Te* significa poder o virtud, y es una aproximación ética a Tao. El desarrollo posterior del taoísmo conllevó prácticas mágicas, un panteón de deidades y culto en el templo. Además la literatura de esta etapa describió a los Ocho Inmortales, al Emperador de Jade y a otros que representaban este aspecto popular del taoísmo.

El camino chino y el japonés:
Familia, amigos, nación

Ya hemos mencionado la importancia de las relaciones familiares, el orgullo nacional y el patriotismo entre el pueblo chino y el japonés. Esta sección, entonces, hablará del efecto del confucianismo, del taoísmo y del sintoísmo en el estilo de vida de estos pueblos.

El camino de vida chino

En la época de Confucio, China estaba en medio de una lucha interna. La antigua sociedad feudal se estaba desintegrando. Confucio entonces dio la alarma en sus viajes itinerantes y sus enseñanzas y llamó a la gente a volver a la ética y a los valores de generaciones anteriores. Esta perspectiva de la raza humana era optimista. Aunque los chinos no habían venerado a sus antecesores ni habían buscado lo bueno en los demás, Confucio vio lo bueno que había en la gente y los animó a expresar esa bondad en las relaciones familiares y sociales. ¿De qué manera uno debía ser bueno? Observando un código de corrección y decoro moral y social. El eje de la corrección es *Li*, la manera en que deben hacerse las cosas. *Li* es buena conducta y etiqueta, es observar lo tradicional y lo que se espera de costumbres honradas a través del tiempo. También significa ritual o ceremonia.

Confucio no creía necesariamente en los antepasados y en los espíritus a quienes en su época se les ofrecían sacrificios, pero creía en el valor que tenían las ceremonias y los rituales ya que era bueno para el bienestar y la estabilidad de la sociedad. Él deseaba establecer un código de conducta ritualizado, de manera que el individuo de cualquier edad y en cualquier etapa de su vida pudiera saber exactamente qué se esperaba de él y qué debía hacer.

La expresión primaria de la virtud de Li se halla en las *cinco relaciones importantes*. Dichas relaciones son del gobernante al súbdito, del padre al hijo, del marido a la esposa, del hermano mayor al hermano menor, y del amigo de más edad al amigo más joven. En cada una de estas relaciones una de las personas predomina y la otra está subordinada. Además entre ambas existe respeto. El gobernante, el padre, el marido, el hermano mayor y el amigo de más edad deben mostrar benevolencia, bondad, amabilidad y gracia para con la persona subordinada. Por otra parte, el súbdito, la esposa, el hermano menor y el amigo más joven deben mostrar lealtad, obediencia, deferencia y afecto hacia la persona predominante.

Confucio también enseñó otras virtudes que apoyan las cinco relaciones, como la voluntad de hacer el bien (jen), la corrección a través de la justicia (yi), la sabiduría (chih) y la fidelidad (hsin). Por ejemplo, la virtud de jen da lugar a una actitud de benevolencia que a su vez produce lealtad, buena voluntad y conducta correcta. Lo que nos ayuda a prestar servicio a nuestro gobernante o nuestros padres es jen. Y jen no solo nos guía hacia la buena voluntad para con otros, sino que también nos permite cultivar un sentido de respeto por nuestra propia dignidad como seres humanos.

El confucianismo enseña el concepto de una persona ideal para una sociedad ideal. La persona ideal es una que posee las virtudes, una que procura la conducta y el ritual de corrección y decoro, y una que es cortés, leal, benevolente y sincera. En la sociedad ideal existe una relación perfecta entre motivos y maneras. El deber, la conducta y el decoro siempre son apropiados. Nunca hay enojo en el amor; nunca dudas en la sabiduría; nunca temores en la valentía. ¿Cómo se logra este idealismo? Confucio concentró su atención en una educación adecuada para lograr buen carácter y buenas relaciones en la sociedad. Él alentó al estudio de literatura, música, artes y antiguos ritos chinos.

Armonía y conformidad son dos temas inherentes en el confucianismo. Estar en armonía con la voluntad del cielo, el camino (tao) eterno que se expresa en el código moral, es fundamental para una manera de vivir correcta. Estar en conformidad con las maneras y los modos de los antepasados es digno de imitar. Confucio dijo muy poco sobre la naturaleza del cielo y el origen de las cosas. Él tenía poca inclinación hacia lo sobrenatural y el misticismo, y era más racionalista y humanista. Sin embargo, gustaba de los valores detrás de los ritos de veneración a los antepasados, ya que estos daban como resultado solidaridad y armonía a individuos, familias e incluso la nación. Confucio enseñó sus cualidades morales y éticas y su código de conducta como si estuvieran fundamentados en la naturaleza misma de las cosas. Lo que era bueno para el individuo y la familia, era bueno para la nación. Confucio permaneció optimista en cuanto a lo inherentemente bueno y las posibilidades de la naturaleza humana y de la sociedad.

Después de la muerte de Confucio ciertos emperadores chinos incorporaron las enseñanzas confucianas a la educación de la China. Otros emperadores establecieron un culto nacional en honor de Confucio. Se le asignaron milagros y leyendas, y se inició la veneración con imágenes de

Confucio sobre los altares. Además se elevaron ofrendas para honrarlo. Los emperadores pueden haber iniciado el culto nacional a fin de apoyar y reforzar su propio prestigio por su asociación con Confucio. Por otra parte, el budismo ya era una amenaza para el confucianismo en la China pues a Buda ya se lo había elevado a la condición de ser sobrenatural. El culto nacional a Confucio puede haber sido una reacción a la intromisión budista. La invasión comunista a China en 1949 restringió severamente las expresiones del confucianismo. Sin embargo, como el comunismo tenía un código moral tan dominante y un énfasis tan penetrante sobre las virtudes del individuo, la familia y la nación, el comunismo pudo manipular las formas del confucianismo para ajustarlas a sus propios objetivos.

Influencias taoístas

El taoísmo en China comenzó alrededor de la época del confucianismo. Esta filosofía nos recuerda al hinduismo con sus diversas creencias y prácticas. Lao Tzu, su fundador, hizo énfasis en la filosofía y el misticismo. El taoísmo posterior enfatizó la devoción religiosa a deidades y espíritus, sacerdote y organizaciones del templo, y prácticas mágicas. Para Lao Tzu, lo ideal era una vida de armonía con la naturaleza. La palabra *Tao* significaba un camino o forma de vida en conformidad con la naturaleza del universo, y también el principio o el poder que gobierna o regula la naturaleza. El objetivo de la vida es seguir el Tao, que otorga armonía y unidad a todas las cosas. Las cualidades o virtudes primarias en el Tao-Te Ching son la pasividad, la inacción, el dejar de esforzarse y la simplicidad de dar prioridad a la naturaleza, a la espontaneidad y a apreciar la belleza de la vida. Ser como un recién nacido o como una roca sin tallar. Fluir con la naturaleza de las cosas. Así surgirán amor, contentamiento y bondad.

Los conceptos asociados de *yin* y *yang* resultan relevantes para el taoísmo. A fin de alcanzar armonía o tao, debe existir equilibrio entre yin y yang. Yang es la fuerza en el universo que se relaciona con lo masculino, lo positivo y lo enérgico. Se simboliza con el color rojo, y produce calidez, brillantez, firmeza y fortaleza. El sol, el día y el fuego son parte del yang. Por otra parte, el yin representa lo femenino, lo pasivo y la fuerza misteriosa en el universo. Tanto la noche, la sombra como el agua son parte del yin. Tanto el yin como el yang son necesarios en perfecto equilibrio para lograr el Tao. Ninguno en sí es malo. Tal vez el taoísmo enfatiza más el yin que el yang en vista del desequilibrio que había en la época de Lao Tzu en cuanto a lo masculino y lo enérgico. Mientras Confucio abogaba por un correcto orden basado en predominancia y deferencia, Lao Tzu proclamaba abandono de la sociedad para estar en íntima comunión con la naturaleza. La vida moral no era fidelidad a un sistema de principios, sino unidad, similitud y hasta parentesco con las fuerzas subyacentes de la naturaleza. Lao Tzu y sus primeros seguidores se retiraron del mundo corrupto y demasiado civilizado de sus días y regresaron a la simplicidad de la naturaleza. Era un camino de vida liberal.

Otra perspectiva del taoísmo es *la devoción religiosa y las creencias y las prácticas mágicas*. Esta expresión estaba en consonancia con la antigua reverencia china para con la naturaleza y el mundo de los espíritus. Se volvieron a adorar los espíritus buenos y los malos para obtener beneficios y para mantener alejada a la maldad. Los espíritus de los antepasados se apaciguaban a fin de honrar la tradición familiar, otorgar seguridad y procurar buena suerte. Se honraban también los espíritus de las montañas, de los ríos y de los animales. Por ejemplo: si uno podía construir su casa sobre la cueva de un dragón, tendría buena fortuna. Posteriormente el taoísmo incorporó ritos mágicos, encantamientos y adivinaciones con una organización totalmente completa en el templo y hasta con sacerdotes. Estos realizaban exorcismos de demonios y se comunicaban con el mundo de los espíritus. En algunos templos el objeto más importante era el incensario pues es símbolo del tao. Además éste más tarde fue representado por seres sobrenaturales como el Emperador de Jade y los Ocho Inmortales, e incluso Lao Tzu se convirtió en deidad, es decir el Señor Tzu. Hoy en Taiwán el taoísmo popular cuenta con numerosos dioses como el dios de la cocina, que se venera en los hogares.

El taoísmo se ha desarrollado en dirección más mística que el confucianismo. Tanto la autodisciplina espiritual como la física basadas en métodos de yoga del hinduismo y del budismo han influido en discípulos que supuestamente lograron increíbles poderes físicos y ocultos. La filosofía y el misticismo del taoísmo han influido en el desarrollo de las sectas tanto chinas como japonesas del budismo Zen.

En conclusión, el taoísmo se ajusta perfectamente a la tipología de la gran tradición y de la pequeña. El taoísmo primitivo se basaba en la filosofía y las enseñanzas de Lao Tzu, y alentaba a retirarse del mundo civilizado a fin de reunirse con la naturaleza. Hacía énfasis en la gran tradición del maestro, sus enseñanzas y el camino angosto y el objetivo para vivir la vida. El taoísmo posterior quedó asimilado en creencias y prácticas autóctonas chinas de antepasados, espíritus y elementos mágicos. Las deidades se hicieron prominentes con templos y sacerdotes que apoyaban esta pequeña tradición. Se hicieron prominentes más variedad y flexibilidad de formas religiosas. Es así que el taoísmo y el confucianismo emergieron del alma del pasado chino, ofrecieron rectificación para la vida cotidiana, y florecieron en visibles y tenaces formas de vida que han tenido influencia no solo en la cultura china sino también en otras.

El camino de vida japonés

Los japoneses han recibido influencia de varias expresiones religiosas, incluyendo el confucianismo, el budismo y el sintoísmo.

Influencias sintoístas

El sintoísmo es la religión autóctona. Sinto significa el camino de los dioses. Las deidades y los espíritus a quienes se venera en santuarios y en los hogares reciben el nombre de Kami. Sinto tiene relatos del dios Izanagi y la diosa Izanami, quienes procrearon dioses y las islas japonesas. Amaterasu es la diosa asociada con el sol, y se la venera en el Gran Santuario de Ise. Desde hace mucho tiempo a los emperadores de Japón se les ha asignado parentesco con los grandes dioses. El Gran Santuario de Ise ha servido como punto focal para la adoración imperial. Los santuarios sintoístas son los lugares de ofrendas al Kami, de fiestas conmemorando antepasados, nuevos nacimientos y celebraciones nacionales, y de sentir que el santuario es un ambiente de seguridad, pureza y consagración. En los altares familiares están los nombres de los antepasados, y se les presentan ofrendas diarias. De modo que los japoneses consideran que su mundo fue creado divinamente y está habitado por varios dioses que proporcionan vida, felicidad, familia y estabilidad nacional.

El sintoísmo apoyó una sociedad que se basara en una jerarquía de dioses, veneración de antepasados, sólida identidad familiar y nacional, y divisiones sociales. El período Tokugawa (1600-1868 d.C.) proporciona un buen punto de observación de la sociedad japonesa fundamentada en creencias, valores y ética sintoísta. La sociedad tokugawa se componía de tierras feudales presididas por un shogun (gobernante militar) que actuaba en nombre del emperador. El emperador, que declaraba ser divino, estaba en la cúspide de la sociedad. En orden descendiente estaban el shogun, los señores feudales que regían las tierras feudales individuales, los samurai o guerreros bushi, y los campesinos, los artesanos y los mercaderes. Cada nivel debía realizar deberes explícitos y ser leales mutuamente. En este sistema el militar (samurai),alcanzaba mucho prestigio, y el código Bushido (el camino del guerrero) se convirtió en el modo (o camino) de vida idealizado. Este código alentaba a lealtad y obediencia de un grupo a otro, y enfatizaba las virtudes de amabilidad, honor, valentía y cautela. El espíritu del samurai se convirtió en la máxima lealtad que uno podía ofrecer al emperador y a la nación. Uno daría la vida por la nación. O uno se quitaría la vida por un fracaso o una derrota antes de deshonrar a la familia o a la nación. Entre los japoneses es crucial no desprestigiarse.

Otras influencias

Es natural que el confucianismo y su modelo de lealtad-obediencia de las grandes cinco relaciones hayan añadido apoyo a los valores japoneses de identidad grupal y a los roles de líder-discípulo. Alentado a la devoción a Buda, el *budismo Mahayana* dejó su influencia a la dependencia que el grupo tiene del líder. Uno puede notar el gran sentido de formación grupal en la sociedad japonesa. Grupos como la familia, el clan o la nación se consideran disposiciones naturales bendecidas al punto de ser sagradas. El cabeza de cada grupo pone a sus miembros en relación con los antepasados divinos y con las deidades protectoras. El padre de familia o el anciano del clan los relaciona con la veneración de antepasados. El anciano del pueblo o el sacerdote relaciona a sus miembros con el kami local. El emperador de la nación relaciona a todo el pueblo con los antepasados imperiales y con las deidades. Los individuos existen en razón del continuo fluir de bendiciones de antepasados y deidades a través de los varios cabezas de grupo. Como agradecimiento por esas bendiciones, los individuos trabajan dentro del mismo grupo para "pagar" esas bendiciones y sacrificarse por el grupo si fuera necesario. De manera que la ética consiste en actuar como uno debe actuar en el grupo a que pertenece.

El confucianismo, el taoísmo, el budismo y el sintoísmo son las tradiciones religiosas principales entre los chinos y los japoneses. Cada tradición tiene su propia singularidad, y cada una satisface una necesidad en el pueblo. La ética expresa del confucianismo y del sintoísmo regula la conducta del individuo y de la comunidad. A menudo la gente se apoya en varias tradiciones. Los japoneses pueden celebrar el nacimiento y el matrimonio de sus hijos en templos sintoístas, pero pueden observar ceremonias religiosas en templos budistas. En todas las tradiciones hay diversidad de creencias y prácticas que incluyen deidades, antepasados, espíritus, templos, sacerdotes, estilos de vida religiosos específicos, y una tónica sagrada en cuanto a familia, clan y nación.

Templos confucianos y taoístas y santuarios sintoístas

El confucianismo y el taoísmo en la China comenzaron como movimientos filosóficos y éticos. Con el tiempo surgieron sacerdotes y templos en ambas religiones. El taoísmo como religión viva se puede observar en Taiwán, mientras que el confucianismo y el taoísmo como religiones vivientes en China aún deben explorarse dentro del contexto de la ideología y la práctica comunista china. El sintoísmo japonés representa un vívido santuario con sacerdotes y rituales. Hay un patrón continuo en las religiones: la elaboración de enseñanzas para formar un culto de profesionales religiosos y templos que atraigan a individuos y familias para que salgan de sus hogares y vayan a instituciones más grandes de ritual y adoración.

Templos confucianos

El confucianismo ha apoyado las antiguas prácticas de veneración de antepasados entre los chinos. Esta práctica tenía lugar en el hogar o en el templo familiar cuando los miembros de la familia se reunían alrededor del altar. Sobre este había una placa de madera con el nombre del antepasado. En el altar también había una imagen de Buda y una placa o una imagen de Confucio. De modo que la práctica del confucianismo en el hogar y en el templo ha estado asociada a la veneración de antepasados desde hace mucho tiempo. Después de todo, Confucio apoyó sólidamente la integridad y la relevancia de la familia.

Después de la muerte de Confucio surgió un culto para honrarlo con templos, altares e imágenes. Aunque contaba con el apoyo del gobierno, básicamente había comenzado con eruditos de Confucio y leales seguidores que sobresalían en el estudio de los clásicos de Confucio y creían que sus enseñanzas debían constituir la base de la vida china. En el 647 d.C. el templo confucianano recibió el nombre de "Sala de la fama". Cada distrito contaba con un templo donde se exhibían imágenes y placas de Confucio, a quien se lo llamó Santo Supremo en el 1013 d.C. En los templos los eruditos periódicamente presidían ceremonias ya que no había sacerdotes. El culto a Confucio, con templos y ceremonias, básicamente se planeaba y administraba por la élite intelectual a fin de promover las enseñanzas y los valores morales de su sabio maestro. Sin embargo, con el advenimiento de la República Popular de la China, fue severamente restringido. El templo de su lugar natal quedó en ruinas. Su tumba con el altar y la placa fueron destrozadas. Sin embargo, hay señales contemporáneas de que el recuerdo chino y la honra a Confucio todavía viven.

Templos taoístas

El taoísmo ha elaborado muchas ceremonias, rituales y ha desarrollado profesionales religiosos para satisfacer las necesidades de la popular religión. En China en el siglo II d.C. comenzó un movimiento de sanidad y avivamiento liderado por Chang Ling, quien declaraba haber recibido inspiración por una aparición del espíritu de Lao Tzu. Los seguidores de Ling han honrado a sus descendientes como "Papas taoístas", con gran control sobre sacerdotes y rituales. Otras deidades en el taoísmo incluyen al Emperador de Jade, a los Tres Puros (Lao Tzu; el Emperador Amarillo, que es el primer gobernante místico de China, y Penku, el primer hombre), los Ocho Inmortales y otras deidades varias. Los sacerdotes del taoísmo popular variaban en sus funciones. Algunos estaban casados, otros eran célibes y monásticos. Algunos administraban los rituales de los templos con imágenes de varias deidades. Otros sacerdotes tomaban parte en adivinación, en exorcismo y en ser médium para con el mundo de los espíritus. Algunos templos tenían un inmenso ábaco o máquina calculadora para recordar a los adoradores de llevar la cuenta de acciones buenas y malas. Así como el confucianismo, el taoísmo en la República Popular de la China ha tenido una profunda influencia por parte de la perspectiva comunista de las religiones.

Taiwán ofrece la mejor perspectiva de las prácticas litúrgicas del taoísmo. Hay tres grupos de líderes religiosos en un templo taoísta. Los laicos están a cargo de la administración del templo. Una categoría de sacerdotes llamada "Cabezas Rojas" (por el color de su tocado) realiza rituales a los dioses comunes. Exorcizan demonios y supervisan a los médium que se comunican con el mundo de los espíritus. Un tercer grupo llamado "Cabezas Negras" son sacerdotes ortodoxos cuyo linaje llega a Chang Ling. Consecuentemente, en su caso el sacerdocio es hereditario. Ellos realizan rituales a las deidades más importantes del taoísmo, presiden ceremonias de dedicación en los templos, y presiden otros servicios de importancia para la comunidad religiosa más amplia. Los dos grupos de sacerdotes en el taoísmo de Taiwán ilustran la clásica división entre la tradición grande y la pequeña. Los "Cabezas Negras" se centran en lo urbano, usan lenguaje literario en los rituales, honran a las deidades importantes, frecuentan los grandes templos en las ciudades y disfrutan del favor del gobierno.

Esta es una clásica descripción de cómo la tradición grande entiende las religiones. Por otra parte, los "Cabezas Rojas" representan la pequeña tradición, ya que su punto focal es lo rural; de modo que usan lenguaje vernáculo, realizan rituales y prácticas de shamán a una variedad de deidades y espíritus, y cuentan con sacerdocio no organizado. Estos sacerdotes resultan de interés para la religión folclórica con todo su aspecto mágico, encantamientos y alquimia, mientras los "Cabezas Negras" se asocian más con los intelectuales y con el concepto tradicional de taoísmo como un camino (tao) a la realidad.

Santuarios sintoístas

Los santuarios sintoístas revelan cierta fascinación con la tradición en medio de una sociedad tecnológica y rápidamente cambiante. Los santuarios varían en tamaño, forma y estatus, pero hay temas y motivos comunes que los unen. El santuario es un lugar puro en medio de un mundo impuro. Cuando uno entra en un santuario, debe lavarse y usar una rama verde para barrer y así sacar las impurezas del camino. Nunca se debe llevar un cuerpo muerto a un santuario porque lo contaminaría. El sintoísmo afirma la bondad de la vida tal como se ha transmitido a lo largo de generaciones de espíritus, familias y clanes. Los japoneses ponen énfasis en la tradición y en las relaciones naturales de la vida, y las ceremonias y los rituales en el santuario reflejan esta perspectiva. A través de rituales y de danza, las fiestas sintoístas en el santuario demuestran un ambiente de gozo, espíritu positivo y comunión con una realidad espiritual.

El santuario mismo tiene características básicas. Uno entra por debajo de las vigas transversales del torii y pasa junto a una fuente para rituales de purificación. En el porche hay un tambor, serpentinas de papel y otros adornos. Hay un hall o salón más grande para oraciones y danza. En el frente del hall hay una mesa de ocho patas para las ofrendas. Varios escalones detrás de la mesa llevan a una sencilla puerta, detrás de la cual hay una habitación (honden) mucho más alta que el santuario en sí. El kami (dios) vive en ese recinto. Durante un culto sintoísta, el sacerdote, vestido de blanco, purifica a los adoradores reunidos en el patio agitando una rama o rociando agua con sal sobre sus cabezas. El sacerdote entra al hall y presenta ofrendas de diferentes alimentos que coloca en la mesa de ocho patas. En ocasiones especiales el sacerdote puede abrir la puerta del recinto del kami y colocar ofrendas en el suelo. Después de recitar oraciones, puede haber una danza sagrada en honor del kami, y también participación de los adoradores que comen una porción de las ofrendas que hay sobre la mesa.

Durante la fiesta anual (matsuri) el santuario se convierte en un lugar lleno de vida, color y actividad que incluye a toda la comunidad. El sacerdote oficia el traslado del kami desde el santuario mientras es llevado en andas por las calles por jóvenes que zigzagueando gritan de alegría. El predio del santuario se convierte casi en una feria de diversiones, con tiendas de golosinas, exhibiciones de lucha libre, danzas folclóricas, exhibiciones de tiro al arco y fuegos artificiales. La festividad es una ocasión en que la comunidad y el santuario se unen simbólica y físicamente. Es también una ocasión en que el kami deja el santuario y es transportado a través de la comunidad.

Los santuarios sintoístas son lugares de gozo, seguridad, pureza y fiesta. Los japoneses celebran allí sus ocasiones felices de matrimonio y dedicación de hijos, y danzan en el santuario. Por otra parte, los japoneses llevan a cabo sus funerales y rituales recordatorios en templos budistas, ya que asocian el budismo con sufrimiento y muerte. Los santuarios pueden ser tan pequeños que las ofrendas solo se hacen unas cuantas veces por año cuando hay un sacerdote visitante. Los santuarios más grandes pueden tener un sacerdote residente que realiza rituales diarios, como también importantes ritos especiales y festividades. El Gran Santuario de Ise, ubicado en la costa este de Nagoya, es el santuario de la principal antepasada imperial. El emperador presenta ofrendas al Gran Santuario en importantes días de fiesta.

5

JUDAÍSMO

■　　　　　　　　　　　　　　　　　　　　　　　　　　■

Cuando uno va del sur del Asia y del Lejano Oriente a la cuenca oriental del Mediterráneo y la península Arábiga, se advierte una tradición religiosa distinta. El judaísmo, el cristianismo y el Islam tienen su enfoque en el monoteísmo, la fe en un solo Dios y la devoción a Él. Ese Dios, llamado Yahvéh o Alá, se revela a la raza humana a través de una tradición profética. El profeta habla en nombre del Dios del universo y de todos los tiempos con un mensaje específico para la gente. El judaísmo es el fundamento para el cristianismo, y el Islam se desarrolló a partir de sus dos predecesores.

Dios-Pacto-Pueblo

La historia del pueblo judío se extiende por unos 35 siglos. Sus patriarcas descienden de Abraham, Isaac y Jacob, que salieron de Mesopotamia y fueron a Palestina. Moisés guió a estos descendientes fuera de la esclavitud de Egipto, y luego de recibir los Diez Mandamientos de parte de Yahvéh, Moisés y luego Josué guiaron al pueblo a Palestina. De entre el pueblo judío surgieron profetas que predicaron mensajes de dirección, juicio y esperanza en medio de crisis, conflicto y ocupación por parte de naciones vecinas. Cuando Roma ocupó Palestina y finalmente Jerusalén, terminó la última de una serie de rebeliones judías, y el pueblo en su mayoría se dispersó de Palestina.

El aspecto central del judaísmo es la adoración a Dios, la práctica de buenas acciones y el amor al conocimiento. El calendario judío se basa en la observación de fiestas, feriados y celebraciones comunitarias y familiares. En el judaísmo existe una profunda unidad en lo que respecta a la historia, la literatura, la oración, y el estilo de vida religioso. Hay judíos en prácticamente todo el mundo; sin embargo, no son una religión misionera.

Yahvéh y los profetas

Para el judaísmo Yahvéh es un Dios personal. Sus profetas tuvieron un encuentro con Jehová que fue directo y personal. Por ejemplo, Moisés recibió un "llamado" de Yahvéh con contenido e instrucciones específicas. Yahvéh inició la relación con Moisés, y si bien Moisés no lo vio, tuvo la certidumbre de su santa presencia y su santa palabra. Yahvéh es entonces un Dios personal, tiene propósitos específicos cuando llama a su pueblo, hace pactos con aquellos que prestan oído a los mensajes de los profetas, y actúa en eventos históricos para lograr sus propósitos divinos.

Yahvéh es el creador, el preservador, el sustentador, el juez y el que da fin a la vida. Yahvéh da la ley y los mandamientos a través de sus profetas. Algunas características de Yahvéh son rectitud, justicia, amor, misericordia y poder. Yahvéh ha hablado al mundo principalmente a través del pueblo hebreo, que ha preservado sus palabras y sus leyes divinas en las santas Escrituras, la Torá.

La relación entre Yahvéh y su pueblo es, ante todo, una relación ética. Yahvéh era el protector de su pueblo siempre y cuando éste observara la ley. Toda desobediencia traía consigo la ira de Yahvéh y ponía en peligro la posición del pueblo en la relación de pacto con Dios. Varias veces Yahvéh levantó profetas de entre los hebreos para hacerles advertencias sobre desastres inminentes, invasiones por parte de naciones enemigas, maldades de la gente, y enseñanzas específicas que necesitaran. Profetas como Amós, Oseas, Miqueas y Ezequiel cuentan con variados mensajes de Yahvéh para el pueblo de ese tiempo.

El judaísmo no cuenta con historias sobre Yahvéh que lo caractericen con deseos de una consorte o de casarse con una diosa. Yahvéh no es un dios guerrero superior a otros dioses. No hay imágenes de este Dios de los judíos. Es austero, trascendente, y no está sujeto a las debilidades humanas. El judaísmo surgió en un ambiente religioso de muchos dioses y diosas, de sacrificios humanos a las deidades, de imágenes de deidades, y de mitos de romance y casamiento en un panteón de deidades. Los primeros conceptos hebreos de la deidad interactuaron con ese ambiente religioso. Sin embargo, los profetas hebreos fueron líderes carismáticos que hablaron en el nombre del único Dios contra los ídolos y las falsas imágenes, que el pueblo hebreo en varias épocas adoptó y asoció con el culto a Yahvéh. El judaísmo de hoy sigue siendo una religión fuertemente monoteísta basada en una tradición profética y ética.

La Torá y los Escritos

Tanto los judíos como los cristianos consideran que la sección de la Biblia conocida como Antiguo Testamento fue revelada, inspirada y contiene enseñanzas. Los cristianos también consideran que en lo que se refiere a fe y práctica, con el Nuevo Testamento de la Biblia se completa el Antiguo. De modo que tanto el judaísmo como el cristianismo creen en escritos sagrados que son paralelos en cuanto a fechas a los escritos del hinduismo, del budismo, del confucianismo y del taoísmo.

Los dos puntos focales mayores de los escritos sagrados del judaísmo son la Biblia (Torá) y el Talmud. Torá significa ley o aprendizaje, y habla específicamente del Pentateuco, los primeros cinco libros de la Biblia: Génesis, Éxodo, Levítico, Números y Deuteronomio. Según la tradición, el autor de estos libros fue Moisés. El Pentateuco contiene la ley básica para que los judíos se entiendan a sí mismos, y contiene además historia, estatutos religiosos y normas éticas para individuos y para la comunidad, ritos ceremoniales, relatos de la creación del mundo por parte de Jehová Dios, y el comienzo y los primeros pasos de la humanidad.

En forma más generalizada, la Torá incluye la totalidad del Antiguo Testamento. Libros con nombres de profetas tales como Isaías, Jeremías, Ezequiel, Amós, Jonás y Miqueas contienen los mensajes de los profetas en el nombre de Yahvéh al pueblo, a los sacerdotes y a los reyes, sobre temas como la salvación, la ley y el juicio de Yahvéh. La Torá también incluye la literatura sapiencial, con libros como Salmos, Proverbios, Job y Eclesiastés. Estos libros son clásicos devocionales, acertados axiomas, relatos de personas que quisieron conocer y poner en práctica la justicia de Yahvéh. La Torá o Antiguo Testamento de la Biblia consta de 39 libros distintos.

La otra literatura sagrada del judaísmo es el Talmud, palabra que significa estudio. El Talmud es una colección de estudios e interpretaciones de la Torá realizada por rabinos judíos. Incluye material variado de leyes, códigos morales y varios comentarios sobre la Torá. Se compone de tres partes: Mishná, Gemara y Midrashim. Mishná, un escrito de alrededor del 200 d.C., significa repetición o una nueva enunciación de la ley por parte de una opinión fidedigna. La Gemara es otra corriente de interpretación y completa la Mishná; incluye folclore, dichos y leyendas. El Midrashim incluye comentarios y folclore hasta el siglo XIX.

El estilo judío: Fe, culto, vida

El judaísmo es marcadamente distinto de las religiones orientales en cuanto a fe y prácticas. Al mismo tiempo, sirve de base para muchas de las creencias y las prácticas de las religiones que lo siguieron, en especial el cristianismo y el Islam. Su punto focal es el monoteísmo, los profetas, la historia, la ética y un gran sentido de comunidad. Dios es el creador de todas las cosas, incluso de la naturaleza, el mundo animal y la raza humana. La humanidad recibe el llamado a adorar a Dios y a obedecerlo y servirlo, tanto en el culto como en las obras. Dios sustenta la vida y la redime. Él es creador, juez y redentor. Él es el único Dios, aunque los seres humanos hacen ídolos y deidades falsas.

Dios se ha revelado en la historia por medio de los mensajes de los profetas. Esta revelación está en la ley del judaísmo, la Torá. Para el judaísmo la historia es importante; más aún, es crucial. Tiene un comienzo y un final. Los seres humanos somos parte de la historia, nos guste o no. A diferencia del hinduismo y del budismo, no hay trasmigración del alma. No hay más oportunidades para que la persona regrese a este mundo. Según el judaísmo, la relación entre Dios y su pueblo se basa en un pacto. Según esta perspectiva, entonces, los judíos han sido elegidos por Dios y son un pueblo especial a través del cual Él hace conocer a otros su revelación y su voluntad divina. Dios es su Dios y ellos son su pueblo. El pacto es recíproco. En vista de que Dios es santo, recto y justo, las personas deben reflejar estas cualidades en su obediencia a Dios y en las relaciones unas con otras. Esta relación basada en pacto les da a los judíos un gran sentido de identidad comunal, expresado en el hogar judío, en ceremonias y festividades en torno al calendario judío, y en el culto y la educación en la sinagoga.

Una creencia especial en el judaísmo es la idea del Mesías. Este es el ungido de Dios que inaugura una nueva era de justicia, rectitud y paz en el mundo. Hubo varias interpretaciones sobre el Mesías dentro del judaísmo. Una se centra en el Mesías como descendiente del rey David de Israel. Otros han considerado que el Mesías futuro es un Rey ideal, un libertador sobrenatural o un ser humano común y corriente. La esperanza mesiánica ha sido una parte importante de la vida judía en su exilio, su dispersión, su persecución y su sufrimiento. Asociada con esta expectativa está la era mesiánica y el conocimiento de las últimas cosas y los últimos días.

Los judíos hablan del reino de Dios, el mundo que vendrá, el paraíso y la resurrección de los muertos como de perspectivas dentro del contexto de la era mesiánica. Algunos judíos creen en la inmortalidad del alma, mientras otros rechazan la resurrección del cuerpo. Tradicionalmente los judíos creen que la nueva era habrá de hallar al pueblo del pacto en Sión, y que paz, rectitud y justicia habrán de triunfar sobre toda oposición. Los judíos siguen esperando la venida del Mesías a fin de que traiga con él esta nueva era. Las expectativas judías más recientes se centraron en Palestina y en Jerusalén como señales del comienzo de una nueva era. El Sionismo fue el movimiento que hizo realidad el estado de Israel en 1948.

Tal vez el teólogo judío Maimónides fue quien mejor resumió la fe del judaísmo en trece declaraciones:

1. Dios es el autor y el guía de todo lo que existe y de todo lo que existirá.

2. Dios es una Unidad; no hay nada que se compare con esta Unidad, y sólo Él es nuestro Dios.

3. Dios no tiene cuerpo y Él no tiene forma en absoluto.

4. Dios es el primero y el último.

5. Debemos orar a Dios y a nadie más.

6. Todas las palabras de los profetas son verdaderas.

7. Moisés es el profeta principal, cuya profecía es verdadera.

8. La Torá que poseemos es la misma que fue dada a Moisés.

9. La Torá nunca será cambiada y nunca habrá otra ley de parte de Dios.

10. Dios discierne los corazones de todos los hombres, y conoce todos sus pensamientos y todas sus acciones.

11. Dios recompensa a quienes guardan sus mandamientos divinos y castiga a quienes los transgreden.

12. Aunque el Mesías tarde, vendrá.

13. Los muertos habrán de resucitar.

En el judaísmo la fe, la adoración y la vida son una unidad. La familia en el hogar y la comunidad en la sinagoga expresan su adoración y su obediencia a Dios a través de varias ceremonias y festividades. En la religión la unidad central es la familia. Esta tiene la responsabilidad principal para la adoración, la educación religiosa y la conducta moral. El día de reposo (también llamado sábado o sábat) es un día santo de oración, meditación y descanso. Comienza con la puesta del sol el viernes y termina a la puesta del sol el día sábado. En el hogar se encienden velas, se pronuncian bendiciones y se observan lecturas devocionales. Es un tiempo en que la familia tiene momentos íntimos. En la sinagoga ese día el rabino preside la adoración de la comunidad.

Abundan las ceremonias tanto en el hogar como en la sinagoga. La circuncisión de los varones se realiza como señal del pacto con Dios, cuando el jovencito ha cumplido los trece años. El muchachito recita bendiciones de la Torá, y a esta ceremonia se la llama Bar Mitzva. Las jovencitas tienen una celebración similar llamada Bat Mitzva. Otros eventos de importancia, como por ejemplo el matrimonio y la muerte, abundan en significado religioso y son observados tanto por la familia como por la sinagoga con ceremonias especiales.

Hay muchas fiestas y festivales que observan los judíos. El calendario litúrgico sigue el ciclo lunar. Está compuesto por 29 días y medio. Se le agrega un mes cada siete años de un total de 19 a fin de que coincida con el año sideral. El calendario religioso comienza en la primavera con la Pascua, a fin de conmemorar el éxodo de Egipto. Shavut, también conocido como Pentecostés o la fiesta de las semanas, celebra la cosecha del grano y conmemora la entrega de la Torá. Rosh Hashaná observa el año nuevo. Iom Kippur es el día de expiación. Sucot o la fiesta de los tabernáculos celebra la cosecha del otoño. Hánuka es una fiesta de dedicación que celebra la victoria sobre los sirios en el 165 a.C. Purim, o la fiesta de Ester, recuerda la liberación de manos del imperio persa. Muchos judíos observan el día de la independencia de Israel desde que se formó el Estado de Israel. Las creencias y las prácticas han tomado su forma de acuerdo a las observancias del calendario. A continuación sigue un bosquejo con las fechas de las celebraciones principales en el calendario judío con su aproximación en el calendario tradicional.

Mes judío (mes secular aproximado)

Nisán (marzo o abril)
    14 – Víspera de la Pascua
    15-21 – Pascua

Iyyar – (abril o mayo)
    5 – Día de la independencia de Israel

Siván (mayo o junio)
    6, 7 – Shavut (fiesta de las semanas; Pentecostés)

Tisrí (septiembre u octubre)
    1 – Rosh Hashaná (día de año nuevo, "días de asombro;
       ortodoxos: tisrí 1 y 2)
    10 – Iom Kippur (día de la expiación)
    15 – comienza Sukkoh (fiesta de los tabernáculos)
    21 – Hashaná Rabbá (séptimo día)
    22 – Shemini Atzeret (octavo día)
    23 – Simchat Torá (alegrarse en la Torá) (noveno día)

Quisleu (noviembre o diciembre)
    25 – Comienza Hánuka (ocho días), hasta el segundo día
       de Tébet (diciembre o enero)

Adar (febrero o marzo)
    14 – Purim (fiesta de Ester)

En el judaísmo, la vida debe vivirse de acuerdo a la ética de la Torá, la ley que Dios reveló y que tiene implicaciones universales. Los Diez Mandamientos que hallamos en el libro de Éxodo de la Torá son fundamentales para la conducta judía. Ellos se aplican a las relaciones del individuo y de la comunidad. La justicia y la rectitud son dos virtudes básicas que les corresponden a los judíos. Dios es justo y recto, y espera que su pueblo lo sea y que actúe de esa manera. A los judíos se les enseña a menospreciar la maldad, amar lo bueno y actuar con justicia.

Hay más de 16 millones de judíos en todo el mundo. Unos 6 millones viven en los Estados Unidos de América y asisten a más de 4000 sinagogas. Hay tres grupos importantes de judíos: los ortodoxos, los conservadores y los reformistas. Estos grupos difieren de acuerdo a cuánta tradición adhieren y a cuán abiertos están al cambio en sociedades pluralistas. El judaísmo ortodoxo observa la Torá y el sábado de manera muy estricta y practica las leyes alimentarias. En la sinagoga se usa el idioma hebreo en la liturgia y hay bancos separados para las mujeres. Los judíos ortodoxos forman la unión de congregaciones judías ortodoxas. El judaísmo reformista se adapta mucho más a las perspectivas y los hábitos de la cultura en que vive. Hace énfasis en que las leyes morales de la Torá son importantes y en que la fe debe ser racional. Hay igualdad entre los sexos en la adoración, y las oraciones en la sinagoga se dicen en el idioma vernáculo. En los EE.UU. los judíos reformistas se han organizado en la Unión de Congregaciones de Hebreos Americanos, y fundaron el Hebrew Union Collage en la ciudad de Cincinnati en 1875. El judaísmo conservador mantiene cierto equilibrio entre tradición y cambio. En su gran mayoría sigue el modelo del judaísmo tradicional, pero usa el idioma vernáculo en sus cultos religiosos. Sus sinagogas forman la Sinagoga Unida de América, y cuenta con el Seminario Teológico Judío en la ciudad de Nueva York.

Muchos judíos practican las leyes kosher, que son normas alimenticias. Los judíos más tradicionales consideran que dichas leyes son normas divinas especiales para su pueblo del pacto. Básicamente derivan del libro de Levítico en la Torá. Hay ciertos alimentos prohibidos, por ejemplo el cerdo, el conejo y algunos peces. La carne debe carnearse de acuerdo a cierto ritual y debe seguirse cierto estándar de salubridad. La carne y los productos lácteos no se deben comer juntos. Los judíos consideran que estas leyes kosher son una lección en autodisciplina, parte de la herencia divina, y una manera de relacionarse con otros seres vivos.

De modo que el judaísmo es una forma de fe que produce un gran sentido de identidad y unidad a la familia y a la comunidad. La devoción religiosa, la educación religiosa y los valores morales son el punto focal de la vida judía. Las creencias y las prácticas del judaísmo han tenido un gran efecto en la cultura y los valores occidentales. Su monoteísmo ético ha sido el fundamento para el desarrollo del cristianismo y el Islam. A través de su larga historia ha sobrellevado los embates de la adversidad y ha mantenido su fe, su culto y adoración, y su vida en el hogar y en la sinagoga.

El día de reposo (Sábado) y la sinagoga

La base de la práctica religiosa judía es el sábado o día de reposo. El pasaje de Éxodo 20:8 en el Antiguo Testamento proporciona la autoridad escritural: "Acuérdate del día de reposo para santificarlo". Su observancia es un período de 24 horas desde la puesta del sol del viernes hasta la puesta del sol del sábado. Es un tiempo destinado al descanso, para que cuerpo y alma puedan sentirse como nuevos, y para que no haya labores. Los judíos guardaban el sábado conmemorando la creación y también como recordatorio del éxodo y la redención de Egipto. En los hogares y en las sinagogas judías este es un tiempo de celebración e inspiración.

La observancia del sábado comienza en la tarde del viernes, cuando uno concluye el trabajo, se baña y se viste para las actividades de esa velada. La familia se reúne en el hogar. Cuando la esposa enciende las velas, puede decir: "Bendito eres Tú, oh Jehová nuestro Dios, Rey del universo, que nos has santificado con tus mandamientos, y nos has ordenado encender las luces del sábado". Se pronuncian bendiciones especiales, y se come la comida con la copa llena de vino. Después tal vez la familia asista al culto de víspera del sábado en la sinagoga.

Sinagogas o templos son lugares de culto, de instrucción y de camaradería. Durante el sabat (día de reposo) puede haber cultos el viernes por la noche y el sábado a la mañana y a la tarde. La arquitectura de la sinagogas es similar a la de una iglesia cristiana. Los asientos enfrentan una plataforma elevada, sobre la cual hay uno o dos atriles y sillas. El arca, que contiene los rollos de la Torá, es el elemento central en la plataforma. Hay una cortina que cubre el arca, y una lámpara encendida ante ella. Durante el culto el rabino correrá la cortina y abrirá la puerta del arca para sacar la Torá a fin de leer una porción.

Aunque si hay diez adultos presentes un judío laico puede presidir los cultos de adoración, es probable que el líder religioso sea un rabino. Los cultos del sabat pueden incluir himnos, cantos gregorianos, oraciones, lecturas del libro de oración y responsos congregacionales. A menudo el canto estará acompañado por el coro y un órgano. El rabino predicará un sermón y a menudo interpretará las lecturas de la Torá. Después del culto del sábado, las familias regresan a sus hogares para las comidas y las ceremonias finales como culminación de la observancia del día de reposo. El sabat concluye a la puesta del sol con una bendición de despedida. Debemos hacer notar que las prácticas del sábado pueden variar tanto en el hogar como en la sinagoga de acuerdo a si uno es judío practicante ortodoxo, conservador o reformista. Por ejemplo, en las sinagogas ortodoxas los hombres y las mujeres se sientan en costados separados, la liturgia tiene lugar en hebreo y los rituales se parecen más a las prácticas judías europeas tradicionales. En las sinagogas reformistas, el culto puede ser muy circunspecto, con énfasis en el sermón del rabino y en el idioma vernáculo durante todo el culto. La sinagoga le proporciona a la comunidad judía un lugar de culto no solamente el sábado sino también para oraciones diarias, fiestas y para el día del perdón. La educación religiosa y las obras de caridad también tienen lugar en la sinagoga. El rabino actúa como pastor, administrador y consejero, y usa la sinagoga como lugar de culto, educación religiosa y tareas de beneficencia.

Identidad y familia, derechos y territorios, tradición y cambio

En todas las religiones tal vez no haya más grande símbolo de los temas de identidad religiosa, derechos religiosos, territorios religiosos y "familia de Dios" que la ciudad de Jerusalén. Tres de las grandes religiones del mundo nacieron en y alrededor de Jerusalén, y aún hoy reivindican ese santo lugar. A través de la historia las religiones han convertido en lugares sagrados territorios, edificios y varios objetos de veneración y peregrinaje. Los hindúes viven toda una vida para ser sepultados en el sagrado río Ganges. Los budistas esperan el momento en que pueden visitar el lugar del árbol Bodhi donde Buda obtuvo la iluminación. Los judíos, los cristianos y los musulmanes contemplan la ciudad de Jerusalén como un sitio que quieren llamar suyo.

El judaísmo se remonta en el tiempo a su historia de asociación y propiedad de Jerusalén a través de profetas, reyes y patriarcas como Abraham, Moisés, David, Salomón e Isaías. En la historia judía los reinos de Judá e Israel fueron de los peores y de los mejores tiempos de asociación judía con Palestina y Jerusalén. Con la destrucción de Jerusalén y la dispersión de los judíos en el primer siglo, la ciudad y sus pueblos vivieron bajo muchos gobernantes y estaban compuestos por diversos grupos étnicos y religiosos. En 1948 se formó el Estado de Israel después de décadas de conflicto entre los judíos residentes, los judíos inmigrantes y los musulmanes árabes y los cristianos de Palestina. Desde 1948 hubo grandes conflictos entre el estado de Israel y sus vecinos, en especial estados árabes musulmanes, sobre los derechos del territorio y el control de la ciudad de Jerusalén. Los judíos han demostrado que lucharían hasta llegar al antiguo Muro de los Lamentos de la vieja ciudad de Jerusalén y que se arrodillarían y orarían a Yahvéh, el Dios de Abraham, Isaac y Jacob, para que les permita reedificar el templo de Salomón desde las piedras de las ruinas de los muros. Ellos oran rogando que venga el Mesías y restaure Israel. Los judíos darán sus vidas por lo que creen que son sus derechos territoriales.

A pocos cientos de metros del Muro de los Lamentos se encuentra el Domo de la Roca, un lugar santo para los musulmanes. El edificio actual fue diseñado durante el período de Umayyad de la historia musulmana para demostrar el movimiento del Islam desde la península Arábiga hasta Palestina. El Domo de la Roca es una mezquita a donde los musulmanes acuden a orar. Sin embargo, es simbólico de varias identidades religiosas tanto para judíos como para musulmanes. La mezquita alberga la roca sobre la cual los judíos creen que Abraham intentó sacrificar a Isaac. En la tradición musulmana, Abraham intenta sacrificar a su hijo Ismael.

Para los judíos la roca también es parte del muro del templo del rey Salomón. Tanto para cristianos como para musulmanes, la mezquita está sobre el lugar visitado a menudo por Jesucristo y por Mahoma. Para los musulmanes, es el lugar donde Mahoma ascendió al cielo para estar con Alá. El fallecido rey Faisal de Arabia Saudita dijo una vez que cientos de millones de musulmanes tienen derecho a su territorio santo. Afirmó que ellos lo reclamarían usando la santa espada o el "santo aceite". Las amenazas del rey incluyeron no sólo Jerusalén sino también Palestina.

Cerca del Muro de los Lamentos y del Domo de la Roca hay dos sitios históricos cristianos: Uno es el Gólgota, el lugar de la calavera y lugar de la crucifixión de Cristo, y el otro es el huerto de Getsemaní, que alberga la tumba de Jesucristo con la piedra movida del hueco a manera de puerta como señal de la resurrección de Jesucristo. Ambos lugares cristianos nos recuerdan la historia de la iglesia cristiana en sus conflictos con poderes tanto eclesiásticos como seculares, en especial durante la Edad Media, por el territorio de Jerusalén y sus alrededores. Las cruzadas señalaron las relaciones hostiles entre cristianos y musulmanes en sus luchas por tierras y pueblos.

Es así que Jerusalén es la ciudad y Palestina es la tierra donde judíos, cristianos y musulmanes han enarbolado sus religiosas banderas territoriales, han plantado sus profundas lealtades, y han sacrificado las vidas tanto de sus familias y de sus amigos como también la de sus enemigos. Jerusalén es la ciudad de importancia escatológica para muchos judíos, cristianos y musulmanes donde la historia habrá de culminar y nuevos reinos habrán de comenzar. Sin embargo, guerras y rumores de guerra continúan a fin de volver a tomar o defender estos territorios santos. El simbolismo religioso de la ciudad de Jerusalén le habla al sentido de identidad, a los deberes religiosos y a las relaciones interpersonales de cada comunidad religiosa en cuanto a las inminentes fuerzas del cambio.

Durante los siglos hubo constantes desafíos a la identidad judía. En la dispersión, los judíos vivieron entre diversas culturas, gobernantes, gobiernos y religiones. Por lo general, vivieron como grupo minoritario, y a menudo pasaron por privaciones en lo social, lo económico, lo político y lo religioso. Períodos de persecución e intentos de aniquilación de los judíos se han documentado de manera explícita, en especial el intento de la Alemania Nazi. Los judíos se vieron afectados tanto por su ambiente cultural como por sus diferencias religiosas internas de ortodoxia, conservadurismo y reformismo. El florecimiento del sionismo del siglo XIX fomentado por las políticas del siglo XX de grandes naciones-estados encendió en los judíos de todo el mundo la posibilidad de regresar a Palestina a fin de formar una patria judía. En la declaración de la independencia del Estado de Israel, la única referencia a ayuda divina se encuentra en el último párrafo, donde para hablar de Dios se usa un término nacional: "con confianza en la Roca de Israel firmamos esta declaración". La identidad judía, entonces, ha recibido retos por parte de fuerzas externas e internas.

El judaísmo como religión ha sido representantivo de una comunidad de pacto basada en las enseñanzas de la Torá, de una relación especial entre Yahvéh y el pueblo de Israel. Los judíos se han considerado representantes de una comunidad con lazos de sangre nutridos por un llamado religioso a ser un pueblo escogido para representar a Yahvéh ante las naciones. El reto a la identidad surgió entre el universalismo y la singularidad. Desde una perspectiva religiosa, ¿acaso el judaísmo debe ser una religión que describe a Yahvéh como el Dios de las naciones cuyas acciones deben ser universalizadas en la historia? ¿o acaso el judaísmo debe ser una religión que se describe a sí misma como el pueblo con derechos y privilegios de Yahvéh que serán representados en la historia pero que no se ofrecen a otros pueblos? ¿Qué clase de pueblo escogido son los judíos? ¿Deben ser elitistas como los hindúes Brahmins, la casta sacerdotal superior que está exenta de las luchas de una reencarnación tras otra hasta llegar a la perfección? ¿Deben ser un pueblo-siervo que sirve a Yahvéh, vaso del reflejo de la justicia de Yahvéh? ¿O acaso deben ser un pueblo que reclama su territorio terrenal y enarbola una bandera para demostrar su identidad? Los judíos supieron y saben qué es el sufrimiento. Los judíos supieron y saben qué es hacer valer los derechos sobre una tierra y defenderla. Sin embargo, existe un dilema en el sentido de identidad de este pueblo y en la expresión de esa identidad.

Los mismos judíos están enarbolando la bandera de la crisis de identidad. ¿Quién es judío? ¿Es uno judío por nacimiento, por decisión o por convicción? Hay varias respuestas. En el aspecto religioso, un judío es aquel que acepta la fe del judaísmo y participa en rituales y ceremonias judías. En el aspecto cultural, un judío puede considerar que la cultura popular y la literatura del judaísmo sean las propias sin estar afiliado a los rituales, la sinagoga ni la religión en sí. En el aspecto práctico, un judío puede considerar que ser parte de un barrio predominantemente judío es razón para serlo, o para que otros lo consideren de ese modo. Por ley, un judío es aquel nacido de madre judía que no se haya convertido a otra fe. Además, en el Estado de Israel hay ambivalencia entre la gente sobre cuán seculares deben ser los principios de gobierno y los principios de la sociedad, y cuán religiosos e incluso cuán teocráticos deben ser. Los partidos políticos tienen tendencias tanto seculares como religiosas. En los partidos religiosos prevalecen las inclinaciones teocráticas a fin de que haya un estado teocrático basado en las enseñanzas y la ley de la Torá, donde los rabinos sean los intérpretes autorizados.

Los judíos en forma individual y también las comunidades judías se enfrentan a estos desafíos/crisis de identidad de varias maneras, incluyendo matrimonio con no judíos, relaciones con otras religiones, naturaleza e implicaciones del sionismo, forma y dirección del Estado de Israel. Las cuestiones que enfrentan los judíos son complejas y son urgentes. Durante gran parte de su historia se vieron expuestos a cambios ambientales. Las fuerzas de cambio que confrontan externamente no son nuevas, pero cada generación que se sucede por lo general se encuentra con nuevas condiciones. Algunos judíos han comenzado a mirar como si fuera la primera vez el significado de "Mesías" tanto en su tradición como en la cristiana. Han existido matrimonios mixtos entre judíos y no judíos, y ambas comunidades han transigido. El entonces presidente de Egipto Sadat, un musulmán árabe, ante la invitación del entonces primer ministro de Israel Beguin, un judío israelí, visitó Jerusalén para conversar sobre cuestiones territoriales musulmanas y judías. La cuestión de Jerusalén una vez más hace surgir el reto de la identidad de las comunidades religiosas como familias de Alá y/o Yahvéh, y los derechos y los privilegios en cuanto a la tierra de su historia sagrada.

6

CRISTIANISMO

■　　　　　　　　　　　　　　　　　　　　　■

El cristianismo nació del judaísmo del primer siglo de la era moderna. Se fundamenta en la vida y las enseñanzas de Jesús de Nazaret. El cristianismo tiene una sagrada Escritura, la Biblia, que está formada por el Antiguo y el Nuevo Testamento. Este último se centra especialmente en la vida de Jesucristo. Los sabios de oriente que visitaron a Jesús con motivo de su nacimiento, son símbolo del llamado universal que hace el cristianismo. La crucifixión de Jesús entre dos delincuentes mostró el lado trágico de la vida humana. Una de las enseñanzas fundamentales del cristianismo es que la muerte de Jesús ofrece la posibilidad de nueva vida para quien cree. La resurrección de Jesús fue la señal de que Él venció a la muerte no sólo para sí mismo sino también para el creyente. Eso ofrece un nuevo futuro para la comunidad cristiana, la iglesia.

Los cristianos creen que Jesucristo es el Hijo de Dios, el Salvador de la humanidad, y el Señor del mundo. Los cristianos siguen las enseñanzas de Jesucristo en los Evangelios del Nuevo Testamento y en los escritos de los apóstoles en otros libros del Nuevo Testamento. Los cultos cristianos incluyen gran variedad de expresión: predicación, oración, cantos, meditación, bautismo, y la Cena del Señor. La vida cristiana es vivir en el mundo con la ayuda de Dios de acuerdo a las buenas nuevas de Jesucristo.

Dentro del cristianismo hay tres grupos principales de iglesias. La Iglesia Católica Romana, liderada por el papado en Roma, está formada por más de 600 millones de miembros. La Iglesia Ortodoxa Oriental, bajo el liderazgo de varios patriarcas, tiene su bastión más fuerte en el Medio Oriente. Cuenta con unos 125 millones de seguidores. Las iglesias protestantes representan una variedad de denominaciones, incluyendo a luteranos, episcopales, metodistas, presbiterianos y bautistas. La membresía en las iglesias protestantes sobrepasa los 300 millones. La Convención Bautista del Sur es la denominación protestante más grande, y supera los 16 millones.

El cristianismo ha tenido gran gravitación durante sus 20 siglos de vida. Reconoce además su herencia del judaísmo. Por otra parte ha sido una de las religiones con más movilidad y más celo misionero, y a la fecha incluye más de 1400 millones de seguidores.

Dios, Jesucristo, el Espíritu

El cristianismo emergió del judaísmo. Cristo Jesús, su fundador, y sus primeros discípulos eran judíos palestinos que frecuentaban las sinagogas y se sentaban a escuchar a los rabíes, los maestros judíos. Cuando Jesucristo oró, dirigió sus palabras a Yahvéh. Cuando Jesús leyó los escritos sagrados, estos eran de la Torá, Cuando Jesucristo enseñaba a la gente, sus enseñanzas rebosaban de ley judía y de palabras de profetas judíos anteriores a él. El cristianismo y la iglesia que siguió luego de Jesucristo, continuó arraigando sus enseñanzas y su vida en las Escrituras conocidas como Antiguo Testamento y en las Escrituras cristianas conocidas como el Nuevo Testamento. De modo que para los cristianos Yahvéh, como el Dios de Jesucristo, es el Dios a quien adoran y a quien deben obediencia.

El mensaje fundamental de Jesucristo fue que el *reino de Dios*, el reinado y el poder de Dios, estaba por entrar a la historia. Jesús llamó al pueblo al arrepentimiento, incluso a los líderes religiosos judíos de esa época. Durante varios años, cuando apenas había cumplido los 30, él fue maestro y predicador itinerante en la tierra de Palestina. Fue arrestado y juzgado, y las autoridades romanas lo crucificaron en una cruz de madera a instancias de líderes religiosos judíos. Después de tres días sus seguidores informaron que Jesús había resucitado y había aparecido en varios lugares, incluso en Jerusalén. Sus discípulos y apóstoles, incluso Pedro y Pablo, proclamaron la muerte de Jesús como un sacrificio para impulsar el reino de Dios. Su resurrección fue una victoria sobre el pecado y la muerte, y quienes aceptaban su muerte en la cruz y su resurrección de la tumba, podían ser partícipes en el triunfo sobre el pecado y la muerte. De manera que la iglesia cristiana tiene su fundamento en las enseñanzas, el ministerio, la muerte y la resurrección de Jesucristo.

El cristianismo, y con anterioridad el hinduismo y el budismo, ha contado con una gran gama de filósofos y teólogos. Estos han ofrecido una variedad de interpretaciones sobre *Jesucristo*. En la iglesia han surgido controversias sobre su persona y su obra. Los credos de la iglesia han evolucionado afirmando tanto la humanidad como la divinidad de Jesucristo. Varias comunidades cristianas, como la católica romana, la ortodoxa oriental y la protestante han manifestado a través de declaraciones teológicas y por medio del arte su forma de entender a Jesucristo y de tener una experiencia con él. Entre algunas comunidades cristianas en las iglesias se exhiben en forma prominente imágenes de Jesucristo y se las usa en el culto. Otras comunidades sienten desdén por el uso de imágenes. Los dos mil años de historia de la iglesia siguen siendo suelo fértil para animadas discusiones teológicas sobre la naturaleza y la obra de Dios y de Jesucristo.

El Nuevo Testamento contiene tanto las enseñanzas de Jesús como además los escritos de sus discípulos y sus apóstoles. A Jesús se lo caracteriza como la Verdad, la Luz, el Camino, la Vida, el buen Pastor, uno con Dios, nacido de la virgen, el Verbo y Mesías. Se lo acepta no sólo como gran maestro y como el modelo humano en cuanto a ética, conducta y estilo de vida, sino también se lo proclama Salvador y Señor. Él ofrece y es mediador del amor y la voluntad de Dios para la humanidad.

Los teólogos cristianos han desarrollado un concepto para interpretar y explicar la relación entre Dios y Jesús. Se llama la doctrina de la *Trinidad*. Dios es uno; sin embargo, se expresa en tres maneras, roles o funciones: Dios el Padre, el Hijo y el Espíritu Santo. La unidad de Dios se mantiene en unicidad, mientras que la riqueza y la obra de Dios se demuestra de varias maneras. Jesucristo es la expresión del amor y la voluntad de Dios en el contexto de la humanidad y la historia. Al hablar de Jesús se dice que es la encarnación de Dios, el Verbo (o la Palabra) de Dios que se hizo carne. La iglesia enseña que la condición necesaria para aceptar a Jesucristo como el Salvador y el Señor de la vida es la fe.

A través de dos mil años, el cristianismo ha presentado un desarrollo religioso diverso y a veces complejo. Sin embargo, su concepto de Dios se manifiesta en base a una profunda raíz dentro del judaísmo. Su cristología, la doctrina de Jesucristo, halla la ortodoxia dentro de la corriente dominante del pensamiento y la práctica cristiana. El cristianismo es una religión profética, como lo es el judaísmo y el Islam. Además presenta una rica tradición de reverencia para con los santos, que se evidencia en especial dentro de la Iglesia Católica Romana. La virgen María, madre de Jesús, es profundamente reverenciada por los católicos romanos, como también lo son otros santos; y el Papa, el obispo de Roma, tiene poder para canonizar. Sin embargo, las iglesias protestantes no han enfatizado la mariología ni los santos. El cristianismo también tiene sacerdotes, monjes, ministros y pastores que interpretan las sagradas tradiciones y las Escrituras para la iglesia. De modo que el cristianismo siempre ha sido una religión profundamente monoteísta, cuyo punto focal es su fundador, Jesucristo, quien es tanto el Salvador como el Señor de sus seguidores.

La Biblia: Revelación y Palabra de Dios

Los escritos sagrados cristianos están en la Biblia. El cristianismo comenzó en un entorno judaico con la vida y las enseñanzas de Jesucristo. Jesús no sólo tenía conocimiento de la Torá sino que enseñaba sobre ella y explicaba sus significados por medio de su propia interpretación. Por consiguiente, el cristianismo considera que los 39 libros del Antiguo Testamento y los 27 del Nuevo Testamento constituyen la Sagrada Escritura.

El Nuevo Testamento relata la vida, las enseñanzas, el ministerio, la muerte y la resurrección de Jesucristo. También describe el origen y el desarrollo inicial de la iglesia cristiana y las pautas para que la iglesia viva en el mundo. El Nuevo Testamento tiene varias divisiones. Los primeros cuatro libros son los Evangelios: Mateo, Marcos, Lucas y Juan. Esencialmente describen la vida de Jesucristo. Detallan la genealogía de Jesús a través de Abraham y hasta Adán, relatan su nacimiento virginal, describen sus años de enseñanza y ministerio, y documentan su muerte en la cruz y su resurrección de la tumba en las afueras de Jerusalén.

El libro de Hechos en el Nuevo Testamento deja asentado lo que dijo y lo que hizo la joven iglesia cristiana. Esta fue liderada por Simón Pedro, Pablo y otros compañeros que habían sido discípulos y apóstoles de Jesucristo, y luego se extendió desde Palestina por Asia Menor a Europa. La mayoría de los libros que restan se llaman epístolas, muchas de las cuales las escribió el apóstol Pablo, el más destacado teólogo de la iglesia cristiana. Las epístolas incluyen los libros de Romanos, Corintios, Efesios y Gálatas, entre otras. Pablo interpretó el señorío de Jesucristo en la vida de la iglesia.

El camino cristiano: Un camino de luz, vida y amor

La vida y las enseñanzas de Jesucristo

El cristianismo comenzó en el primer siglo, y se fundó en las enseñanzas y el ministerio de Jesús de Nazaret, un judío palestino. Comenzó dentro del judaísmo pero pronto se separó de él ya que Jesús reinterpretó la ley judía sobre la base de su propia autoridad. Él sanó a los enfermos y enseñó sobre la llegada del tan esperado reino de Dios. Dicho reino vendría cuando la voluntad de Dios se hiciera realidad en la vida de la gente. Jesús enseñó muchas cosas, incluyendo que hacer la voluntad de Dios era amar a Dios y amar al prójimo. Jesús hizo énfasis en que el amor era fundamental para la venida del reino de Dios.

Jesús fue una figura controvertida hasta tal punto que los líderes judíos de esa época lo acusaron de blasfemia y lo hicieron crucificar por sedición. Las acusaciones contra él fueron que había usurpado la autoridad divina y había afirmado ser rey de los judíos. Sus discípulos proclamaron que él resucitó de los muertos al tercer día y que se les apareció en varias ocasiones. La comunidad cristiana posterior, es decir la iglesia, hizo que el centro de su fe y su práctica fuera creer en la vida, las enseñanzas, la muerte y la resurrección de Jesús.

El cristianismo aceptó cierta cantidad de creencias judías sin mayores cambios. Los cristianos profesan una fe monoteísta en un Dios que actúa en la historia. Los cristianos creen en la tendencia humana a desobedecer a Dios y creen que Dios ofrece salvación a la humanidad. La diferencia más importante con el judaísmo es que la fe cristiana proclama que Jesús fue el tan esperado Mesías de quien hablaron los judíos. Los cristianos creen que Dios reveló su amor por la humanidad en la vida y las enseñanzas de Jesús, y creen que a través de su muerte y su resurrección hay victoria sobre la muerte de los seres humanos y una promesa de resurrección para quienes siguen a Jesucristo.

Para los cristianos, Jesús fue la encarnación de Dios en forma humana, un evento único e irrepetible. Entre los cristianos de la iglesia primitiva surgió el concepto de que Dios, que se reveló a sí mismo en Jesús, continuó estando presente en una presencia singular y espiritual, es decir el Espíritu Santo. Tiempo después la iglesia habló de la doctrina de la Trinidad: fe en Dios el Padre (el Creador), Dios el Hijo (Dios en Jesucristo) y Dios el Espíritu Santo (Dios presente en la historia). En la doctrina de la Trinidad la iglesia reconoció la unidad de Dios en las diversas maneras en que Dios se manifestó a sí mismo a la humanidad.

El Sermón del Monte quizás sea la enseñanza más fundamental de Jesús sobre la vida cristiana. Se encuentra en los capítulos 5, 6 y 7 del Evangelio de Mateo. Las enseñanzas son la ética de un nuevo orden, el reino de los cielos (o el reino de Dios). Las palabras de Jesús están en contraste con la Torá del judaísmo de su día. El énfasis que hizo Jesús en los motivos puros y el amor al prójimo contrasta con el énfasis fariseo sobre las ceremonias y el legalismo estricto. Con una sola pincelada Jesús pintó un retrato de las posibilidades de la vida en el presente, y de la esperanza y la promesa de lo que la humanidad podría llegar a ser. Es un código moral que proclama las absolutas exigencias de Dios. Al mismo tiempo, provoca obediencia completa al declarar que la misericordia y la gracia de Dios son abundantes.

De modo que los aspectos distintivos de la ética cristiana tienen su enfoque en la vida y las enseñanzas de Jesús. Él se convierte en el camino, el ejemplo que los discípulos deben imitar y seguir. Jesús entrega y vuelve a definir los conceptos de rectitud, misericordia, justicia y los Diez Mandamientos de la Torá. El amor y el perdón se convierten en conceptos fundamentales para la vida cristiana. Él enseñó que uno debe amar a Dios con todas las fuerzas, toda la mente, toda la voluntad y todo el corazón. Inmediatamente dijo que debemos amar al prójimo como a nosotros mismos. La idea del prójimo y la relación con el prójimo se vuelven vitales en la vida cristiana. El prójimo es la persona que necesita comprensión, amor, sustento, sanidad. El prójimo tal vez sea el extraño, el enemigo, el que está cerca o el que está lejos.

Jesús especialmente enseña que debemos preocuparnos y ayudar a los afligidos y los necesitados. La vida cristiana exige disposición a sufrir con otros y por otros en cuestiones de justicia y corrección moral. Jesús denunció las acciones de violencia y alentó las relaciones que se basen en el entendimiento mutuo, en la reconciliación y la paz. Él mostró su impaciencia para con el legalismo y la hipocresía. Uno debía corregir las cuestiones de su corazón para que su actividad pudiera ser correcta. En otras palabras, la adoración y la oración debían estar integradas a la ética. La gracia y la esperanza debían impregnar las relaciones interpersonales.

La vida cristiana reafirma la vida en este mundo. Es positiva en cuanto a la historia en el sentido de que Dios se revela a sí mismo y revela su voluntad a través de la creación, la naturaleza, sus acciones divinas en la historia, y sobre todo en Jesucristo. Toda la creación, incluso la humanidad, la naturaleza y los animales han sido dados por Dios para que vivan juntos y en relaciones positivas. En los seres humanos ha sido puesta la responsabilidad de vivir en paz y armonía unos con otros y con el medio en que están.

La iglesia histórica

El Nuevo Testamento, que incluye los Evangelios y las Epístolas del apóstol Pablo, también proporciona la base para la comunidad cristiana. La iglesia primitiva fue una comunidad con poca organización, cuyos líderes asumían autoridad y responsabilidad en cuestiones de fe y práctica. A medida que la iglesia se fue convirtiendo en una entidad más universal, se formaron concilios que determinaron políticas y decisiones. Y como la iglesia creció en distintos medios culturales, emergieron variadas prácticas teológicas y rituales.

Aparecieron dos ramas del cristianismo: el catolicismo romano en el oeste y la ortodoxia en el este. El catolicismo enfatizó una teología más racionalista, aceptó la autoridad del obispo de Roma (el papa), e interpretó las eucaristía como una viva representación de la muerte en la cruz. Por otra parte, la ortodoxia hizo énfasis en formas de adoración más espirituales en cuanto a lo poético y lo místico, aceptó la autoridad de varios obispos, y consideró que la eucaristía era una celebración de la resurrección de Jesús. Más adelante el protestantismo fue otra rama del cristianismo que reaccionó contra la autoridad del papa y el énfasis de que la gracia llegaba explícitamente a través de los sacramentos de la iglesia. El protestantismo abogó por la autoridad de las Escrituras y la gracia de Dios a través de la fe del ser humano. Luego se propagó en numerosas ramas llamadas denominaciones, como la luterana, la metodista y la bautista. Estas varias divisiones han tenido una variedad de interpretaciones teológicas, prácticas eclesiásticas e intereses en la esfera ética.

Los cristianos de las distintas líneas han aceptado al menos dos sacramentos u ordenanzas. El bautismo es una ceremonia de iniciación que representa la experiencia que la persona tiene del amor y del perdón de Dios, y de la camaradería dentro de la comunidad cristiana. La resurrección de Jesús demuestra que la maldad y la muerte son vencidas por Dios y que los discípulos de Jesús y la iglesia tienen un nuevo comienzo. La ceremonia del bautismo, en que al nuevo cristiano se lo sumerge en el agua y se lo levanta del agua, es símbolo de la muerte del viejo ser y de la resurrección o del nuevo nacimiento a la vida que imparten la muerte y la resurrección de Jesús. Para la comunidad cristiana, la resurrección implica una nueva perspectiva en cuanto a la vida, a la historia, y más allá de la historia, una vida eterna con Dios. El bautismo también afirma la decisión de la persona de convertirse en cristiana y de estar activa en la iglesia. La eucaristía o Cena del Señor es la ordenanza donde se participa de pan y de vino para conmemorar la vida, la muerte y la resurrección de Jesús y para asegurar que el creyente participe de su significado. La Iglesia Católica Romana y la Iglesia Ortodoxa reconocen siete sacramentos.

La iglesia primitiva se enfrentó a persecución y fue un movimiento minoritario en un medio hostil. Uno de sus ideales fue la vida monástica. Se reconocía la maldad, y un medio de combatirla era vivir una vida ascética en soledad y oración. El celibato y una vida de privaciones eran la norma. Cuando llegó la Edad Media, la iglesia creció en forma interna y se expandió geográficamente. Durante mil años (500–1500 d.C.) la iglesia se hizo poderosa con el papado, catedrales, monasterios, tierras, incontables seguidores, y alianzas con gobernantes y gobiernos. Europa y cristiandad eran sinónimos. A la herejía se la combatía con la inquisición. Durante esa época la riqueza, el poder y la guerra santa se volvieron prominentes.

En 1517 Martín Lutero, un sacerdote erudito, clavó un escrito con 95 tesis en la puerta de la iglesia en Wittenburgo, Alemania, y con eso desencadenó una serie de reformas en la iglesia que dieron lugar a la Reforma Protestante. Los temas eclesiásticos en juego eran la corrupción, el poder y la autoridad clerical, y la ética de fe y conducta entre el pueblo, con los conceptos primordiales de justicia y rectitud. Uno de los temas de cohesión estaba en el libro de Romanos en el Nuevo Testamento: "El justo por la fe vivirá" (1:17).

La iglesia de los siglos XIX y XX ha sido testigo de la extensión de la iglesia en una empresa misionera que ha llevado el cristianismo por todo el mundo. África, Asia, el Medio Oriente y América Latina se han convertido en sólidas regiones cristianas. Muchos cristianos nativos de dichos lugares han podido enviar misioneros a otros continentes. La era moderna también ha sido testigo de poderosas corrientes ecuménicas y organizaciones eclesiásticas. Varias denominaciones participaron en la formación del Concilio Mundial de Iglesias y del Concilio Nacional de Iglesias. La teología y la ética de la época ha hecho énfasis en la unidad, en misiones y en el señorío de Jesucristo. Uno de los lemas de la iglesia moderna ha sido: "un Señor, una fe, un bautismo" (Efesios 4:5).

Aspectos esenciales de la fe cristiana

Para resumir, los aspectos esenciales de la fe cristiana se pueden expresar en los puntos que siguen, recordando que la riqueza de la tradición cristiana ha sido su unidad en la diversidad.

1. Jesús de Nazaret se convirtió en el Cristo crucificado y luego resucitado.

2. Las enseñanzas de Jesús se centraron en el reino de Dios.

3. La iglesia cristiana se fundó en las enseñanzas y la inspiración de Jesús.

4. La Biblia cristiana incluye los 39 libros de las Escrituras judías (Antiguo Testamento) y 27 libros tales como los Evangelios y las cartas de Pablo, que se llaman Nuevo Testamento.

5. Una importante doctrina del cristianismo es la Trinidad: Dios como Padre, Dios como Hijo, Dios como Espíritu Santo.

6. La adoración cristiana tiene gran riqueza y variedad, e incluye énfasis en la predicación, la oración, el canto, la meditación, el bautismo y la Cena del Señor.

7. La vida cristiana es vivir en el mundo según las enseñanzas del Nuevo Testamento, sustentados por la ayuda de Dios en Jesucristo.

La iglesia cristiana: De la adoración a la misión

Desde sus mismos comienzos el cristianismo hizo énfasis en la comunidad como conjunto, la iglesia. Su tradición escritural, el Nuevo Testamento, describe a la iglesia como un pueblo santo, el cuerpo de Cristo, un organismo viviente para hacer la obra y el ministerio de Jesucristo, el Señor de la iglesia. A lo largo de sus dos mil años, la iglesia ha demostrado gran variedad de formas y diversos modelos en su arquitectura y su organización. La iglesia primitiva se reunía en hogares de cristianos. Sus líderes eran cristianos entendidos y a menudo itinerantes. La iglesia medieval construyó majestuosas catedrales con espléndidos chapiteles y exquisita mano de obra. Se organizaron monasterios para fomentar disciplinas ascéticas, erudición eclesiástica, educación y misiones. Junto con la reforma llegaron gran cantidad de estructuras, liturgias y actividades para la iglesia. La iglesia cristiana contemporánea incluye un sinfín de organizaciones y de líderes.

Las cuatro palabras que mejor describen a la iglesia cristiana son culto, educación, benevolencia y misiones. *Culto* es la palabra que viene a la mente cuando se edifican iglesias y cuando uno observa el edificio. La construcción más grande por lo general es el auditorio (algunos lo llaman santuario, aunque técnicamente no lo es). Los asientos incluyen hileras de bancos o sillas frente a una plataforma elevada. Sobre esta puede haber uno o dos atriles o un púlpito y varias sillas para los líderes o ministros que presiden. Una mesa cerca de la plataforma, ya sea en el nivel que está enfrente o en el mismo nivel, se usa para la Cena del Señor. A veces el coro tiene reservado asientos especiales, y hay también un lugar para un órgano y/o un piano. Tal vez haya un bautisterio muy próximo a la plataforma. Puede haber varios elementos de simbolismo cristiano para decorar el auditorio, incluyendo una cruz, una bandera cristiana, vitrales, y ornamentos para el púlpito. A menudo puede haber una Biblia abierta sobre una mesa cerca de la plataforma.

Los cultos de adoración en las iglesias cristianas pueden tener tanta diversidad como sus rasgos arquitectónicos. Sin embargo, hay elementos comunes que la mayoría de las iglesias consideran adecuados. Tanto la congregación como el coro cantan. Tanto la congregación como los líderes o pastores oran. Los ministros leen las Escrituras, y la congregación a menudo participa de la lectura. El sermón a cargo del pastor o del ministro es un aspecto central del servicio de adoración. En dichos cultos se observan los sacramentos u ordenanzas. Cuando una persona se hace miembro de la iglesia, se la bautiza en agua en el culto de adoración. Toda la congregación también observa la Eucaristía o Cena del Señor, cuando participa del pan y la copa de la mesa de la comunión.

Muchas iglesias tienen un servicio de dedicación para bebés y sus familias. Se celebran bodas en los templos en el contexto del culto congregacional. A veces se realizan servicios fúnebres en el auditorio en el espíritu de adoración. Quizás uno de los hechos más universales de la iglesia es que los cristianos se reúnen una vez por semana, por lo general los domingos a la mañana, para la adoración congregacional en el auditorio del templo. El calendario cristiano también proporciona cultos de adoración especiales a lo largo del año. Las épocas de Navidad y de Pascua que conmemoran el nacimiento, la muerte y la resurrección de Jesucristo se celebran en las iglesias con música, decoraciones, y presentaciones especiales.

La *educación* es otro rasgo prominente que está representado por la arquitectura de la iglesia. La educación cristiana es una importante iniciativa en la iglesia, y exige personal y recursos materiales. Las escuelas de la iglesia o Escuelas Dominicales tienen un alto nivel de organización en base a edades que van de preescolares y bebés a adultos. Cada iglesia tiene maestros y aulas para las diferentes edades. De manera que un gran segmento de la parte edilicia de la iglesia alberga el programa educacional. La educación cristiana incluye el estudio de la Biblia, doctrinas y ética, misiones, entrenamiento en comunicación, como por ejemplo educación musical. Las escuelas de la iglesia se reúnen una vez por semana, en muchos casos antes del culto dominical. Algunas iglesias tienen clases durante la semana. A través de sus denominaciones y federaciones las iglesias producen y publican literatura para las clases en sus iglesias y para sus librerías religiosas. Las iglesias también financian escuelas privadas asociadas a la iglesia, y asimismo universidades y escuelas teológicas. Estas últimas y los seminarios preparan a hombres y mujeres como líderes, ministros, educadores y músicos profesionales.

La *benevolencia* es un aspecto que se enfatiza en la iglesia. El edificio se ha convertido en un centro para voluntariado y proyectos comunitarios a fin de satisfacer las necesidades de los pobres. Por lo general las iglesias tienen cocinas y grandes salones. Los miembros de la iglesia a menudo se reúnen para compartir comidas en la iglesia, o tal vez haya días especiales en que los pobres vayan a la iglesia donde se les sirve una comida. Las iglesias cuentan con salas donde guardan ropas que donan los miembros para distribuirla a quienes piden ayuda. Las iglesias pueden tener programas de alfabetización y clases prácticas para desempleados, inmigrantes u otros grupos necesitados. Puede haber programas para minusválidos y ancianos. Organizaciones como los Boy Scouts y Alcohólicos Anónimos reciben un lugar para sus encuentros. El edificio es una expresión física de la buena voluntad de la iglesia y de lo disponible que está hacia la comunidad.

Las *misiones* son parte integral de la iglesia. Los sermones hacen énfasis en la naturaleza misionera de la iglesia, y a nivel más personal las clases de grupos más pequeños también abundan en educación misionera. Las iglesias además participan en cuanto a personal y financiación para sostener misioneros tanto a nivel nacional como internacional. Las organizaciones misioneras colaboran con la iglesia para reclutar, entrenar y ubicar a misioneros. A nivel nacional, los miembros de la iglesia tienen oportunidades misioneras de ir a distintos barrios e invitar a otros a asistir a la iglesia, de edificar otras iglesias y de ayudar en proyectos de asistencia social con alimentos, medicinas y otros suministros.

La adoración, la educación religiosa, la benevolencia y las misiones son partes integrales del cristianismo. Sin embargo, se debe notar que las tradiciones del catolicismo romano, de la ortodoxia griega y del protestantismo tienen distintas teologías y prácticas que dan forma a estas cuatro expresiones.

Hasta hace no mucho tiempo, la Iglesia Católica Romana usó el idioma latín en su liturgia de la eucaristía, similar al uso del hebreo en la adoración formal por parte de los judíos ortodoxos. Dentro del protestantismo, la ceremonia bautismal varía entre las iglesias bautistas, que practican la inmersión, y la iglesia metodista, que practica la aspersión. Dentro de la Iglesia Católica Romana, tradicionalmente los monasterios han sido centros de entrenamiento para misioneros, como en el caso de los jesuitas y los dominicos, mientras que en las iglesias protestantes pastores y laicos se han convertido en misioneros de las iglesias locales. La liturgia en los cultos de adoración varían en las iglesias cristianas desde aquellas que conceden máxima importancia a la formalidad del vestido, la música y el ritual, a aquellas que se destacan por su informalidad. La arquitectura de la iglesia comprende tanto aspectos góticos como diseños contemporáneos que usan piedra y ladrillo, y asimismo madera y vidrio.

Es posible que la iglesia cristiana ofrezca la mayor variedad entre las religiones en lo que respecta a arquitectura, estilos litúrgicos y características de organización. Incluso tal vez muestre grupos de personas de acuerdo a clase y segmentos sociales y económicos en marcada membresía y asistencia a la iglesia. La experiencia grupal suele ser de máxima importancia en la iglesia cristiana, donde los cultos, los programas y las actividades están estructurados para reuniones numerosas. Los templos hindúes y los santuarios budistas ofrecen servicios más individualistas y orientados a un grupo familiar más pequeño. En vista de sus logros misioneros en todos los continentes y de su presencia en la mayoría de los grupos culturales, la iglesia cristiana se ha enfrentado a desafíos de diversidad y flexibilidad cultural. En consecuencia, vale recordar que la iglesia cristiana es un fértil mosaico de diversidad racial, cultural, étnica, teológica y organizacional.

Identidad religiosa y familia
Derechos y territorios, tradición y cambio

Desde el siglo XVI d.C. el cristianismo ha proliferado en una variedad de iglesias y denominaciones. Estas divisiones han causado crisis de identidad religiosa entre varios grupos cristianos, especialmente entre minorías religiosas. En áreas predominantemente católicas romanas, hubo preocupación entre minorías protestantes por temor a perder libertad y derechos religiosos. En regiones protestantes, los católicos romanos a menudo se han preocupado por su estatus religioso. En la elección presidencial en los Estados Unidos a comienzos de los años 60, los protestantes se preocuparon sobremanera por la candidatura de John F. Kennedy, un católico romano. Los temas del pluralismo religioso y la libertad religiosa se transmitieron y debatieron con frecuencia durante ese período en la historia de los Estados Unidos.

En Irlanda del Norte las diferencias religiosas y políticas entre católicos romanos y protestantes han estallado hasta convertirse en conflictos y terror, con la ayuda de intereses de grupos internacionales. En el Líbano, un país pequeño pero muy poblado, las disensiones basadas en factores religiosos, políticos y étnicos han hecho que cristianos y musulmanes se vuelvan unos contra otros, y que cristianos hagan lo mismo con otros cristianos. En el Líbano a menudo es cuestión de la identidad religiosa, étnica o territorial de un grupo contra la del otro grupo. Los derechos y el poder están ligados al clan y a la tierra, y pueden ser cristianos o musulmanes. Cuando cierta amenaza se cierne sobre los derechos, el poder o la tierra, los cristianos pueden luchar contra los musulmanes, o contra otros cristianos.

Durante el siglo XX, en el cristianismo se proclamó la *unidad*. El liderazgo en la Iglesia Católica Romana, en la Iglesia Ortodoxa Griega y en las iglesias protestantes ha hecho su obra a través de organismos como el Concilio Mundial de Iglesias y otras organizaciones a fin de conversar sobre temas comunes y para implementar programas específicos en conjunción. Algunas iglesias y denominaciones se han unido en forma orgánica en una sola iglesia o denominación.

Además de los movimientos hacia la unidad, hubo grandes movimientos sectarios y se vio el crecimiento de las denominaciones tradicionales que evitaron una profunda participación en debates o programas de unidad. Algunas denominaciones no se hicieron miembros del Concilio Mundial de Iglesias.

De manera que la unidad es un tema candente para el cristianismo. Sucede que la religión sostiene el ideal de "un Señor, una fe, un bautismo". Unidad tal vez signifique muchas cosas. Puede implicar la fusión de iglesias en una unión orgánica. Puede significar participación formal entre iglesias de varias denominaciones al tomar decisiones sobre temas que enfrenta la iglesia y todos los seres humanos, y al hacer un fondo común con recursos de la iglesia, tanto en cuanto a personal como en finanzas, para hacer frente a esos desafíos. Puede significar asociarse informalmente con iglesias y denominaciones a nivel local para utilizar recursos conjuntamente a fin de hacer frente a retos en común y para satisfacer necesidades humanas. El cristianismo es una religión muy variada si uno tiene en cuenta teologías, confesiones, formas de gobierno, agrupaciones étnicas y trasfondos históricos, pero la unidad es una temática constante.

Tal vez uno de los más grandes retos para el cristianismo es su respuesta al *secularismo*. El cristianismo, en forma extremadamente notoria en Europa y en los Estados Unidos, floreció con la industrialización, la tecnología y las formas modernas de comunicación y de transporte. Sin embargo, en las décadas de 1960 y 1970, internamente el cristianismo se vio afectado por la teología de "Dios está muerto" y por la disminución en la membresía de la iglesia. El secularismo con su distanciamiento de los valores y la ética cristiana, presentó desafíos a la sociedad donde hasta entonces el cristianismo había sido dominante. La desaparición de la influencia de valores y enseñanzas cristianas sobre la naturaleza de la familia y sus responsabilidades se hace sentir por el impacto del secularismo en la sociedad.

El cristianismo se enfrenta a cuestiones de un porcentaje de divorcios cada vez más alto, hogares donde falta la madre o el padre, hijos sin uno de los padres y la falta de integridad de la unidad familiar. El aborto, la homosexualidad y las relaciones de iglesia y estado son otros de los temas que enfrenta el cristianismo y que lo dividen en cuanto a soluciones. El secularismo confronta al mundo cristiano en términos de otra alternativa para los valores y las instituciones de la sociedad. El cristianismo tiene que luchar con factores de la separación de iglesia y estado, de libertad religiosa, con las garantías que las constituciones nacionales ofrecen para libertades variadas, y con la autoridad y el poder que cree que debe impactar a la sociedad con sus enseñanzas y valores e instituciones.

La universalidad del cristianismo ha conseguido que incida en todo grupo poblacional importante. Uno de los retos que ha tenido es la flexibilidad y la adaptabilidad a otras culturas. Por ejemplo, por un lado ha tenido que ser consciente de su occidentalismo al presentar sus enseñanzas a pueblos de otras culturas. Por otro lado, ha tenido que interactuar con personas de otras culturas cuando ellas expresan el cristianismo según su estilo de vida nativo y sus propias instituciones. En su esfuerzo misionero, el cristianismo ha tenido que enfrentarse a la revitalización de otras importantes religiones mundiales y su frecuente reacción hostil, no solo con el cristianismo sino con los mismos pueblos que son el objetivo misionero del cristianismo y el Islam en el Medio Oriente, África, partes de Asia y los Estados Unidos.

En vista de que el cristianismo representa tanta diversidad de pueblos e iglesias, se enfrenta a cuestiones extremadamente específicas en entornos concretos. La Iglesia Católica Romana lucha con su identidad y su relación con los movimientos de liberación y la teología de liberación que promulgan sus eruditos, sobre todo en naciones en desarrollo donde el catolicismo romano es la religión mayoritaria. Varios pueblos católicos romanos desafían las enseñanzas del papa sobre el aborto y la ordenación sacerdotal de mujeres. Durante siglos la ortodoxia oriental ha vivido en medio de una pluralidad musulmana en las naciones del Medio Oriente. En ocasiones ha luchado para sobrevivir, y otras veces para mantener vivas sus instituciones.

A través de una gran variedad de organizaciones dentro y fuera de la iglesia, el cristianismo en el continente americano (y en especial en los Estados Unidos) se ha enfrentado a muchas cuestiones sociales, económicas y políticas. En la segunda mitad del siglo XX (y por cierto al comenzar el siglo XXI) organizaciones cristianas han tomado parte en movimientos pro justicia racial para acabar con la segregación, en los esfuerzos para la paz de la guerra en Vietnam, la guerra del Golfo y la guerra en Irak (para mencionar unas pocas), en ayuda para el hambre y para asistencia a refugiados, en igualdad de derechos y en el rol de la mujer en la sociedad y en la iglesia, especialmente en la ordenación de mujeres al clero y en el énfasis de la mayoría moral. En estos temas y por cierto en otros no siempre hubo consenso entre las iglesias y entre los varios grupos cristianos.

Uno de los retos constantes del cristianismo ha sido la interacción y los intentos de soluciones entre sus tradiciones y los cambios con que ha sido confrontado. Las formas del cristianismo han sido lo suficientemente flexibles y viables como para preservar sus puntos fuertes y tener una actitud abierta a un cambio significativo. Su enfoque global lo ha preparado para estar abierto y atento a los desafíos y a procurar soluciones.

7

ISLAM

■ ▬▬▬▬▬▬▬▬▬▬▬▬▬▬▬▬▬▬▬▬▬▬▬▬ ■

El Islam es una de las religiones más recientes de importancia mundial. Se inició en el desierto-oasis de la península Arábiga a principios del siglo VII d.C., y en sólo 1300 años se extendió por todo el mundo, con más de 1300 millones de adeptos. Su expansión comenzó en La Meca en el 622 d.C. (1 A.H., el primer año de la Hégira, la huida a Medina). Se extendió entonces a Medina y con gran rapidez a Palestina, el norte de África, España, Persia, India, China, África y Norteamérica, y lugares entre uno y otro sitio. El islamismo verdaderamente ha sido una religión misionera.

El Islam reconoce que nació del judaísmo y el cristianismo. Profesa un Dios, Alá, quien habló al profeta Mahoma. La revelación de Alá se halla escrita en el Corán, la escritura sagrada de los musulmanes. El Islam acepta que judíos y cristianos son pueblos del libro. Considera que la torá judía y el evangelio (injil) cristiano son la revelación de Alá a estos pueblos preislámicos. Sin embargo, los musulmanes creen que la torá y el injil fueron interpretados erróneamente por estos pueblos. El profeta Mahoma es el profeta final y definitivo, y el Corán (Qur'an) es la revelación final que clarifica y sustituye las revelaciones de Alá anteriores al Islam.

Los musulmanes practican su religión con un estilo de vida sumamente definido que incluye seis responsabilidades específicas:

- Los musulmanes confiesan que hay un Dios y que el profeta final es Mahoma.
- Se elevan oraciones cinco veces al día.
- Hay un mes en que se observa ayuno.

99

- Cierto porcentaje del ingreso y las propiedades se ofrenda para la obra religiosa.
- Hay que realizar una peregrinación a La Meca en Arabia Saudita.
- Los musulmanes son responsables de ser buenos voceros de su fe.

La ley del Islam lo incluye todo, tanto para el individuo como para la comunidad. Rige las cuestiones de gobierno y las relaciones familiares e individuales. No hay un límite claro entre religión y estado. Los gobernantes, los jueces, los eruditos, los clérigos y todos los fieles islámicos acuden al Corán en busca de principios y prácticas para todos los aspectos de la vida. La institución más visible del Islam es la mezquita, que tiene un techo con cúpula y alminar en espiral que se elevan hacia el cielo. Los musulmanes frecuentan la mezquita con motivo de las oraciones, los sermones, la vida social y consejos generales por parte de especialistas en leyes y rituales en ley islámica.

Aunque el Islam se presenta unificado en cuanto a creencias y prácticas, hay divisiones dentro del gran cuerpo de creyentes. Así como los budistas y los cristianos cuentan con distintos grupos, también los musulmanes. Los dos grupos islámicos más importantes son los sunitas y los chiítas. Una de las principales diferencias es la interpretación en cuanto a la sucesión del profeta Mahoma. Otro grupo de gran influencia es el de los sufis. Estos son el movimiento místico en el islamismo, y cuentan con maestros jeques y fraternidades.

Otros grupos islámicos incluyen la Nación del Islam, originario de los Estados Unidos, y la antiguamente American Muslim Mission. Aunque el Medio Oriente es la cuna del Islam, en razón de su celo misionero el Islam se ha propagado al extremo de incluir un elevado número de musulmanes en Indonesia, India, China y la antigua Unión Soviética. El Islam y el cristianismo combinados llegan a más de 2000 millones de personas, y teniendo en cuenta el énfasis misionero que tienen, ambos están entre las religiones mundiales que presentan más desafíos.

Alá y los profetas

El Islam es la tercera religión monoteísta viviente que nació en el Medio Oriente. Sus seguidores reciben el nombre de musulmanes, y su profeta es Mahoma. Islam significa sumisión, y musulmán es alguien que se somete. El Islam se basa en la creencia que Alá (el Dios) es el Dios supremo, todopoderoso y eterno. Alá es creador, sustentador y juez de todas las cosas. La confesión musulmana es la siguiente: "Sólo Alá es Dios, y Mahoma es su profeta." Alá reveló su ley de justicia a Mahoma, quien a su vez la declaró al pueblo de la península Arábiga. Esta ley posteriormente se codificó en las sagradas escrituras musulmanas, el Qur'an (Corán).

De modo que el Islam es una religión de absoluto monoteísmo, basado en el Dios absolutamente supremo, soberano y personal. El pecado básico para un musulmán es la idolatría (shirk), es decir rendir adoración, servicio o considerar divino a alguien que no sea Dios. Para el Islam es un problema que el cristianismo haga énfasis en la doctrina de la Trinidad y en que Jesús sea tanto humano como divino.

Tal vez el Islam sea el mejor ejemplo de una religión que coloca su mayor autoridad y confianza en un ser humano sin abogar por su divinidad. Mahoma nació en un pueblo tribal árabe que practicaba el politeísmo y el animismo. En sus años jóvenes pasó largas horas en una cueva en el desierto en las afueras de la ciudad de La Meca. En dicha cueva Alá le reveló mensajes y le dijo que los recitara. Su familia le hizo el vacío y los habitantes de La Meca lo amenazaron con hostilidades. A los 25 años de edad se casó con Kadija, una rica mujer que le llevaba quince años y era dueña de una caravana. Ella y Alí (primo de Mahoma) fueron sus primeros convertidos a la religión islámica. En el año 622 d.C. él llevó a su pequeño grupo de seguidores a la ciudad de Medina, donde lo recibieron como líder. Esta migración recibe el nombre de huida a Medina o Hégira.

En Medina Mahoma trató de negociar pacíficamente con los grupos tribales, incluyendo a los judíos. Sin embargo, en vista de la obstinada resistencia él formó una banda de guerreros para que hubiera estabilidad en la región. Construyó una mezquita, y desde ese predio rigió al pueblo y lo aconsejó en cuestiones religiosas, económicas, políticas y sociales. En el momento de su muerte en el 632, se había convertido en el profeta-estadista de esa parte de la península Arábiga. Mahoma había creado una teocracia, había gobernado al pueblo en el nombre de Alá, y había lanzado el Islam camino a convertirse en una religión mundial.

Así como el cristianismo, el Islam ha tenido místicos y santos. Alá es el Dios que tiene ley, profeta y desdén por la idolatría. El Islam tradicional no tolera imágenes de Alá. Por otra parte, hay tumbas de santos desperdigadas por la tierra y la mente de los musulmanes. Para los musulmanes piadosos y místicos que dependen del culto, la oración y las ofrendas en las tumbas de los santos, la religión no es sólo sumisión a Dios sino también amistad con él, y esto lleva a una unión mística. Los musulmanes sufis representan esta forma de devoción islámica. La popularidad de los santos ha servido como forma de expansión misionera para el Islam. Los santos han sido maestros de gran influencia a quienes sus seguidores han imbuido con cierta gracia divina. Han comenzado varias órdenes religiosas y fraternidades, y durante su vida se los conoció con el nombre de jeques. Sus tumbas se han convertido en centros de peregrinaje y devoción.

Después de la muerte del profeta Mahoma, su comunidad religiosa se dividió en varios grupos por la cuestión de *liderazgo*. Los musulmanes sunitas siguieron a sus propios líderes religiosos, llamados califas y muftis. Los musulmanes chiítas confiaron en sus imanes y ayatolás. Sin embargo, todos los grupos observaron tenazmente el monoteísmo y la condición de profeta como el ideal para su fe y su práctica. En la tradición chiíta ocurrió algo interesante. Los chiítas adhirieron al concepto que el imán debía seguir el liderazgo del profeta. Tenía que haber doce imanes. Sin embargo, el imán número doce desapareció en el siglo IX d.C., y de acuerdo a las enseñanzas chiítas volverá en un tiempo futuro para liberar a los musulmanes de las garras de la maldad y para restaurar para ellos una vida de rectitud y justicia. Esta doctrina establece una figura escatológica en la fe islámica que conlleva juicio y reforma para con la gente. Entre los musulmanes iraníes chiítas un ayatolá puede gobernar o presidir sobre la vida de las personas en el período antes del regreso del imán número doce.

Una dimensión de Dios que el Islam también comparte con el judaísmo y el cristianismo es el *espíritu*. Alá es un ser espiritual y su espíritu está presente en el mundo. En realidad, el Islam afirma que Jesús tiene el espíritu de Alá. El judaísmo también tiene el concepto del espíritu del Señor. Espíritu aquí significa el poder y la sabiduría de Yahvéh. Yahvéh es quien envía el espíritu al mundo a fin de lograr su propósito. Los profetas tienen el espíritu del Señor que distingue la presencia de Yahvéh con ellos.

El cristianismo se centra en ese concepto judío. De acuerdo a la enseñanza del Nuevo Testamento, Dios es espíritu. La relación que la iglesia cristiana tiene con Jesucristo agrega otra dimensión a esta forma de entender la idea del espíritu. La iglesia relaciona la autoridad y el poder de Jesús con la obra del espíritu de Dios. La iglesia entendió que la doctrina del Espíritu Santo es un canal hacia el conocimiento de Dios. En las tres religiones el concepto del espíritu denota el misterio del encuentro divino-humano que se extiende más allá de lo que la razón y las palabras pueden describir. Las tres religiones reconocen que existen ángeles que sirven como mensajeros divinos a personas específicas.

Estas tres religiones monoteístas cuentan con una perspectiva de la deidad trascendente y suprema. Dios es quien toma la iniciativa para revelar su voluntad y sus leyes a la humanidad. Es un Dios que aboga por la ética y exige obediencia a su voluntad. Revela dicha voluntad a quienes llama, los profetas. El judaísmo describe a Yahvéh en la Torá, pero continúa esperando a su ungido, el Mesías, para que complete el reinado de Yahvéh en el marco de la historia. El cristianismo reconoce que Yahvéh-Dios es el creador y el redentor del mundo, pero acude a Jesucristo como el Mesías que trae salvación y redención al mundo por medio de sus enseñanzas, su vida, su muerte y su resurrección. El Islam afirma que Alá ha revelado su ley y su voluntad a los judíos y a los cristianos, pero sostiene que Mahoma recibió la perfecta ley de Alá.

El santo libro del Islam:
El mapa de ruta del Qur'an para el destino

De entre las escrituras de todas las religiones del mundo, quizás sea el Corán al que sus seguidores consideran más santo ideal y prácticamente. Los musulmanes creen que le fue revelado al profeta Mahoma en idioma árabe, que es el idioma que habla Alá en el cielo. Alá es el autor del Corán, y Mahoma es el medio por el cual la palabra de Alá llegó al pueblo. Corán (en realidad qur'an) significa recitar. El Corán se puso por escrito poco después de la muerte del profeta en el siglo VII d.C.

En el Corán se incluye gran parte de la información de la Biblia. Se mencionan 28 profetas, y Mahoma, Abraham y especialmente Jesús se señalan de modo particular. Abraham es amigo de Alá y el primer musulmán. Jesús nació de una virgen, hizo milagros y fue un gran maestro. Otros títulos usados para describir a Jesús son siervo de Alá, espíritu de Alá y palabra de Alá.

El Corán hace énfasis en su declaración de que Alá es uno y es soberano. A través de los 114 capítulos (suras) los temas son la creación del mundo y de la humanidad, los principios religiosos y las prácticas para la vida diaria, el juicio, el castigo para los malvados y el paraíso para los benditos, y la importancia de la voluntad de Alá. El Corán bosqueja de modo explícito el estilo de vida religioso, incluyendo las oraciones, el ayuno y la peregrinación a La Meca. El peor pecado que se menciona en el Corán es la idolatría, y la mejor acción es la sumisión (Islam) a Alá.

Aunque el Corán es la autoridad suprema para el Islam, hay otras tradiciones escritas que tienen un papel preponderante en la vida religiosa. El Hadit (Sunna) son los dichos de Mahoma que se han compilado y transmitido por notables eruditos musulmanes. Sunna significa las tradiciones del profeta. Otra fuente de autoridad es el Ijma, el consenso de eruditos islámicos (Ulama). Cuando se necesita una interpretación del Corán y/o del Hadit, para que la interpretación sea válida un grupo de eruditos debe coincidir. Una cuarta fuente de autoridad es Qiyas, el acuerdo de una comunidad musulmana en cuanto a una interpretación del Corán y del Hadit.

Como sucede con todas las religiones importantes, el Islam ha contado con teólogos y filósofos a través de los siglos que han añadido gruesos volúmenes. Uno puede advertir que el sufismo, una rama del Islam que enfatiza el misticismo, tiene literatura particular con varias interpretaciones místicas del Corán y del Hadit.

Las siguientes selecciones provienen del Corán. El primer pasaje es la declaración inicial. Se lo ha descrito como el "Padrenuestro" del Islam. La primera frase, "En el nombre de Alá, el Compasivo, el Misericordioso", es la inicial de cada capítulo (Sura). Otras selecciones reflejan el trasfondo que tiene el Islam en el judaísmo y en el cristianismo, de un mandato religioso de ayuno y de enseñanzas generales del Islam.

I

Exordio

¡En el nombre de Alá, el Compasivo,
el Misericordioso!

Alabado sea Alá, Señor del universo,
el Compasivo, el Misericordioso,
Dueño del día del Juicio.
A Ti solo servimos y a Ti solo
imploramos ayuda.
Dirígenos por la vía recta,
la vía de los que Tú has agraciado,
no de los que han incurrido en la ira,
ni de los extraviados.[3]

II

La vaca

La piedad no estriba en que volváis
vuestro rostro hacia el Oriente o hacia
el Occidente, sino en creer en Alá y en
el último Día, en los ángeles, en la
Escritura y en los profetas, en dar de la
hacienda, por mucho amor que se le
tenga, a los parientes, huérfanos,
necesitados, viajeros, mendigos y
esclavos, en hacer la azalá [oración] *
y dar el azaque [limosna], en cumplir
con los compromisos contraídos
en ser pacientes en el infortunio, en la
aflicción y en tiempo de peligro. ¡Esos
son los hombres sinceros, esos los
temerosos de Alá!

---

* N. de la T. Las palabras entre corchetes han sido insertadas para mayor claridad pero no pertenecen al texto del Corán.

¡Creyentes! Se os ha prescrito el ayuno,
al igual que se prescribió a los que os
precedieron. Quizás, así, temáis a Alá.
Días contados. Y quien de vosotros esté
enfermo o de viaje, un número igual de
días. Y los que, pudiendo, no ayunen
podrán redimirse dando de comer a un
pobre. Y, si uno hace el bien
espontáneamente, tanto mejor para él.
Pero os conviene más ayunar. Si
supierais...
Es el mes de ramadán, en que fue
revelado el Corán como dirección
para los hombres y como pruebas
claras de la Dirección y del Criterio
[salvación]. Y quien de vosotros esté
presente ese mes, que ayune en él. Y
quien esté enfermo o de viaje, un
número igual de días. Alá quiere
hacéroslo fácil y no difícil. ¡Completad
el número señalado de días y ensalzad a
Alá por haberos dirigido! Quizás, así
seáis agradecidos.[4]

III

La familia de Imran

Él te ha revelado la Escritura con la
Verdad, en confirmación de los
mensajes anteriores. Él ha revelado la
Tora y el Evangelio
antes, como dirección para los
hombres, y ha revelado el Criterio
[la salvación].[5]

III

La familia de Imran

Abraham no fue judío ni cristiano, sino
que fue hanif [musulmán], sometido a
Alá, no asociador.

Los más allegados a Abraham son los
que le han seguido, así como este
Profeta y los que han creído. Alá es
el Amigo de los creyentes.[6]

V

La mesa servida

Hicimos que les sucediera Jesús, hijo de
María, en confirmación de lo que ya
había de la Tora. Le dimos el
Evangelio, que contiene Dirección y
Luz, en confirmación de lo que ya había
de la Tora y como Dirección y
Exhortación para los temerosos
de Alá.
Que la gente del Evangelio decida
según lo que Alá ha revelado en él.
Quienes no decidan según lo que Alá
ha revelado ésos son los perversos.[7]

El sendero musulmán:
Un sendero recto de la oración a la peregrinación

El Islam es una religión de sumisión a Alá, y un musulmán es alguien que se sujeta. De las religiones más importantes, el Islam bien puede ser la que más enfatiza la fe ortodoxa y la práctica uniforme. Otras religiones pueden ofrecer variedad de opciones a sus seguidores. En el hinduismo y el budismo hay diversas creencias en deidades, sendas hacia la salvación y sistemas éticos. Un japonés puede sentirse cómodo con lealtades duales a creencias y prácticas sintoístas y budistas. Sin embargo, el Islam en teoría y en práctica es muy similar para un musulmán americano, asiático o del Medio Oriente. El Islam tiene sus ramas sunitas, chiítas y sufis que difieren en formas teológicas y prácticas religiosas, pero el Islam es monolítico en cuanto a su unidad y su uniformidad. En realidad, el Islam es tan ortodoxo en su fe y su práctica que estas se pueden numerar y debatir de manera ordenada.

Creencias de los musulmanes

Las creencias más importantes del Islam se pueden comentar en cinco categorías específicas: Alá, ángeles, escrituras sagradas, profetas y las últimas cosas.

Alá

El nombre de Dios es Alá, que en árabe significa el dios. Los musulmanes son monoteístas, y Alá es la única deidad. Es importante destacar la singularidad, la soberanía y el poder de Alá. Nada se puede asociar con Alá. En realidad, en el Islam el más grande pecado es shirk, darle a alguien o a algo la más mínima porción de la soberanía que le pertenece a Alá. Esa es una razón por la cual los musulmanes no pueden aceptar la creencia cristiana de la encarnación de Dios en Jesús. Los atributos de Alá se perciben en la creación, la revelación, la preservación y la predestinación. Todo existe por la voluntad de Alá, y su voluntad es ley, es la única ley. Hay 99 nombres asociados con Alá, incluyendo el compasivo y el misericordioso. El tasbih, un rosario musulmán, tiene 99 cuentas que hablan de la hermosura de Alá, que es un Dios sumamente trascendente, que desde cierta distancia da su ley a través de su profeta. Esa ley se codificó en las sagradas escrituras, el Corán.

Ángeles

Los ángeles son intermediarios entre Alá y su profeta. Hay varios niveles de ángeles que tienen distintas tareas. Hay arcángeles como Gabriel, el ángel de la revelación a quien Dios envió para que revelara su ley al profeta. Hay ángeles que ministran como Ridwan, el gran chambelán del paraíso. Hay ángeles caídos como Iblis (Satanás). Iblis se negó a honrar al primer hombre y a la primera mujer que Alá había creado, y Alá entonces lo echó del cielo. Iblis se convirtió en gran protagonista contra los elegidos de Alá. Hay también varios espíritus llamados jinn. Estos son tantos varones como mujeres, y tienen influencia en los seres humanos para bien o para mal. Por ejemplo, un musulmán cree que una persona loca está poseída por jinn. Los ángeles tienen un papel importante en las creencias islámicas.

Sagradas Escrituras

A los musulmanes se los conoce como pueblo del libro. El libro es el Qur'an, que a menudo se translitera Corán. El arquetipo de esta escritura sagrada está en el cielo con Alá. Los musulmanes creen que sin cambio ni interpretación alguna el ángel Gabriel le transmitió el Corán al profeta Mahoma desde el cielo. El Corán en el idioma árabe es la expresión perfecta de la ley y la voluntad de Alá. La doctrina islámica de la escritura está en consonancia con lo que Mahoma creía de sí mismo en cuanto a la sucesión de los profetas bíblicos. Alá reveló su ley a Moisés en la Torá, y Alá le dio a Jesús el Injil (Evangelio). En realidad hay una sola Escritura, y cada libro sucesivo confirma o corrige los precedentes.

Profetas

El Islam es una religión profética. El Corán nombra a unos veinte profetas que van desde Adán, Noé, Abraham y Moisés en la Torá, hasta Juan y Jesús en el Injil. El sello final de los profetas es Mahoma, quien recibió la revelación de Alá. A Mahoma se lo llama el rasul, que se puede traducir mensajero o apóstol. A medida que el Islam se desarrolló, su atención se centró en seis profetas: Adán, el elegido de Alá; Noé, el profeta de Alá; Abraham, el amigo de Alá; Moisés, el que hablaba con Alá; Jesús, el espíritu de Alá, y Mahoma, el apóstol de Alá. El Corán le da a Jesús (llamado Isau) más títulos honoríficos que a ningún otro profeta. Se lo llama Mesías, siervo, palabra, profeta, mensajero, señal, testigo, misericordia, justo, bendito y cerca de Alá. Sin embargo, la perspectiva musulmana considera que todos los profetas fueron seres humanos a quien Alá designó para que fueran voceros. Un profeta no es divino. Es interesante notar que mientras el Corán incluye el enfoque del nacimiento virginal de Jesús y de los milagros que hizo, refuta la idea de que era el Hijo de Dios encarnado. De modo que el profeta tiene una importante función en el Islam, y Mahoma fue profético al denunciar a los ídolos y la idolatría de su día y predicar la voluntad de Alá, y logró cambio religioso y social en su época.

Las últimas cosas

La creencia en las últimas cosas, es decir la escatología, es prominente en el Islam. El sentido de la historia es similar al de la perspectiva judía y de la cristiana. Desde el nacimiento hasta la muerte la vida se vive bajo la ley y el juicio de Alá. Más allá de la muerte está la resurrección de los muertos, el juicio final, y las recompensas o los castigos en el paraíso y en el infierno. Mahoma predicó que el juicio final llegaría pronto, aunque no ofreció fechas. El Islam es muy explícito en cuanto al fin de los tiempos. En el juicio Alá abre el libro de los hechos. Los hechos buenos y malos se pesan y la balanza determina el destino de la persona. El paraíso es un jardín eterno mientras que al infierno se lo describe como un lugar ardiente y horroroso. La doctrina de las últimas cosas según el Islam se basa en una perspectiva de la omnipotencia y la omnisciencia de Alá. El Corán indica que Alá ha escrito la entrada y la salida de cada alma y qué le ocurrirá. Los musulmanes creen que todo proviene de Alá y que Alá hace desviar a quien desea y guía correctamente a quien quiere. "Si Alá quiere" es una expresión que los musulmanes usan mucho.

Prácticas musulmanas

Así como los musulmanes declaran tener una clara y concisa serie de creencias, también practican una vida religiosa refinada y visible. La forma y el horario son importantes en las prácticas religiosas. De modo que el individuo se absorbe en observancias y rituales de la comunidad, y se vuelve indistinto grupalmente en la participación masiva. Aunque el Islam declara no tener clérigos ordenados, los eruditos religiosos islámicos funcionan en varias capacidades, como teólogos, juristas, predicadores, líderes de oración, consejeros y administradores de mezquitas y legados. Los líderes religiosos presiden muchas prácticas religiosas, tanto en mezquitas como en hogares. Hay seis prácticas o pilares básicos en el Islam que incluyen tanto al individuo como a la comunidad (unmah). Dichas prácticas son la confesión de fe, las oraciones, la ofrenda financiera, el ayuno, la peregrinación y los esfuerzos misioneros.

La confesión

La confesión de fe (shahada) es la declaración del credo del Islam. Según la transliteración es "la ilaha il Alá, Muhammad rasul Alá", que significa: "No hay deidad salvo Alá; Mahoma es el apóstol de Alá". Expresa la creencia musulmana en el monoteísmo y en el profeta como el agente de la revelación de Alá. El simple recitado es un acto de piedad.

La oración

Es probable que la oración (namaz) sea la práctica más visible y constante de los musulmanes. El ritual de la oración es un patrón sumamente formalizado en idioma árabe. Un musulmán devoto ora cinco veces al día: al amanecer, a mediodía, a la tarde, al anochecer y a la noche. Tradicionalmente el líder de la oración de la comunidad sube al alminar de la mezquita y llama a la oración en los tiempos señalados. La persona puede hacer las oraciones en su casa, en la mezquita, o dondequiera que sea conveniente en ese momento. Las oraciones deben rezarse con el rostro hacia la santa ciudad de La Meca en Arabia Saudita. Si uno ora en la mezquita, hay un nicho (mihrab) en la pared para alinearse hacia La Meca. La persona declara cuatro veces que Alá es grande. Luego dice dos veces que no hay deidad salvo Alá y que Mahoma es el apóstol de Alá. Hay varias posturas durante el ritual. Hay genuflexiones, lectura dramatizada del Corán y momentos para escuchar las verdades de Alá.

Cuando las oraciones se hacen en la mezquita, los que oran se alinean detrás de un líder a quien se conoce como el imán. Los musulmanes también hacen oraciones informales en su idioma vernáculo, en sus hogares y en reuniones religiosas varias. De manera que la oración exige mucho tiempo y energía entre los musulmanes. Algunos creen que es mejor hacer las oraciones en la mezquita detrás del imán; de manera que lleva tiempo ir del trabajo a la mezquita. Cada persona debe purificarse antes de orar, de modo que debe haber agua disponible para que todos se laven las manos. Los rituales de la oración llevan entre quince y treinta minutos cada vez. De todos los rituales musulmanes, las oraciones son los más exigentes, y hay que hacerlas siete días a la semana. La oración es la conexión entre el musulmán obediente y Alá. El día santo musulmán es el viernes, y ese día a mediodía los musulmanes van a la mezquita no sólo a orar como comunidad sino además a escuchar el sermón del viernes a cargo del predicador musulmán.

El ayuno

El ayuno es otra práctica rigurosa. Se observa durante el mes de Ramadán, el noveno mes del calendario musulmán. Es el mes en que Mahoma recibió la revelación del Corán. Un musulmán fiel se abstiene de comida, bebida y placeres desde la salida hasta la puesta del sol todos los días de Ramadán. Los ancianos y las mujeres embarazadas pueden ser eximidos del ayuno. Ayunar se equipara a promover una vida disciplinada y un cuerpo sano. También es un tiempo en que los musulmanes dan a los pobres las comidas que no comen durante ese mes. Después de la puesta del sol y antes que amanezca, se sirven las comidas. A menudo cuando el mes de Ramadán cae en el verano, la disciplina del ayuno se vuelve difícil y hace que las personas se vuelvan irritables ya que un obrero puede estar bajo el sol abrasador todo el día sin agua ni comida. Al final del mes hay una gran celebración en el hogar y en la mezquita para marcar el fin del ayuno y la obediencia a Alá, que mandó dicha observancia en el Corán.

Peregrinación a La Meca

Una de las prácticas islámicas que resultan más notables para el mundo es la peregrinación (haj) anual a La Meca en Arabia Saudita. La Meca es el lugar de nacimiento de Mahoma. Además contiene la antigua piedra negra, la ka'ba, donde según los musulmanes Abraham fue tentado a sacrificar a su hijo Ismael. Y la gran mezquita de La Meca se construyó alrededor del precinto de la ka'ba. El Corán exige que los musulmanes fieles hagan una peregrinación a La Meca durante su vida. La persona puede ser eximida si no cuenta con los medios financieros para realizarlo y si la salud no se lo permite. Todos los años en la misma fecha varios millones de peregrinos descienden a La Meca para cumplir los rituales. Todos deben tener puestas vestiduras blancas para demostrar su igualdad ante Alá. Los rituales incluyen besar la piedra negra de la ka'ba, caminar a su alrededor, hacer oraciones ante ella, arrojar piedras al demonio cerca de Mina y hacer un viaje a la ciudad de Medina, lugar de sepultura de Mahoma. Al concluir se sacrifican ovejas y se da la carne a los necesitados. La peregrinación lleva unas dos semanas. Al regresar al hogar uno recibe el nombre de Hajji, se convierte en célebre y en parte de una élite religiosa. El sueño de los musulmanes fieles es realizar el haj a La Meca. Sin embargo, es costoso y agotador. El haj es símbolo de la unidad mundial del Islam ya que llega gente de todos los rincones de la tierra. Además es símbolo de la igualdad de todos ante Alá en cuanto a espiritualidad y práctica religiosa.

Ofrendas

Las ofrendas de dinero y los impuestos religiosos son una parte de gran peso en la práctica musulmana. El Corán indica que cierto porcentaje del

salario, de las propiedades, de los animales, de los cultivos y de otras posesiones debe ofrendarse a Alá como alabanza y obediencia. El Ulama inter-
preta y determina esta obligación financiera (zadat). A menudo la gente da
dinero al Ulama. Este dinero se utiliza para pagar salarios a los clérigos musulmanes, para edificar y mantener mezquitas, seminarios y escuelas, para
proporcionar becas a los estudiantes, para mantener santuarios, para pro-
ducir literatura y para sostener a misioneros musulmanes. En el Islam las
donaciones y los legados son muy comunes. Con frecuencia musulmanes
piadosos y adinerados dejan grandes lotes de tierra o empresas para beneficio de la comunidad islámica. Estas donaciones pueden ser miles de hec-
táreas o incluso aldeas enteras. Consecuentemente, en el Ulama tiene que
haber hombres de negocios muy sagaces que sepan cómo administrar estas inversiones. Cuando uno visita un mercado (bazaar) en un pueblo musulmán, la mezquita tal vez sea dueña de los negocios en los alrededores, los
que pueden haber sido donados por musulmanes piadosos de generaciones pasadas. De modo que las finanzas y las donaciones musulmanas son
un sistema complejo y enrevesado de práctica religiosa.

Guerra santa

Yihad tiene varios significados. El deber de cada musulmán y de la comunidad islámica es esforzarse para lograr resultados positivos. Por lo
tanto, cada musulmán es un misionero de su religión. En pocas palabras, yihad significa esfuerzos santos para Alá. En los comienzos Mahoma declaró yihad o guerra santa contra los paganos y los infieles. Los
líderes musulmanes a través de la historia han declarado guerra santa
contra sus adversarios. Para que haya guerra santa, hay ciertos requisi-
tos. Sólo un importante líder musulmán como un califa o un ayatolá
puede declarar una guerra santa apropiada y legal, y una guerra santa
sólo se justifica en defensa de la comunidad islámica. Se da por sentado
que los musulmanes no deben considerar guerra santa en países donde
hay libertad religiosa. Pero el concepto de yihad va mucho más allá que
la guerra. Significa ser un misionero. El Islam ha sido una religión misionera desde sus principios. Salió de la península Arábiga y llegó a África
y Asia mayormente por los esfuerzos misioneros de sus mercaderes y
clérigos, que viajaban a otras tierras para testificar de Alá y para construir mezquitas.

Grupos musulmanes

La fe y la práctica de los musulmanes es sumamente específica y
orientada hacia la comunidad. Aunque el Islam se presenta como una
religión de unidad y uniformidad, hay divisiones e identidades grupales
variadas. Hay tres ramas del Islam que son evidentes: los sunitas, los
chiítas y los sufi.

Los *sunitas* son los tradicionalistas. Adhieren a las principales creencias y prácticas que se han descrito. Sin embargo, sus líderes más relevantes han sido los califas, que gobernaron sobre los vastos imperios islámicos desde su oficio del califato. La gran mayoría de los musulmanes son sunitas. Arabia Saudita es una nación sunita.

En Irán y en Irak predominan los *chiítas*. Estos también siguen los fundamentos de la fe y las prácticas; sin embargo, los chiítas tienen líderes clave llamados imanes o ayatolás, cuyo oficio es el imanato. Los chiítas tienen rituales particulares y relicarios dedicados a miembros de la familia del profeta Mahoma, como Alí, Fátima, Hasán y Husain. Los santuarios están dedicados a estos individuos, que en realidad se han convertido en santos en el ritual y la teología chiíta. De manera que los chiítas incluyen las mismas creencias y prácticas que los sunitas, pero tienen doctrinas y rituales paralelos que hacen énfasis en la familia del profeta, devoción a santos, y entienden que la comunidad se basa en el liderazgo del imán. Los chiítas ofrecen al Islam la pequeña tradición.

Los *sufi* son los místicos y los ascetas dentro del Islam. Tienen su propias hermandades con jeques como líderes. Hacen énfasis en la experiencia más que en los ritos, en sentimientos más que pensamiento, y en la presencia de Dios en el corazón más que en la ley de Dios que se ha dado a distancia. Los sufi están preparados para hablar más del amor de Dios que de la ley de Dios. Para ellos Dios no reside más allá de la tierra sino que viene al corazón del creyente. Los sufi recitan el Corán y recitan poesía. Tocan instrumentos musicales. Han tomado los enfoques más legales y rígidos del Islam para convertirlos en una experiencia cálida y emocional. A través de la expansión del Islam los sufi estuvieron a la vanguardia del movimiento misionero.

El Islam proyecta un completo estilo de vida para sus seguidores. Alá es quien rige, guía y juzga. El Corán contiene los elementos esenciales para una vida religiosa, social, económica y política tanto para el individuo como para la comunidad. Los líderes de las sociedades musulmanas deben gobernar en el nombre de Alá y de acuerdo a los principios del Corán. La familia musulmana debe educarse en el hogar y en la mezquita en lo que se refiere a creencias y prácticas. El musulmán debe ser un testigo de la grandeza y la compasión de Alá. De las religiones más importantes, tal vez el Islam sea la que más ha restringido a sus seguidores las opciones en cuanto a creencias y doctrinas. Hay un énfasis preponderante en unidad y unicidad. Diariamente se expresa la misma confesión numerosas veces. Cientos de millones rezan sus oraciones aproximadamente al mismo tiempo todos los días y usando las mismas frases. Anualmente, durante los mismos dos meses, los musulmanes hacen ayuno y realizan la peregrinación a La Meca. Podría decirse que los musulmanes son una gran familia religiosa que adora junta, ora junta y peregrina junta.

La mezquita: Oración, sermón, peregrinación

Cuando el profeta Mahoma huyó de La Meca a Medina, una de las primeras órdenes que recibió fue construir una mezquita. Allí él guió a la gente en oración, predicó sermones, enseñó el Corán, y ofreció consejos al pueblo. Tiempo después, cuando conquistó La Meca y la hizo el lugar de peregrinación para los musulmanes, se construyó otra mezquita en los alrededores de la Ka'ba. Adondequiera que el Islam se expandió durante unos mil cuatrocientos años de existencia, se edificó una mezquita. Mezquita (masjid) significa lugar de postración. Los musulmanes oran cinco veces al día, y la mezquita es el edificio en que se inclinan para alabar a Alá.

El edificio

La arquitectura de las mezquitas puede variar, según las características de la cultura. Sin embargo, hay características estándar. Hay seis palabras que comienzan con la letra **m** que uno puede asociar con esas características. Primero, la palabra mezquita. Segundo, el nombre de Mahoma, a quien se alaba al decir cada rezo, tanto como el nombre de Alá. Tercero, está el minarete o alminar, la columna delgada y en espiral que asciende desde la mezquita en dirección al cielo. (En el interior de la mezquita hay una escalera donde el almuédano, el líder musulmán, asciende hasta llegar al extremo superior, y allí llama a la gente a la oración diaria en el horario indicado.) Cuarto, el mihrab es una muesca en la pared de la mezquita, que dirige la posición que deben adoptar los musulmanes al orar hacia La Meca. Quinto, el mimbar es el púlpito elevado al cual asciende el líder musulmán para predicar del santo Corán a la gente reunida. Sexto, el mullah, el líder de la mezquita, que es el erudito islámico. Él ha recibido entrenamiento en adoración guiando oraciones y predicando sermones y dando consejos generales a los musulmanes en asuntos domésticos y de familia.

La mezquita puede ser una simple estructura de un ambiente, o puede incluir un gran salón para oración, con recovecos, oficinas, una biblioteca, una escuela de teología y una residencia para estudiantes. Cuando la mezquita es grande tiene un patio y un estanque. Si resulta posible, cada mezquita tiene suministro de agua pues los musulmanes deben lavarse ceremonialmente partes del cuerpo antes de entrar a la mezquita propiamente dicha para hacer sus oraciones. En lugar de agua se puede usar arena. Tal vez haya un estante para calzado a la entrada, ya que los musulmanes deben estar descalzos al entrar al santo precinto para orar. Puede haber copias del Corán distribuidas en el piso o en estantes para uso de la gente. Dentro de la mezquita no hay asientos; los fieles se sientan en alfombras en el suelo. Hay poca ornamentación pues Mahoma prohibió las imágenes. La decoración principal son las inscripciones del Corán en las paredes, el mimbar y los pilares.

Las actividades

Las actividades en torno a la mezquita varían de acuerdo a la ubicación y la categoría de estas en la comunidad. En el campo, tal vez una familia haya construido una mezquita en honor del profeta Mahoma o de alguna otra figura famosa del Islam. Tal vez no haya ningún líder en especial ni ningún mullah, y quizás las reuniones no sean frecuentes. En un pueblo, la mezquita puede contar con un mullah residente que dirige las oraciones diarias y da pequeños sermones diarios y el sermón principal el viernes a mediodía. Una mezquita en la ciudad puede contar con varios mullahs residentes para dirigir las oraciones, predicar sermones y enseñar a los estudiantes.

El viernes es el día santo para el Islam. Los musulmanes rezan oraciones todos los días, y lo recomendable es que recen en la mezquita. Sin embargo, el día viernes es el día comunitario en la mezquita. A mediodía las familias se reúnen allí. Todos se lavan las manos, los codos y los rostros como rito de purificación al reunirse en el patio en torno al estanque lleno de agua. Los hombres entran en la mezquita y se sientan en hileras sobre el piso, que puede estar alfombrado, de cara al mimbar. Las mujeres y los niños se sientan en la parte posterior, en la entrada, o en la parte superior si la hubiera. El mullah hace el llamado a la oración desde el alminar, y luego se para ante la asamblea, de espaldas a ellos, de cara al mimbar, y los dirige en las oraciones y las reverencias. A mediodía el mullah sube al mimbar, se sienta de cara a la asamblea desde esta posición elevada, y predica el sermón del día viernes. Es tradición que el mullah predique un sermón basado en alguna enseñanza del Corán y que transmita saludos del rey o del gobernante supremo de la tierra. La predicación se realiza de forma estilizada y sin notas. Si su lengua madre no es el árabe, entremezclará dichos árabes del Corán.

Cuando termina el sermón, los fieles pueden beber té o café, y caminar por la mezquita y el patio, saludándose y conversando. Además, las reuniones en la mezquita también cumplen objetivos sociales y cívicos. La vida social tiene lugar allí no sólo los viernes sino en forma cotidiana. Las mujeres se reúnen en el patio para escuchar chismes. Los niños juegan en el estanque. En el patio los hombres forman grupitos selectos y realizan negocios. Las familias pueden realizar contratos matrimoniales para sus hijos. A veces puede haber murmuraciones en contra del alcalde del pueblo o incluso el rey de la tierra. Constantemente se busca el consejo del mullah para asuntos legales, de negocios, de familia, de interpretaciones coránicas y de política. De modo que la mezquita es el centro de la comunidad musulmana para la vida diaria.

La mezquita como símbolo de devoción y disciplina religiosa se extiende al hogar y a la vida laboral. Los musulmanes invitan al mullah a sus hogares para que presida sesiones coránicas, y la familia y sus invitados lo instan a un debate. Por lo general este tipo de reunión es para varones. Las mujeres tienen su propia reunión en torno a una simple comida con oraciones e interpretaciones coránicas dirigidas por una mujer mullah. De acuerdo al calendario islámico, hay varios encuentros tanto en los hogares como en la mezquita en celebración y conmemoración del nacimiento del profeta Mahoma, del Ramadán y del haj, o de los rituales chiítas asociados con Husain (Muharram). Durante la época de Muharram y durante dos semanas puede haber cultos vespertinos en la mezquita, oportunidad en que un mullah famoso predica y narra la trágica historia de Husain. Las familias pueden invitar a sus hogares a mullahs de renombre para que relaten la historia de Husain. Estas ocasiones merecen arrebatos de llanto tanto en los cultos hogareños como en la mezquita. Durante Muharram los mercados, que por lo general son barrios mayormente musulmanes en tierras predominantemente musulmanas, financian ceremonias y desfiles donde la gente va por el mercado y las calles recitando la historia de Husain y golpeándose el pecho.

Las escuelas teológicas anexadas a los complejos de la mezquita entrenan al liderazgo musulmán para las variadas responsabilidades y las funciones de prácticas islámicas asociadas con la mezquita. Los eruditos islámicos escriben y publican panfletos y libros no sólo para edificar a los musulmanes sino también para propagar la fe. Uno puede hallar dichos escritos en el recinto de la mezquita y sus alrededores. La mezquita es una institución con profundos vínculos con la comunidad y el mundo que la rodea. La mezquita por un lado afirma la fe de los musulmanes, y por otro lado los ayuda a practicarla. Además envía al musulmán de regreso a su vida diaria para que lleve a la realidad el Islam.

Identidad religiosa y familia, derechos y territorios, tradición y cambio

Desde que Napoleón llegó a Oriente al final del siglo XVIII, el centro mismo del Islam en Oriente Medio se ha tenido que batir con intrusiones occidentales. El nacimiento del estado de Israel y las guerras que siguieron con los estados musulmanes han enfocado la atención en la identidad y el estatus religioso, y en los derechos territoriales. El Islam había gobernado la región bajo los califas otomanos a través de instituciones y leyes islámicas durante aproximadamente 400 años. Kemal Ataturk inició una política de secularización en Turquía, el centro del Imperio Otomano, después de la Primera Guerra Mundial. Las instituciones y las leyes islámicas se dejaron de lado a cambio de formas occidentales. Las mezquitas, los clérigos y los seminarios musulmanes se restringieron y a menudo eliminaron. El sha Reza de Irán inició medidas de secularización similares en la década de 1930, siguiendo el ejemplo de Turquía. El

Islam comenzó a enfrentarse a los mismos retos y desafíos, no sólo por todo el Medio Oriente y el norte de África, sino también en países predominantemente musulmanes como Indonesia.

Ley islámica

Desde su inicio en el siglo VII d.C. el Islam vio sus comienzos en una comunidad basada en un gobierno teocrático. Como hombre de estado, el profeta Mahoma gobernó sobre la comunidad musulmana de acuerdo a la ley de Alá, como se le había revelado a él en el Corán. Según la perspectiva islámica, el gobierno debe estar de acuerdo con y ser guiado por la Sharia, la ley de Alá. En el siglo XX el nacimiento de la moderna nación-estado entre poblaciones con predominancia musulmana ha traído consigo conflicto entre líderes modernos y clérigos musulmanes tradicionales. Donde Kemal Ataturk en líneas generales tuvo éxito en el proceso de secularización, el sha Reza y su hijo, el sha Mohammed Reza Pahlevi de Irán, fracasaron; el ayatolá Khomeini hizo que el hijo cayera y comenzó el proceso de restauración de los valores y las instituciones islámicas en la sociedad iraní. Cuando el Presidente Sadat de Egipto viajó a Jerusalén y comenzó a transigir ante Israel, los reaccionarios musulmanes manifestaron su desacuerdo, y esto finalmente llevó al asesinato de Sadat. Siria ha librado batallas en su propio país contra fuerzas reaccionarias musulmanas. De manera que el Islam lucha con los ideales y las realidades de la religión y la política, no sólo con otras naciones sino además dentro de su propio cuerpo político.

Hay otras áreas problemáticas para el Islam además de teocracia y política. Una cuestión fundamental es el lugar de la revelación y la razón. Esto enfoca la atención en la interpretación del Corán y las escuelas de leyes. ¿Acaso cesaron las revelaciones con el Corán? ¿Qué parte juega la erudición moderna en la interpretación del Corán? ¿Cómo se resuelven las diferencias entre las escuelas de leyes o entre los qadis (jueces) o entre los ayatolás en la interpretación del Corán y la Sharia (ley islámica) y las tradiciones?

Debe tenerse en cuenta que el Islam tradicional considera que el árabe es el idioma teológico y el idioma sagrado de Alá. Tanto el idioma como la hermenéutica se han tornado problemáticos. Tradicionalmente, los eruditos islámicos o los clérigos (Ulama) han declarado tener autoridad para interpretar el Corán y la ley a la nación o la comunidad. Por medio de instrucción en la mezquita y los tribunales islámicos, el Ulama implementó doctrinas, valores e instituciones islámicas. Sin embargo, gradualmente los gobernantes modernos han colocado la educación bajo supervisión del gobierno y de tribunales bajo juristas entrenados con influencia de leyes y práctica occidental. La consecuencia ha sido una lucha entre tradicionalistas religiosos y secularizantes modernos.

A medida que surgen estados modernos entre poblaciones islámicas, aparecen otro tipo de tensiones. El Islam tradicional ha tenido influencia y control sobre todos los asuntos de la comunidad, incluyendo cuestiones familiares, relaciones comerciales y derecho penal. El Islam ha prohibido cobrar intereses sobre préstamos y pagos. Como los intereses son un modo de vida en la actividad bancaria, este tema ha creado conflicto. Se dice que durante la revolución en Irán se incendiaron más de 400 bancos y sus sucursales, un símbolo de protesta contra las políticas modernizantes del Sha.

La familia

La familia musulmana ha confrontado las tensiones del cambio. La ley islámica tradicional ha regido el matrimonio y el divorcio, la herencia y muchos deberes religiosos. Bajo la ley islámica un marido generalmente se puede divorciar de su esposa aseverando el hecho en presencia de testigos. La ley moderna en ciertos países islámicos garantiza a la mujer los derechos a un procedimiento legal en un tribunal de justicia. El divorcio, entonces, se convierte en asunto de igual importancia para ambas partes. Las relaciones extramatrimoniales, especialmente para la mujer, han estado sujetas a castigos administrados por los miembros de la familia o de la comunidad. Bajo la ley moderna se presentan los casos ante los tribunales y ambas partes deben estar representadas. Además en cuestiones de herencias familiares, que tradicionalmente caían bajo control musulmán, cada vez más ahora quedan bajo modernos sistemas judiciales de gobierno.

En la última mitad del siglo XX las influencias sobre la familia musulmana progresivamente han ido del control gubernamental a las oportunidades educacionales y sociales de los niños y los estudiantes. Los cambios en la forma de vestir, la filosofía educacional, las oportunidades para obtener más educación, cantidades de oportunidades sociales, entrenamiento vocacional en una sociedad tecnológica y una serie de opciones nunca ofrecidas anteriormente, le han dado nuevas opciones a las nuevas generaciones. Estos cambios han producido tensiones entre lo viejo y lo nuevo, entre padres e hijos, y entre religión tradicional y sociedad moderna. Las embajadas y sus centros culturales; cines con las últimas películas americanas, japonesas y europeas; multitudes de trabajadores internacionales y sus familias han compartido con familias musulmanas, y esta se ha encontrado con una serie de condiciones distintas para la interacción. Los países musulmanes han enviado decenas de miles de jóvenes de ambos sexos a naciones occidentales y orientales para obtener más educación. Ellos, a su vez, han regresado con nuevas ideas y valores y modelos sociales que quieren probar con los tradicionales.

Justicia penal

El Islam tiene leyes definidas para las cuestiones criminales y además maneras definidas para administrarlas. Como sucede con otras formas de vida doméstica, el papel de la religión en estas cuestiones fue suplantado por fuerzas seculares e interpretaciones seculares de la ley. De modo que continúa el conflicto entre aquellos que tienen entrenamiento en teología islámica tradicional, filosofía y leyes, y aquellos que han recibido entrenamiento en escuelas judiciales y legales no islámicas. Las tendencias modernizantes alentadas por el liderazgo en la multifacética vida de la nación, especialmente en la educación y en lo social, instigan el conflicto. La familia musulmana, que a menudo se ve en transiciones, pasa por luchas y tensiones en la búsqueda de su identidad, tanto religiosa como social.

Islam y el secularismo

A medida que el Islam pasa por la experiencia de una renovada lucha por su identidad en medio del cambio, hay otra cuestión. La relación del Islam con otros vecinos religiosos. Es la cuestión del pluralismo religioso y de la libertad religiosa. En la mayoría de los países del Medio Oriente, el Islam es la religión predominante. En otros países como India y Francia, es una religión minoritaria, aunque cuenta con importantes números. En Indonesia es la religión mayoritaria en un estado secular que trata de ser equitativo con todas las comunidades religiosas. Históricamente, el Islam ha garantizado los derechos y los privilegios religiosos de judíos y cristianos, especialmente como pueblos de la tradición de la escritura. En las naciones-estados donde el Islam predomina, hay declaraciones constitucionales para proteger a las comunidades religiosas y otorgarles libertad religiosa. A medida que el Islam se enfrenta con el conflicto y los dilemas de moldear sociedades en la era moderna, cada vez más encontrará pluralismo religioso y la cuestión de libertad religiosa. Como el Islam y el cristianismo son las dos religiones misioneras de más importancia, y las que cuentan con más personas, la cuestión se hace crítica entre ambas.

El judaísmo, el cristianismo y el Islam se dan cuenta de que en esta época son interdependientes desde muchos ángulos. En juego están identidad, estatus y poder como comunidades religiosas. En cierto modo se trata de tierra y territorio. De cierto modo es prestigio y poder. De alguna manera es un intento de interrelacionarse con la revelación, la verdad y la comunidad viviente de que cada uno es parte. Estas relaciones se experimentan no sólo en el campo de movimientos políticos y de poder sino además en la vida de familias judías, cristianas y musulmanas.

Relaciones de dos religiones gigantes:
El cristianismo y el Islam

Introducción

Durante más de 1400 años la historia de las relaciones entre el cristianismo y el Islam ha sido todo un desafío, y a menudo competitiva y conflictiva. Ambas religiones han demostrado una postura sumamente móvil y misionera en el mundo, y ambas religiones están presentes de modo global. El cristianismo cuenta con unos 2000 millones de seguidores, mientras que el Islam con 1300 millones.

Cada religión envía a sus misioneros por todo el mundo para procurar conversiones e influencia. Cada una imprime, respectivamente, Biblias y Coranes en multiplicidad de idiomas. Cada una, también respectivamente, edifica iglesias y mezquitas y escuelas en distintas culturas.

En el siglo XX el cristianismo fue testigo de la secularización de gran parte de su basamento en Europa, y al mismo tiempo se convirtió en religión global a través de sus empresas misioneras. Durante ese mismo siglo el Islam fue testigo de que la secularización desmoronara sus cimientos en el Imperio Otomano y en Irán. Esto estuvo a cargo de líderes proclives a lo secular, especialmente en Turquía y en Irán. Además en el Islam se observó un avivamiento y un resurgir después de la Segunda Guerra Mundial, hasta convertirse en una religión global más reconocida.

De modo que durante gran parte de su historia, estas dos religiones gigantes...

... a veces se han ignorado mutuamente

... por lo general han desconfiado una de la otra

... a menudo han tenido diatribas recíprocas

... a veces las hostilidades han sido abiertas y han luchado militarmente

... ocasionalmente han fomentado comprensión y mejores relaciones mutuas.

¿Por qué estas dos grandes religiones mundiales se consideran rivales y enemigas mutuas? Ambas profesan monoteísmo, fe en un solo Dios. Son religiones que afirman la revelación, los profetas y la santa escritura. Ambas ofrecen a sus seguidores experiencias devocionales, educacionales y comunitarias. Para los de afuera parecen ser similares en muchos aspectos.

Sin embargo, el cristianismo y el Islam difieren en puntos básicos. Todo aquello que el Islam niega acerca del cristianismo, es justamente lo que el cristianismo considera no negociable. El Islam cree que los judíos y los cristianos corrompieron la Biblia. Además niega la divinidad de Jesucristo, la crucifixión como un hecho histórico, su muerte por la redención del pecado de la humanidad, y su resurrección de la tumba. Por otra parte, el cristianismo no acepta el Corán como la palabra de Dios, ni a Mahoma como un profeta y el profeta final de Dios.

A través de los siglos los musulmanes han acusado a los cristianos de ser politeístas por creer en más de un solo Dios. Los cristianos han condenado a Mahoma como anticristo. Los musulmanes han arremetido contra cristianos occidentales diciendo que son imperialistas por enviar a sus misioneros para convertir a los musulmanes a una religión corrupta. Los cristianos han condenado a los musulmanes porque estos consideran que los musulmanes convertidos al cristianismo son apóstatas y dignos de muerte o excomunión de la familia y de la comunidad.

Es así que a través de su historia los dos gigantes han tenido choques más de lo que han deliberado. Entre ellos hubo guerras y rumores de guerra. Las cruzadas medievales siguen presentes. Especialmente en la última mitad del siglo XX y en el comienzo del siglo XXI, cristianos y musulmanes han tenido hostilidades en Líbano, Indonesia, Filipinas, Sudán, Bosnia, Nigeria, y entre Armenia y Azerbaiyán. Recientemente, la declaración de yihad contra cristianos y los ataques terroristas contra cristianos no presagian nada bueno con las declaraciones de Osama bin Laden.

Ahora enfocaremos la atención en un panorama general de las relaciones cristiano-musulmanas desde la época de Mahoma hasta el presente. Son cinco los temas que consideraremos en forma breve:

➤ La época de Mahoma y los cristianos

➤ Relaciones cristiano-musulmanas en el comienzo

➤ El espíritu de las cruzadas: guerras de palabras y de hechos

➤ Los últimos 400 años: altibajos

➤ Hacia el futuro

La época de Mahoma y los cristianos

Mahoma vivió un propósito y un plan principal una vez que tuvo las visiones y la sólida e irrefutable palabra de Dios en el Corán. El plan era establecer el Islam como religión de estado en su tierra, y propagarlo a otras tierras. En Arabia había pocos cristianos, y había unas pocas tribus judías. Los judíos se negaron a convertirse y a acceder a su plan. Él entonces dio muerte a algunos y tomó a las viudas judías como esposas para sus guerreros. Algunas tribus judías se vieron obligadas a pagar impuestos para los planes de Mahoma, obedecieron la ley islámica y se convirtieron en una minoría aceptada y restringida en la tierra.

El mismo Mahoma sabía muy poco sobre las enseñanzas de los cristianos a quienes la Iglesia de Roma había declarado herejes. Es posible que haya escuchado algo sobre el cristianismo en esa parte del mundo de labios de Waraqa ibn-Nawfal, primo de su esposa, un cristiano con cierto conocimiento de las escrituras cristianas. Además Mahoma hizo que las caravanas de comercio de su esposa llegaran hasta Damasco y tuvieran contacto tanto con judíos como con cristianos. Sabía lo suficiente sobre cristianos y judíos como para darles el nombre de "Pueblos del Libro". Esto significaba que ellos habían recibido revelaciones perfectas a través de Moisés en la Torá y a través de Jesús en el Evangelio.

Sin embargo, para Mahoma estos libros se habían corrompido en la traducción y la transmisión a través del tiempo después de Moisés y de Jesús. Es por ello que necesitaban la perfecta revelación del Corán. Mientras tanto, si judíos y cristianos no se convertían al Islam, debían someterse al gobierno islámico mientras practicaban su religión, con restricciones y viviendo en condición de minoría.

Pasajes iniciales del Corán hablan favorablemente tanto de judíos como de cristianos (2:62). Al tiempo que Mahoma estableció el estado islámico, y judíos y cristianos siguieron negándose a convertirse en musulmanes, tuvieron que aceptar las consecuencias. Aunque el Corán (2:256) declara que la religión no debe ser obligatoria, también afirma que todo el que desea una religión que no sea el Islam nunca será aceptado y "de allí en más estará entre aquellos que han perdido." (3:85). El Corán indicó muchas cosas en cuanto a las creencias cristianas, y habló con gran estima de la virgen María y del nacimiento de Jesús. También declaró que Jesús era tan sólo un mensajero y que los cristianos están blasfemando cuando dicen que Cristo es Dios el Hijo. Además negó la crucifixión de Jesús.

Relaciones cristiano-musulmanas en el comienzo

Después de la muerte de Mahoma en el 632 d.C., las fuerzas musulmanas marcharon por el Medio Oriente, el norte de África y España, haciendo del Islam el poder reinante tanto en religión como en política. Se libraron batallas con tribus y pueblos, incluyendo judíos y cristianos. Algunos se convirtieron. Otros se resistieron. Muchos fueron forzados a sujetarse al Islam por el simple hecho de vivir bajo su autoridad. A los cien años de la muerte de Mahoma, el Islam había avanzado hacia el este, a través de Irán e India a los límites de China.

En líneas generales, y por ser "Pueblos del Libro", a judíos y cristianos se les permitió vivir como minoría, obedeciendo las leyes de la tierra; teniendo libertad de religión dentro de ciertas restricciones, como no hacer proselitismo con musulmanes y no agrandar las propiedades de la iglesia; pagando un impuesto comunitario y ofreciendo lealtad a los gobernantes. Se los conocía como dhimmis o minoría protegida.

La época medieval vio cómo el Islam creció de manera asombrosa en organización política, ciencia médica, arquitectura, literatura y jurisprudencia. La civilización islámica prosperaba. Algunos eruditos caracterizaron al cristianismo de este tiempo llamándolo oscurantismo.

Había instancias de polémica y apologética entre cristianos y musulmanes. Mansur Ibn Sarjun, un cristiano y ex director del gobierno bizantino, sirvió al califa musulmán. Su nieto John, cuando niño solía jugar con Yazid, el hijo del califa. Con el tiempo John se convirtió en obispo de Damasco, y escribió el "Diálogo entre un sarraceno y un cristiano", una apología para el cristianismo del siglo VIII. Su objetivo era equipar a los cristianos para que entendieran a los musulmanes, a quienes consideraba herejes, y para preparar a los cristianos a confrontar a los musulmanes en apologética.

El califa Mahdi en el 781 tuvo conversaciones con Timoteo, el jefe de la iglesia nestoriana en Irak. Le preguntó por qué los cristianos adoran con el rostro hacia el este, por qué hacen culto a la cruz, y por qué no se circuncidaban. Acusó a los cristianos de creer que Dios se había casado con una mujer y había tenido un hijo. Preguntó cómo era posible que Jesús muriera si Jesús es Dios. Eran muy buenas preguntas. Surgieron de lo que los musulmanes pensaban del cristianismo en esa época.

El espíritu de las cruzadas: guerras de palabras y de hechos

En la Edad Media los encuentros cristianos con los musulmanes fueron multifacéticos. Hubo guerras. Hubo muchas cruzadas y muchos murieron. Hubo polémicas y apologética tanto por cristianos como por musulmanes. E incluso los cristianos intentaron convertir a musulmanes.

Los años de las cruzadas (1095-1298) tuvieron lugar por varios motivos: rivalidad comercial entre Génova y Venecia, rivalidad entre las naciones nacientes de Europa, los deseos papales de reunir a la cristiandad bajo su liderazgo, y un resentimiento cada vez mayor para con los musulmanes porque controlaban Jerusalén y la Tierra Santa.

Escritores musulmanes posteriores consideraron que las cruzadas fueron yihad cristianas contra pueblos y tierras musulmanas. Algunos las consideraron como el comienzo del colonialismo europeo. A través de los siglos los musulmanes han usado las cruzadas como ilustraciones de lo peor que hay en el cristianismo.

Teólogos ortodoxo-orientales del siglo VIII al XIII fustigaron el Islam calificándolo de herejía. A Mahoma ase lo llamó falso profeta y anticristo. El poeta Dante en El Infierno describió a un Mahoma mutilado consumiéndose en las profundidades del infierno. Tomás de Aquino en su Summa contra gentiles influyó hasta el siglo XIX en la percepción que tuvo el cristianismo del Islam. Dichas percepciones incluían:

- El Islam es una perversión falsa y deliberada de la verdad
- El Islam es una religión que propaga violencia y espada
- El Islam es una religión de excesos
- Mahoma es el anticristo

Pedro el Venerable fue el abad del monasterio de Cluny desde 1122 hasta 1156. Él creía que las cruzadas habían omitido el principal objetivo de convertir a los musulmanes. De manera que se dio a la tarea de informar a los cristianos europeos un relato exacto del Islam y de criticar los errores de este. En cuanto a los musulmanes, él escribió: "Yo te ataco no como algunos lo hacen, con armas, sino con palabras; no con fuerza sino con la razón, no con odio sino en amor... . Yo amo; amando es que te escribo; y escribiendo, te invito a la salvación." Y fue bajo su influencia que el Corán se tradujo al latín. Bernardo de Clairvaux, que había atacado al Islam como herejía, lo criticó por su obra.

Francisco de Asís (1181-1226) dijo que a los musulmanes había que demostrarles amor, y no el espíritu de las cruzadas. Él empezó a estudiar el Islam. Viajó a Egipto y tuvo la oportunidad de predicarle al sultán musulmán. Su interés y su amor hacia los musulmanes en el contexto de testificarles tuvo influencia en futuras misiones cristianas.

Ramón Lull (1232-1316) es una figura fundamental en la relación del cristianismo con la religión del Islam y con los pueblos musulmanes. Nació cerca de la costa de España, y se dedicó a las misiones entre los sarracenos (musulmanes) a quienes se consideraba los enemigos más odiados y más temidos de los cristianos. Escribió: "Veo que muchos caballeros van a la Tierra Santa más allá de los mares, creyendo que la pueden tomar por la fuerza y con las armas, pero finalmente todos terminan destruidos antes de lograr lo que creen tener. Me parece que la conquista de la Tierra Santa ... debiera intentarse ... con amor y oraciones, y derramando lágrimas y sangre."

La estrategia de Lull para entender a los musulmanes y llegar a ellos fue persuadir por medio de la apologética, la educación y el evangelismo. Estudió árabe por nueve años, escribió libros, estableció monasterios como lugar de entrenamiento para estudio del árabe y del Islam.

Lull fue misionero a los musulmanes, y viajó a Argelia y a Túnez predicando a musulmanes y haciendo reuniones. Varias veces fue perseguido y desterrado. En 1315, a los 80 años, fue martirizado en Argelia luego de predicar y debatir con musulmanes, quienes lo apedrearon hasta matarlo.

Ramón Lull combinó un espíritu de amor hacia los musulmanes y un fuerte ataque hacia las creencias islámicas. Quizás su fanatismo y el de ellos hayan hecho eclosión hasta terminar con su vida. Su énfasis sobre la educación, los idiomas y el evangelismo ha sido un modelo para otras generaciones de cristianos en su relación con el Islam y los musulmanes.

Los últimos 400 años: una relación con altibajos

Aproximadamente cuando empezó el Imperio Otomano, Martín Lutero lanzó la Reforma Protestante en 1517. Sus escritos apenas incluyeron el Islam, pero lo que escribió fue cáustico y hostil. Caracterizó al Corán como un libro vergonzoso y vil. Describió a los turcos musulmanes como demonios que seguían a su dios demoníaco. Dijo que Mahoma era el destructor de Jesucristo y de su reino.

Aunque en los últimos 400 años el cristianismo básicamente ignoró al Islam o tuvo disputas a distancia, hubo intentos de entender su trasfondo, sus creencias y sus prácticas, y de que iglesias enviaran misioneros a pueblos musulmanes.

Para el 1700 el Imperio Musulmán Otomano estaba en declive. El colonialismo europeo hizo impacto en territorios musulmanes a lo largo del norte de África y en el centro del Medio Oriente. Llegaron misioneros de Europa y tiempo después desde América juntamente con intereses políticos y comerciales de esas naciones. El Islam sintió una gran intrusión cuando se firmó la Declaración de Balfour en 1917, donde Gran Bretaña garantizaba a los judíos una nación, una patria en Palestina. La nación de Israel se formó en 1948, y pronto los musulmanes perdieron su autoridad sobre la mezquita al-Aksa. Cuando misioneros cristianos entraban en territorios musulmanes juntamente con diplomáticos y gente de negocios, los musulmanes los consideraban colonialistas.

En el siglo XIX las misiones cristianas prestaron una atención especial a los pueblos musulmanes. Henry Martin (1781-1812) ingresó a India en 1806 como capellán auspiciado por la East Indian Company. Guillermo Carey lo animó a dedicarse a la traducción, y tradujo el Nuevo Testamento al indostaní, persa y arábigo. En 1810 viajó a Persia para revisar la traducción persa y la arábiga. Así se convirtió en uno de los grandes traductores en la región central de Asia.

A medida que se acercaba el siglo XX, los musulmanes eran conscientes de cuál era la percepción de los cristianos para con ellos. La Sociedad de Tratados Religiosos de Londres en 1887 publicó un panfleto titulado "El nacimiento y la caída del Islam". Describía la falsedad de sus enseñanzas, la difusión con violencia y con espada, las indulgencias sexuales y el carácter indecoroso de Mahoma.

Se organizaron debates entre cristianos y musulmanes. Carl Pfander, un misionero alemán, escribió Balance of Truth donde declaró la superioridad del cristianismo sobre el Islam. El erudito musulmán Rahmat Kairanawi en su libro *Revelación de la verdad* intentó refutar las declaraciones de Pfander, y enfatizó cómo el Corán superaba a la Biblia y las falsas enseñanzas de la Trinidad.

Los misioneros empezaron a tomar más en serio al Islam. Aprendieron los idiomas de los pueblos musulmanes y tradujeron las escrituras cristianas. Los orientalistas comenzaron a aplicar métodos histórico-críticos al estudio del Corán y de las tradiciones islámicas. Los musulmanes consideraron que estos estudios eran ataques al Islam. El erudito musulmán Ameer Ali escribió "El espíritu del Islam" para contrarrestar a los orientalistas.

A comienzos del siglo XX Samuel Zwemer, llamado el apóstol al Islam, centró su atención en misiones a los musulmanes. Fue misionero en Arabia, Bahréin y Egipto. En 1912 se trasladó a El Cairo, donde se contactó con la famosa universidad islámica al-Azhar. Habló a multitudes que a veces sobrepasaban los 2000 musulmanes. Con una posición teológica conservadora predicó a Cristo mostrando sumo respeto por los musulmanes. En 1929 se unió al Seminario Teológico de Princeton. Actuó como editor de la publicación "El mundo musulmán" y escribió más de 50 libros. Su legado continuó en el Instituto Samuel Zwemer de Estudios Musulmanes. Zwemer ha sido una inspiración tanto para cristianos como musulmanes para mutuamente procurar conocer la religión del otro y para expresar de modo recíproco hasta lo más profundo de la fe de cada uno.

Kenneth Cragg, un obispo anglicano y misionero en el Medio Oriente, escribió un libro de gran influencia, *El llamado del alminar*. Lo han leído tanto cristianos como musulmanes. Kamel Hussein, un musulmán egipcio, escribió la novela "La ciudad del mal", que trataba en los eventos de Jerusalén antes y después de la crucifixión de Cristo. Mahmoud Ayoub, un musulmán chiíta libanés, escribió "Sufrimiento redentor", que trata sobre los sufrimientos de Cristo. Él indicó que en el Corán Jesús era uno de los siervos de Dios y la Palabra de Dios.

De manera que por 400 años desde la Reforma Protestante, hubo creciente erudición cristiana sobre el Islam, al tiempo que crecientes misiones cristianas a pueblos musulmanes, incluyendo instituciones de educación cristianas y servicios médicos cristianos en tierras musulmanas y evangelismo a los musulmanes. En sus Concilios Vaticanos, la Iglesia Católica Romana ha variado su posición hacia más estudio del Islam y predicación a pueblos musulmanes.

Hacia el futuro

En 1400 años de coexistencia entre el cristianismo y el Islam, hubo más hostilidad y desconfianza entre ambos que amistad y confianza. Hubo menos San Franciscos de Asís entre los cristianos y menos Mahmouds Ayoub entre los musulmanes.

La época de las posguerras mundiales ha sido testigo de luchas entre cristianos y musulmanes en muchos lugares, tal como se mencionan al comienzo de este capítulo. Hubo secuestros de aviones y barcos, atentados terroristas de aeropuertos, barcos, centros comerciales, edificios, embajadas, y muertes de individuos y grupos, todo en el nombre del Islam y de Alá, su dios.

La Yihad Islámica no sólo ha sido una amenaza para los cristianos sino que sigue siendo un enigma. Hay grupos de musulmanes, milicias populares musulmanas, y partidos político-religiosos musulmanes que usan el título Yihad Islámica. Se ha declarado yihad contra individuos y contra estados-naciones, así como también contra el mundo occidental. A través de la yihad se ha declarado la guerra contra infieles, politeístas y contra aquellos que se oponen al camino del Islam.

Se ha empleado retórica cristiana contra la religión del Islam diciendo que es diabólica, y contra Mahoma, diciendo que es terrorista y pedófilo. Se ha pronunciado retórica musulmana contra el cristianismo diciendo que es una religión politeísta y corruptora de la cultura y la sociedad.

Los ataques terroristas a los Estados Unidos y a otras naciones que se atribuyeron a la red terrorista de Osama bin Laden dieron lugar a una nueva tensión entre el cristianismo y el Islam y entre cristianos y musulmanes. Los ataques del 11 de septiembre al World Trade Center en la ciudad de Nueva Cork, el Pentágono en Washington, D.C. y el accidente aéreo en un campo en Pennsylvania, todo llevado a cabo con el secuestro de cuatro aviones americanos por parte de terroristas musulmanes, ha iniciado una época nueva e inquietante en las posturas de la gente y su interpretación del Islam.

La historia ha enseñado que el cristianismo y el islamismo son dos de las religiones misioneras más energéticas, que compiten por las mentes y los corazones de la humanidad. Ambas religiones han tenido éxito en cuanto a crecimiento numérico, presencia global e influencia mundial.

Pareciera que el choque de los dos gigantes continúa. Algunos medirán los desafíos y las posibilidades futuras entre ambos en cómo cada religión lleva a cabo los mandatos de sus fundadores, Jesucristo para los cristianos y Mahoma para los musulmanes. Las palabras, los hechos y los ejemplos de Jesucristo se oponen a los de Mahoma.

La pregunta que hacen algunos es: ¿Pueden coexistir dos religiones con tan alta intensidad en las misiones? ¿Puede acaso cada una permitirle espacio a la otra, no sólo para existir sino también para crecer? ¿Puede cada una permitir a otras libertad de religión? ¿Pueden las dos religiones vivir en paz, no en guerra?

Un predicador musulmán a quien enseñé en una de mis clases me preguntó: "¿Acaso los cristianos obedecen más a Dios que los musulmanes?" Por obediencia él se refería a las estrictas reglas del Islam para la oración, el ayuno, la ofrenda, las peregrinaciones y estar en situación de yihad. En nuestro breve encuentro le respondí que para el cristiano obediencia hablaba de una relación personal con Jesucristo, de la cual fluyera fiel servicio y libertad en Cristo. Ese fue el comienzo de una conversación personal y una relación entre un cristiano y un musulmán, de las cuales la historia demuestra hay muy pocas.

Después de conversar mucho conmigo un predicador musulmán rompió a llorar porque él y su esposa recientemente habían perdido a su hijo recién nacido. Yo le comenté de mi reciente pérdida en la muerte de mi padre, y de la consolación que tuve en mi fe en Jesús, e intenté identificarme con él en la condición humana básica de muerte, dolor y amistad. Él me pidió que yo ore.

Tal vez el choque de religiones se pueda mejorar con encuentros personales entre cristianos y musulmanes. Entre las dos religiones hay serios desacuerdos, tanto teológicos como en la cosmovisión. Sin embargo, la esperanza del presente y el futuro está en nuestro conocimiento recíproco y nuestra comunicación mutua.

8

OTRAS TRADICIONES RELIGIOSAS

■ ━━━━━━━━━━━━━━━━━━━━━━━━━━━━━━━━━ ■

El hinduismo, el budismo, el confucianismo, el judaísmo, el cristianismo y el islamismo tienen largas tradiciones históricas con registros sagrados escritos. La influencia de estas religiones es mundial, y a menudo han tenido impacto recíproco en su crecimiento y desarrollo.

Existen también otras tradiciones religiosas de importancia. En la antigüedad Egipto, Mesopotamia, Grecia y Roma ofrecieron su panteón de deidades y ritos religiosos. La religión tradicional africana, con su gran dios, espíritus de menos importancia, antepasados y ceremonias es dominante en toda África.

El *zoroastrismo* fue una importante religión en la antigua Persia, con su gran profeta Zoroastro, su dios Ahura Mazda, y su escritura, la Avesta. El *jainismo* se convirtió en tradición religiosa alrededor de la época de Buda en la India, y fue fundado por Mahavira, quien decidió reformar el hinduismo.

El *sijismo* fue fundado por Nanak en la India en el siglo XV. Nanak combinó elementos del hinduismo y el Islam para crear esta nueva tradición religiosa. La religión *baha'i* surgió en Irán a mediados del siglo XIX. Baha'ullah, su profeta, recogió elementos del judaísmo, el cristianismo y el Islam.

Algunas de estas tradiciones hoy día se recuerdan por su literatura y sus monumentos, y otras son crecientes y vibrantes tradiciones tanto en sus tierras nativas como en otras culturas. Hay dos categorías de creencias y rituales que pueden impactar las tradiciones religiosas mencionadas en este libro: el animismo y el tribalismo.

El animismo es un modelo frecuente entre las tribus prealfabetizadas en Australia, Oceanía y África; contiene creencias y prácticas elaboradas que pueden incluir un mundo lleno de espíritus, fantasmas, veneración de antepasados y tótems. En los patrones animistas hay culto y veneración hacia los espíritus sobrenaturales, humanos, familiares, animales y de la naturaleza. Dichos espíritus generan respeto reverencial o sencillamente miedo. Hay lugares, objetos o zonas especiales que se pueden considerar lugares sagrados de residencia o de encuentro con los espíritus, y dichos espíritus pueden ser tanto buenos como malvados.

La creencias en los espíritus no se reduce a las sociedades prealfabetizadas. Las religiones más importantes del mundo también cuentan con mundos y sistemas espirituales. La veneración de antepasados sigue siendo parte de la tradición del hinduismo, del budismo y de las religiones de China y Japón. El animismo con frecuencia es parte de un sistema religioso. Es posible que un dios hinduista sea venerado junto al espíritu de un antepasado. Si bien el Islam subraya su fe monoteísta, en la práctica popular hay un mundo espiritual de los jinns, espíritus tanto buenos como malos, que afectan diariamente la vida de los musulmanes. Además la veneración de santos es frecuente en el Islam. El animismo es una perspectiva religiosa del mundo de los espíritus que prevalece en muchas religiones.

La *religión tribal* es una forma religiosa de varios pueblos. Ciertas tribus y clanes en África y entre los aborígenes de las Américas adoran a una deidad suprema entre dioses de distinta importancia. Los valores que se asocian a la deidad suprema pueden ser poder sobre fuerzas de la naturaleza, y a menudo habilidades militares que los guerreros de la tribu exaltan e imitan al luchar con otras tribus. Por lo general en una religión tribal hay niveles de servicio y recompensas.

El tribalismo y el animismo también pueden contar con características del mundo de los espíritus donde estos están clasificados en distintas jerarquías. Tanto el tribalismo como el animismo son frecuentes entre pueblos con tradiciones orales en vez de escritas.

Antiguo Egipto, Mesopotamia, Grecia y Roma

El mundo antiguo alrededor del Mediterráneo vio nacer a la civilización egipcia, la cultura mesopotámica, y la cultura y las religiones griega y romana. Desde el cuarto milenio a.C. hasta los primeros siglos de la era cristiana se vieron los impactos de las tradiciones religiosas de estas regiones. Aunque algunos elementos impactan muy poco las culturas contemporáneas, las tradiciones cuentan con gran riqueza cultural y proporcionan fascinantes trasfondos para la cultura mundial de nuestro tiempo.

Egipto

Con unas pocas excepciones, Egipto fue un reino unido bajo una serie de dinastías y reinos desde el 2300 a.C. hasta la conquista de Alejandro Magno en el siglo IV a.C. Entre los patrones que vemos en la religión egipcia, hubo varios prominentes: las estatuas del faraón, elaborados rituales asociados con los muertos, y el culto al dios sol.

El ser divino

Cada una de las ciudades-estado a través de Egipto tenía su propia deidad protectora. Cada deidad tenía su propia familia. Cuando las ciudades-estado se unían, por lo general las deidades también lo hacían. A Horus, uno de los primeros dioses, se lo conocía como el dios halcón, y se lo asociaba con el rey. El rey se convirtió en rey divino, la conexión entre los seres humanos y dios, entre la tierra y el cielo. Posteriormente Horus fue reemplazado o bien se lo identificó con Ra, el dios sol. Cuando la ciudad de Tebas llegó a tener gran poder, Amón, su dios, se fusionó con Ra para convertirse en Amón-Ra. A pesar de que hubo otros cambios en el panteón de deidades, Amón-Ra y los faraones asociados con él tuvieron el rol de dios-rey, y contaron con sacerdocio y con rituales. El faraón representó los rayos y el poder del sol en su esplendor.

Como rey divino, el faraón representaba la estabilidad religiosa, política, económica y social entre los egipcios. Él era el centro del orden cósmico, y aseguraba tanto armonía en la ciudad, como también paz con el dios. El dios del sol a quien representaba proveía energía y fertilidad al pueblo y a la tierra.

Culto a los muertos

Las pirámides eran un importante símbolo del culto a los muertos. Contenían los cuerpos momificados de los faraones, sus familias y su séquito. El faraón era el intermediario entre la tierra y el cielo, y cuando moría el cuerpo debía preservarse para el viaje hacia el cielo. La condición de realeza divina era el centro de atención del orden cósmico, y parte de ese punto focal era la fertilidad de los cultivos y la prosperidad del pueblo. A Osiris, la deidad de la vegetación, se la empezó a asociar con el rey divino.

Osiris era la deidad identificada con el ciclo de las estaciones y la cosecha. Simbolizaba el deterioro y la renovación de la vida; se lo asociaba con los patrones de muerte y resurrección. El *Libro de los muertos* egipcio proporciona información e instrucciones hacia la vida después de la muerte. El juicio moral era de especial importancia. Los jueces decidían el destino del fallecido en presencia de Osiris, y se basaban en las cualidades de honestidad, justicia, vida en familia y benevolencia, todo lo cual reflejaba la ética social de la sociedad egipcia. Al fallecido se lo tenía que declarar digno de entrar en la tierra de Osiris.

A medida que el culto a los muertos, con la momificación y las preparaciones para la otra vida, se hicieron populares entre la población, se prestó más atención al culto de Osiris e Isis. Ellos representaban la nueva vida y la inmortalidad después de la muerte. El mito de Osiris continuó aun después de la época de los faraones, y tuvo influencia en otras culturas vecinas.

Mesopotamia

La religión de Mesopotamia hizo su enfoque en las deidades de Sumeria, Babilonia y Asiria. Las muchas deidades estaban organizadas de acuerdo a espacios cósmicos, geografía, ciudades, familias y funciones. Había conexiones entre las condiciones y el poder de los dioses en los cielos y los gobernantes de ciudades-estado.

Entre las deidades estaba Anu, conocido como el Dios del cielo que ostentaba poder supremo. Enlil era el Dios de la tormenta, a quien también se lo conocía como el protector. Enki era el Señor de la tierra. Marduk era hijo de Enki. Había también una variedad de dioses cósmicos: Sin, el Dios de la luna; Shamash el Dios del sol y Hadad, otro Dios de la tormenta. Ishtar fue una importante diosa cósmica.

El culto de la religión mesopotámica se centraba en los dioses, y el enfoque ceremonial y ritual residía en el predio del templo, que incluía el zigurat. Este, una torre a la que se accedía por una serie de escalones y plataformas, era el punto focal donde se guardaban las imágenes de las deidades. Había un sacerdote que velaba por ellas, y la gente hacía allí sus ofrendas. Durante las fiestas y las distintas ceremonias, el rey, asistido por sacerdotes, era quien representaba al dios ante el pueblo.

Además de las deidades cósmicas y terrenales de más relevancia, había también deidades menores a quienes la gente acudía en busca de ayuda diaria. Otra forma de expresar la religión era por medio de adivinación y astrología. Uno podía protegerse de demonios por medio de encantamientos y hechizos. Con augurios y adivinaciones la gente procuraba contactarse con el poder de los dioses para así conocer las señales de la voluntad de ellos. Había sacerdotes de varios niveles que ayudaban a la gente en estos quehaceres.

La astrología también era relevante. El énfasis era la formación de las estrellas y de otros cuerpos celestiales en relación con la tierra a fin de interpretar y predecir el destino humano. Deidades babilónicas posteriores fueron asociadas con planetas: Júpiter-Marduk, Venus-Ishtar, Saturno-Ninib, Mercurio-Nebo y Marte-Nergal. Luego los griegos desarrollaron más la astrología con el zodíaco.

En Mesopotamia regían los dioses a través del rey divino con la ayuda de los sacerdotes. La monarquía era una institución divina, y el rey tenía la responsabilidad de velar por el bienestar del estado y del pueblo. El código de Hammurabi, el gobernante babilónico de 1700 a.C., hizo énfasis en el poder divino del rey por medio de la ley para regir al pueblo y esperar obediencia. Dicho código regía varios tipos de relaciones sociales y comerciales.

En la religión mesopotámica estaba la *Épica de Gilgamesh*, el relato de la búsqueda de inmortalidad. Por otra parte, la *Épica de la creación* describía al gran dios Marduk, a quien se asociaba con el sol y la vegetación cuando creó el cielo y la tierra.

La religión de Mesopotamia desapareció con la conquista de los persas en el 539 a.C. Las deidades perdieron su poder, los reyes divinos y su dominio quedaron en el olvido, y aparecieron otras religiones y sistemas políticos. Sin embargo, la religión mesopotámica siguió teniendo influencia más allá de su zona geográfica.

Grecia

La religión de Grecia contó con muchos dioses y diosas sumamente humanos en su forma de pensar y actuar. Los escritores griegos Homero y Hesíodo informaron sobre las características de las deidades. En general, estas pueden clasificarse en dos grupos amplios según su lugar de nacimiento y su residencia. Las primeras eran las deidades del cielo; las deidades del Olimpo de Homero que vivían en el monte Olimpo en el norte de Grecia. El otro grupo era de regiones del Mediterráneo, y hacían énfasis en la tierra y su fertilidad.

La larga historia de las deidades griegas incluía su inmortalidad, su moralidad o su amoralidad, como así éxitos y fracasos. Zeus era el dios del cielo, de la palabra que indica "brillar". Era supremo, padre y señor de la sabiduría. Hijo de Rea y Cronos, y hermano de Poseidón (señor de las aguas y los mares) y de Hades (dios de la tierra).

Al dios Apolo se lo identificaba con las artes, la poesía, la música, y por otro lado con la medicina, el orden y la armonía. Se lo asociaba con el santuario délfico y el oráculo de Delfos. En contraste con Apolo estaba Dionisos, el dios de la vegetación, las emociones, el éxtasis y el vino. Otras deidades eran Afrodita la diosa del amor, Atenas la patrona de Atenas, Hermes el mensajero de las deidades, y Artemisa la madre de todas las cosas o la diosa de la tierra.

Además del panteón de deidades del Olimpo, existían las religiones de misterio asociadas con los misterios dionisíacos, órficos y eleusinos. Estos cultos apelaban a la religión personal. El culto del misterio dionisíaco se centraba en el dios Dionisos. Los rituales se llevaban a cabo en zonas más remotas y se enfatizaba la danza desenfrenada, la música y el vino. Además se comía un animal salvaje identificado con Dionisos. Los seguidores de este culto sentían que eran uno con Baco, otro nombre para el mismo dios que significaba señor de la vid. De entre los participantes, muchos eran mujeres.

Los misterios órficos tenían su enfoque en prácticas ascéticas que permitían a la persona liberación de obstáculos corporales y acceso a la inmortalidad. Una de las creencias principales era la dicotomía cuerpo-alma. El alma podía reencarnarse para la inmortalidad. De modo que para el fiel devoto órfico esta vida estaba llena de maldad, y la meta era procurar la vida venidera venciendo la maldad en este mundo. La idea órfica de la inmortalidad del alma influyó en Pitágoras, quien a su vez tuvo influencia en Platón en cuanto a la idea de la inmortalidad del alma en el *Phaedo*.

Los misterios eleusinos se centraron en Deméter, la deidad de la vegetación o madre de los cereales. La temática en torno a Deméter fue de muerte y vuelta a la vida. Al identificarse con la diosa en el ritual, el seguidor de Deméter podía ser partícipe de una nueva vida de resurrección.

Roma

Los romanos conquistaron Grecia en el siglo II a.C. La religión griega se mezcló con la romana, y la filosofía griega impactó la forma de pensar de los romanos. Sin embargo, la religión helenista siguió haciendo aportes a otras religiones, incluyendo al judaísmo y al cristianismo.

La religión romana incluía *deidades* nativas e importadas. El Imperio Romano se servía de las religiones, fueran estas domésticas o de exportación. La religión romana primitiva se centraba en los númenes, el poder de los dioses. Las deidades primitivas se asociaban con el hogar y la familia. Ejemplo de ello es Vesta, diosa de la familia y la vida doméstica. Ella era el espíritu del fuego del hogar.

Otros dioses que podemos mencionar son Jano, Júpiter, Marte y Quirino. Jano era una deidad fundamental como Vesta en los ritos de culto en el hogar. Júpiter era el dios supremo, el dios del cielo cuyo templo llegó a ser el centro de las ocasiones de estado. Júpiter también se convirtió en dios de la guerra. Marte era el dios de la guerra y de la agricultura. A Quirino se lo asociaba con Marte, aunque tenía sus propios templos y propias fiestas.

La religión romana adoptó nuevos dioses de otras tierras, y dio nuevos nombres a viejos dioses. Diana era la diosa de los bosques que ayudaba a las mujeres y que luego se llegó a asociarla con Artemisa. Otras diosas griegas fueron Minerva, Tique y Venus. De Grecia también vinieron Hércules y Apolo. Este último fue quien inspiró las sibilas, oráculos de mujeres.

En la segunda guerra púnica (218-201 a.C.), la piedra sagrada de Cybele, la gran diosa madre, se trasladó desde Frigia en Asia Menor. Se construyó el templo de la Gran Madre a fin de que albergara la piedra. Posteriormente se adoró a Dioniso en el culto a Baco. La religión romana también adoptó desde Egipto el culto Isis-Serapis-Osiris, que enfatizaba la fertilidad y la inmortalidad.

La vida religiosa se centraba en torno a los templos de las deidades, los rituales, las fiestas y los calendarios. Los rituales incluían la ofrenda de sacrificios, primicias y animales en el altar de la deidad. El emperador César Augusto reconstruyó 82 templos durante la decadencia de la fe en dioses romanos. Él instituyó el culto al emperador. Julio César, su predecesor, había recibido atributos divinos del senado romano.

En la religión romana nunca hubo una casta sacerdotal. El estado tenía escuela de sacerdotes, y ellos interpretaban los presagios de las deidades. La religión romana ligó pueblos diversos al Imperio y al emperador, a la familia y al hogar.

La cultura romana también incluyó las *religiones filosóficas* del epicureísmo, el estoicismo y el neoplatonismo, que en realidad eran influencias griegas. En el siglo I a.C. Lucrecio escribió *De Rerum Natura,* donde atacó la superstición y la religión tradicional. El epicureísmo enfatizaba moderación en la búsqueda de placer. El estoicismo ofrecía a los romanos una combinación de autosuficiencia y de confianza en la religión. En el estoicismo, al ser supremo se lo identificaba con la razón y el orden del cosmos, y las deidades eran emanaciones del ser supremo. El emperador romano Marco Aurelio, que murió en el 180 d.C., fue el último gran maestro estoico. Sus enseñanzas incluyeron el aspecto central del estoicismo, autocontrol individual y responsabilidad como ciudadano en el orden del gobierno cósmico.

Como sucesor del pensamiento platónico, Plotino se dedicó al neoplatonismo. Se estableció en Roma en el siglo III d.C. y enseñó que el Ser Divino era eterno. De dicho Ser Divino emanaba lo bueno, la inteligencia y el alma del mundo. El mundo material estaba lejos del Uno, y el alma individual en el mundo material necesitaba seguir el sendero de regreso al Ser Divino o Uno.

Otra característica de la religión romana era el *mitraísmo*. Los legionarios de Roma llevaron consigo el culto de Mitra desde Persia y Mesopotamia. Mitra había sido parte de la deidad del sol para los antiguos iraníes. Había ganado la batalla entre el bien y el mal y había sacrificado un gran toro como símbolo de su victoria. Parte del culto del mitraísmo era la muerte ritual de un toro, en cuyo rito los seguidores eran bautizados en esa sangre. De modo que en el culto había símbolos de la luz y la energía del sol, de sacrificio de muerte y de renovación en la sangre, y de valentía, éxito, dominio propio y de confianza del soldado que seguía a Mitra. Mitra llevaba consigo luz e inmortalidad. Sólo los varones podían acceder al mitraísmo.

Sólo hemos mencionado unos pocos ejemplos religiosos de la región del Mediterráneo. Dichos ejemplos muestran deidades y espíritus locales, dioses y diosas a nivel provincial, nacional e imperial, y diferentes rasgos de deidades tomadas a préstamo entre varios pueblos. Había religiones oficiales tanto como populares. Las religiones surgían, y también desaparecían.

Jainismo y sijismo

En la India emergieron cuatro grandes religiones: el hinduismo, el budismo, el jainismo y el sijismo. El jainismo surgió dentro del tan popular hinduismo de la India en el siglo VI a. C., muy cerca de la época de Buda. El sijismo se desarrolló en el siglo XVI d.C., en un tiempo cuando tanto el cristianismo como el Islam ya habían aparecido en la India.

Jainismo

El fundador de la religión Jain fue Mahavira (aprox. 599-527 a.C.). Mahavira significa gran héroe, y jina o jaina quiere decir vencedor. Según la tradición Mahavira nació de manera milagrosa en una familia de linaje real, vivió en la opulencia y se casó con una princesa.

Sin embargo, Mahavira renunció a su familia y se unió a una orden ascética con lazos al santo-maestro de siglos pasados a quien se lo conocía como Parsva. Mahavira reaccionó al hinduismo de su tiempo, y rechazó ciertas enseñanzas védicas, el animismo y el politeísmo en la cultura de la India, el sistema de castas y la religión sacerdotal. Fue un reformista del hinduismo.

Durante alrededor de doce años viajó con una orden de ascetas. Desnudo y sin posesiones, predicó la paz y ayunó. Tiempo después abandonó esa orden y estableció la suya propia, conocida como los jainas. Los cinco votos que estableció fueron:

- Continencia sexual o castidad,

- No violencia o ahimsa,

- Decir la verdad o no mentir,

- Rechazo del materialismo y

- No hurtar.

Además hizo énfasis en el vegetarianismo y los conceptos matemáticos.

Su organización incluía monjes y monjas como así también personas laicas. Sus enseñanzas se incorporaron a las Agamas, los preceptos. No había necesidad de deidades ni en la creación ni en el diario vivir. La metafísica para él incluía dos tipos de entidades, el alma y la materia. El alma es la mónada de vida o jiva; y la materia, o cosas inanimadas, es la ajiva. Las mónadas de vida son infinitas y omniscientes, pero están envueltas y oscurecidas en materia. Mahavira enseñó que el karma (acciones), incluso el buen karma, liga al individuo al ciclo de renacimiento. De modo que su enseñanza fue un completo aislamiento del mundo, aislamiento de los asuntos del mundo y práctica de austeridad extrema.

La vida monástica se convirtió en el sendero a la liberación de la actividad kármica y las continuas reencarnaciones. Para los monjes, entonces, la ahimsa o no violencia se convirtió en la búsqueda ética suprema. Toda forma de vida se hizo sacrosanta. Los monjes colaban el agua antes de beberla y colocaban máscaras de gasa sobre su boca para evitar beber o inhalar algún insecto. Barrían el suelo antes de pisarlo para evitar pisar alguna mónada de vida. Es así que practicaban medidas extremas de ascetismo y no violencia.

Los laicos no podían seguir los estrictos códigos de los monjes. Sin embargo, tenían prohibido dedicarse a profesiones que cobraran vidas, por ejemplo carniceros o soldados. Muchos jainas procuraron ejercer oficios e intereses profesionales. También ellos eran vegetarianos y debían ser castos, abstenerse de bebidas alcohólicas y estupefacientes, de mentir y de hurtar.

Con el tiempo el jainismo construyó templos con imágenes de Mahavira y otros maestros para venerarlos. En el primer siglo d.C., los jainas se dividieron por la cuestión de la desnudez: "los que se visten de aire" creían que la desnudez simbolizaba completa renunciación a las cosas del mundo; "los que se visten de blanco" también creían en la renunciación, pero usaban vestiduras blancas.

El jainismo sigue siendo una religión minoritaria en la India. Tiene una perspectiva pesimista de la vida y de la dirección en que va la historia humana, y por ende a las masas no les resulta atractiva. Por otra parte no ha sido una religión misionera. Discretamente los jainas han encontrado su lugar en el sistema de castas hindú y en el orden social, y han preservado su religión durante más de dos mil años.

Sijismo

La religión de los sijs fue fundada en la India por Nanak (1469-1539 d.C.). Él tuvo padres hindúes y nació en Lahore, donde un aristócrata musulmán era gobernador de la provincia. Nanak se convirtió en discípulo de Kabir, el seguidor musulmán de Ramananda. El sijismo es una combinación de las expresiones sufi y monoteístas del Islam, y los temas bhakti del hinduismo.

Nanak hizo énfasis en la singularidad y la personalidad del Dios de la perspectiva islámica. Dios era soberano, y los atributos de amor y misericordia eran primarios. Sobre todo el Nombre Verdadero de Dios era personal. El sijismo rechazaba los avatares o encarnaciones divinas del hinduismo. De la perspectiva hinduista Nanak mantuvo el karma y el renacimiento, y los ciclos de samsara. El karma era la inexorable ley moral del comportamiento humano. El concepto de Nirvana se absorbía en Dios. Nanak predicó que adorar el Nombre Verdadero de Dios acabaría con los ciclos de renacimiento, y la persona con buen karma estaría con Dios.

Nanak había tenido una experiencia espiritual donde se le había revelado el Nombre Verdadero. Para Nanak Dios estaba en el mundo y en su corazón. Su experiencia le dijo que no se convirtiera ni en hinduista ni en musulmán, sino solamente en discípulo del Nombre Verdadero. Sij significa discípulo. Las enseñanzas del sijismo están compiladas en el *Adi Granth*, que en sánscrito significa libro. Se conoció como el *Granth Sahib*.

Después de su muerte en el 1539 d.C., lo siguieron otros nueve maestros o gurúes. Su décimo gurú, Govind Singh (1675-1708), predicó contra el sistema de castas e instituyó los khalsa. Los khalsa significa los puros, y se convirtieron en una comunidad militar muy unida. Los ritos de iniciación incluían beber cierto néctar y verterlo sobre la cabeza del adepto, y asimismo el bautismo de la espada. El lema fue: "Los puros son de Dios y la victoria le pertenece a Dios".

Los sijs adoptaron el apellido Singh, que quiere decir león, y también adoptaron cierta vestimenta. Hay cinco letras **k** que distinguen al guerrero sij:

- Kangha es el peine que sostiene al cabello en su lugar y denota espiritualidad.

- Kara es el brazalete de acero en el brazo derecho para denotar unidad.

- Kesa es el cabello sin cortar que es la señal de un hombre santo.

- Kirpan es la espada de doble filo que simboliza el guerrero protector de los débiles.

- Kacch son los pantalones hasta la rodilla que expresan recato y circunspección verbal.

Después de Govind Singh, se decretó que no habría más gurúes. Las escrituras sijs se colocaron en el santo templo de Amritsar. El Templo Dorado de Amritsar es el lugar más sagrado para los sijs. Alberga el Granth Sahib y las reliquias de los gurúes, y además funciona como el centro administrativo del sijismo.

Para establecer la religión sij, Nanak procuró lo que a su entender fueron los mejores elementos del hinduismo y del Islam. Posteriormente los sijs se enfrentaron a las agitaciones sociales, políticas y religiosas tanto de hindúes como de musulmanes, y asimismo del colonialismo británico en la India. Tuvieron que abandonar su postura inicial de no violencia para procurar territorio en Punjab a fin de que su religión estuviera segura y pudiera crecer. Cuando los británicos llegaron a la India, los sijs sirvieron como soldados bajo las órdenes británicas en lugares como Hong Kong y Shangai.

De manera que en la India el sijismo fue otra religión con mezcla de hinduismo, budismo e Islam. Declaraba que había un solo Dios, a quien se conocía como el Verdadero, compasivo, sin temor, sin odio. El Verdadero existía en el principio, en el pasado distante, en el presente, y existiría en el futuro.

Zoroastrismo

El zoroastrismo nació como religión bajo la influencia de Zaratrustra Spitama, a quien en griego se lo conoce como Zoroastro. Los eruditos difieren en cuanto a las fechas y el lugar de nacimiento del profeta. Tal vez haya nacido alrededor del 600 a.C. en el noroeste de Irán. El significado del nombre Zaratrustra es "Sr. Camello Viejo", lo cual indica ganarse la vida criando camellos. Spitama significa blanco; Zoator significa verter. Los significados blanco y verter pueden indicar su asociación con el sacerdocio y la condición social.

Es incierto si el rey Ciro de Persia conocía las enseñanzas del profeta. Sin embargo, se cree que el rey Darío I de Persia (522-486 a.C.) sabía que Zaratrustra creía en el dios Ahura Mazda por referencias en la escultura de Persépolis. El zoroastrismo se convirtió en la religión de estado bajo la dinastía Aqueménide. Los templos de fuego se convirtieron en el centro del culto, y los magos fueron los sacerdotes.

El libro sagrado es la Avesta. Las cinco partes en que se divide son: Yasna, Visparad, Yashts, Vendidad y Khordeh Avesta. Contienen varios poemas, himnos y tratados. El Yasna contiene los textos más importantes llamados Gathas, que pueden pertenecer a Zaratrustra.

Zaratrustra habló contra el politeísmo de los dioses o devas de su tiempo. Predicó que *Ahura Mazda*, el Sabio Señor, era el creador y el preservador de todo lo bueno. Era el dios supremo, omnisciente, lleno de luz y verdad. Ahura Mazda tenía atributos o fuerzas espirituales que contribuían a fomentar el bien en la tierra. A veces se los llamaba "Los Santos Inmortales", e incluían a Vohu Manu (pensamiento bueno), Spenta Armaiti (piedad) y Ameretat (inmortalidad). Estas fuerzas ayudaban a la fértil tierra del ganado, el fuego, el metal, los hombres buenos, el agua y los cultivos.

Aunque Zaratrustra no atribuyó maldad a Ahura Mazda, predicó que en la tierra había un espíritu malvado. Su nombre era Angra Mainyu o Ahriman. No resulta claro cuál fue su origen, pero la oposición a Dios de este espíritu del mal es el gran tema de las declaraciones del profeta. Angra Mainyu contaba con fuerzas diabólicas o demonios en la tierra. El mal pensamiento contraatacaba a Vohu Manu; el demonio de la arrogancia luchaba contra la piedad; el demonio de la destrucción lo hacía contra la inmortalidad. El lobo se oponía al ganado; el óxido se oponía al metal; los hombres malos contra los buenos; la sequía luchaba contra el agua; el fracaso de los cultivos y la aridez del terreno eran enemigos de las buenas cosechas.

El *dualismo* en el pensamiento zoroástrico radicaba en la lucha entre el bien y el mal, entre la verdad y la falsedad, y entre la justicia y la perversidad. Ahura Mazda era el Sabio Señor en la batalla contra el espíritu malvado Angra Mainyu. Para Zaratrustra resultaba claro que existía una clara opción de fe y de práctica.

La *cosmología* de Zaratrustra se basaba en la guerra espiritual entre las fuerzas del bien de Ahura Mazda y los demonios de Angra Mainyu. Luego de la muerte seguía el juicio. En la resurrección las personas llegarían al Puente Chinvat. Si habían vivido haciendo el bien, cruzaban hacia el paraíso. De otra manera, iban al castigo del infierno. La cosmología incluía tipología salvífica para ayudar a la gente en la resurrección y en el juicio.

Los *rituales* y las *ceremonias* de la religión incluían templos, torres, sacerdocio y ritos de iniciación. El templo de fuego era un lugar de culto y de lectura de la Avesta. Los zoroástricos no adoraban al fuego; este era símbolo de la luz y la pureza de Ahura Mazda. Para el fuego, que se consideraba eterno, se usaba madera de sándalo. Las cenizas resultantes se aplicaban a la frente.

La Torre de Silencio era una elevación sobre un hoyo donde se exponían los muertos para que no contaminaran la tierra. Los cadáveres se colocaban allí a fin de que los buitres los comieran y dejaran los huesos, que entonces caían al hoyo. Los huesos entonces se sepultaban. Un símbolo del zoroastrismo es un Aqueménide alado que representaba a Ahura Mazda, y se ubicaba sobre la entrada a los cementerios.

Los *sacerdotes* del zoroastrismo, que según sus categorías se los conocía como Dastur, Mobed y Ervad, eran puestos hereditarios. Estaban a cargo del fuego del templo; recitaban porciones de los Gathas; presidían ritos de iniciación, matrimonios y funerales.

La cumbre de la influencia zoroástrica en Irán tuvo lugar en la era Sasánida desde el 226 d.C. hasta la invasión islámica del 651 d.C. Fue religión de estado para todos e incluyó un sacerdocio oficial. Como fue imposible su expansión debido a la preponderancia del Islam, los zoroástricos migraron a la India, y formaron una comunidad en Bombay y sus alrededores. Allí se los conoció como los parsis. Se convirtieron mayormente en una comunidad sólida de actividad comercial y gente profesional. En la actualidad son aproximadamente unos cien mil. En Irán el zoroastrismo solo cuenta con unos pocos miles de fieles.

Aunque esta antigua religión tiene pocos seguidores, tuvo un impacto significativo en otras religiones. Sus ideas se difundieron con la conquista de Alejandro Magno y a través del ejército romano por todas las regiones del Mediterráneo. Su influencia también llegó a los judíos de la diáspora. Algunos eruditos afirman que influyó en el judaísmo y en otras religiones con los conceptos de Satanás o el diablo, el príncipe de la luz y el príncipe de las tinieblas, el juicio final, la resurrección, el salvador.

El zoroastrismo es una antigua religión con pocos adeptos en el presente, religión que ha hecho grandes contribuciones a la historia religiosa y a la experiencia de la humanidad. Hay un resumen que se usa con frecuencia para describir la religión: "pensamiento bueno, palabra buena, acción buena".

Religiones africanas tradicionales

África es un continente rico en tradiciones religiosas. La historia oral entre los africanos ha conservado viva la herencia y el mosaico religioso de ese pueblo. En forma más reciente sus propios expertos han atestiguado las profundas raíces de sus tradiciones religiosas. Las creencias y las prácticas tienen muchas variaciones a través de África. Sin embargo, hay un marco de referencia en cuanto a religión tradicional del cual emerge una tipología amplia.

El cristianismo y el Islam aparecen junto a religiones tradicionales en los distintos países. En sus años iniciales el cristianismo se extendió al norte de África y a Etiopía. Los eruditos y clérigos cristianos incluyendo a Orígenes, Tertuliano, Cipriano, Ario y Atanasio fueron líderes de la iglesia primitiva en el norte de África. La expansión del cristianismo a la zona subsahariana disminuyó con la conquista árabe-musulmana del norte de África en el siglo VII d.C. El cristianismo recién llegó nuevamente a la región subsahariana en el siglo XV d.C. por medio de comerciantes portugueses. Principalmente en los siglos XIX y XX llegaron misioneros de la Iglesia Católica Romana y de iglesias protestantes en Europa y Norteamérica. Consigo llevaron tecnología médica, educación y evangelistas. Por todo el continente africano se construyeron iglesias.

El Islam llegó al norte de África antes que hubiera pasado un siglo de la muerte de Mahoma en el 632 d.C. En los siglos siguientes comerciantes musulmanes llevaron su religión hacia el sur para que influyera en varias tribus e imperios africanos. El siglo XX fue testigo de grandes avances del Islam tanto en el oeste como en el este de África.

De modo que África cuenta con varias tradiciones religiosas prominentes. Estas han sido objeto de obra misionera por parte del cristianismo y del Islam. También hay representadas otras religiones, incluyendo judíos en Etiopía e hindúes en el este del continente.

La religión tradicional de África se alcanza a vislumbrar en la cosmovisión africana, las costumbres, la vida familiar, la muerte, y la vida después de la muerte. Si bien no hay una "religión tradicional africana" propiamente dicha, hay conceptos y prácticas generales que pueden servir como tipología. A continuación consideraremos los siguientes conceptos: el Alto Dios o Dios Supremo; espíritus o divinidades menores; seres humanos y antepasados; rituales y ritos de transición; adivinación, medicina y liderazgo.

El Dios Supremo

El Alto Dios es supremo sobre todos los espíritus y los seres humanos. Dios creó el mundo y luego se retiró, ya sea porque los humanos lo ofendieron o porque Dios se cansó de los asuntos cotidianos del mundo. Sea como fuere, Dios tiene poco contacto o participación con el mundo. Las personas dependen de divinidades o espíritus menores, o de antepasados.

Por ejemplo, la religión tradicional de los *Yorubas* en el oeste africano tiene un Dios Supremo, Olodumare. Su significado se centra en la grandeza, en la majestad incomparable y en la excelencia de atributos. Otro nombre del Dios Supremo de Yoruba es Olorum, que significa dueño o Señor del Cielo. Ambos nombres, Olodumare y Olorum, hacen referencia al Dios Supremo y a ninguna simple divinidad ni espíritu.

Olodumare tiene muchos atributos, que se describen en conversaciones, oraciones, música y arte. Se lo llama creador, origen y dueño de la vida. Él es rey y tiene absoluta autoridad y poder. Es perfecto en sabiduría, conocimiento y entendimiento. Otros de menos valía son falibles, pero Olodumare es infalible. Él es juez y controla el destino de todos. No cambia y es inmortal en medio de un mundo de cambio y muerte. Olodumare es además el rey invisible e inescrutable.

En los *zulús* de la República de Sudáfrica hallamos otro concepto de un Alto Dios: el Dios del Cielo (Inkosi Yezulu). Se lo asocia con la creación y los orígenes de la vida. El Dios del Cielo parece ser gemelo del de la Tierra, aunque el primero de los gemelos. Su atributo principal es el poder. Tiene control del tiempo, el viento y la lluvia. Como los zulús crían ganado, necesitan lluvia para sus tierras de pastoreo, y el Dios del Cielo influye sobre tormentas, relámpagos, truenos y lluvia. Sin embargo, para hacer sus peticiones los zulús acuden a los ayudantes especiales del Dios del Cielo. Da la impresión que en la vida cotidiana el Dios del cielo por lo general está distante, y por ello se llama a sus ayudantes para que sean intermediarios.

Divinidades y espíritus menores

El Dios Supremo está en el punto cumbre de la línea jerárquica en la religión tradicional. En línea descendiente se hallan las divinidades y los espíritus menores. El universo está poblado de espíritus, que son como fuerzas de vida espiritual. La tierra, el mar y el cielo, y también las montañas, los bosques, los árboles, los animales, el sol, la luna, la tormenta y los truenos están asociados con estas fuerzas.

Estas fuerzas pueden ser tanto benéficas como dañinas. Están sujetas a adulación y apaciguamiento. Ayudan en cuestiones cotidianas, incluyendo fertilidad para las cosechas y para la concepción humana y el nacimiento, y ritos de transición. Como el Dios Supremo está tan distante en la vida diaria, la gente se vuelca a las divinidades y a los espíritus de menos valía para obtener ayuda en cuestiones personales y comunitarias. A menudo estas divinidades reciben cierta categoría cúltica en lo que se refiere a adoración o veneración, y cuentan con un lugar sagrado y un líder ritual.

Los Yorubas tienen divinidades y espíritus. Las primeras se llaman Orisas, y llevan a cabo la voluntad del Dios Supremo, Olodumare. Funcionan como sus ministros o intermediarios. Cada divinidad funciona en un área especial del mundo de la experiencia. A cada divinidad se le asigna un símbolo que expresa su función en la sociedad yoruba. Como la religión abstracta no tiene demasiado sentido para el pueblo yoruba, las divinidades se consideran presencias funcionales e inmediatas de un Dios Supremo más distante. Por ejemplo, Orisa-nla es representante de Olodumare en la tierra para funciones creativas. Orunmila es su representante para cuestiones de sabiduría y conocimiento. Cualquiera sea la cantidad de divinidades, la autoridad y el poder que detentan están totalmente sujetos a Olodumare.

En la jerarquía yoruba, los espíritus menores son entidades inmateriales que pueden tomar forma humana o bien otras expresiones. Pueden residir en árboles, ríos, montañas u otros fenómenos. Un espíritu guardián es el doble de una persona, y su bienestar influye en el destino de la persona. Por otra parte la influencia también puede ser adversa. Los fantasmas son espíritus errantes cuyos cadáveres no fueron sepultados adecuadamente o bien no sepultados. Son similares a parias o marginados que sufren castigos por sus acciones. Las brujas también tienen espíritus que pueden dejar sus cuerpos, sobre todo de noche, para dañar a otros. Los yorubas a menudo emplean líderes rituales para ofrecer sacrificios a fin de apaciguar a los espíritus.

El Dios del Cielo de los zulús tiene ayudantes que se identifican con la gente. Los zulús creen firmemente que estos espíritus los ayudan ya que el Dios del Cielo está distanciado de la vida diaria. A los espíritus se los convoca durante importantes ritos de transición como el nacimiento, la pubertad, el matrimonio y la muerte. Estos son momentos críticos en la vida de los seres humanos, y estos procuran ayuda de los espíritus para evitar daño y desastre.

Seres humanos y antepasados

La religión africana tradicional demuestra cierta unidad o correlación del mundo viviente con el mundo de los muertos, y del mundo material con el mundo espiritual, y lo hace a través de su relación con los antepasados. Estos son parte de un más amplio grupo de espíritus con una conexión entre el pasado, el presente y el futuro. Se dice que los antepasados son la fuerza espiritual más comúnmente reconocida en la religión africana.

Los antepasados ya fallecidos se relacionan con los vivientes para ayudar y para hacer daño. Pueden proveer prosperidad a individuos, familias y tribus en tiempos de siembra, guerra y nacimiento. También pueden causar enfermedad, muerte y sequía. Los antepasados provocan actitudes tanto de maravilla como de temor.

Los yorubas consideran que los antepasados son parte de su comunidad. La muerte es una extensión de la vida, y los muertos se convierten en parte de sus antepasados en el mundo de los espíritus. Para convertirse en antepasado es importante haber dejado hijos en el mundo. De modo que los antepasados son un punto de comunión y comunicación entre los vivos y los muertos.

Los zulús creen que los antepasados son integrantes de la familia ya fallecidos que están presentes con la familia tanto en tiempos buenos como en los malos. Están presentes en ciertos lugares en el hogar y el pueblo y cerca de ellos, y ayudan a los vivos. Un cacique sirve como intermediario entre la familia y el pueblo y los antepasados. En la sociedad zulú, que se maneja por la línea paterna, el antepasado varón recibe jerarquía especial.

Ritos y rituales de transición

La religión tradicional cuenta con muchos rituales y ceremonias que funcionan para apaciguar a los espíritus y a los antepasados y para asistir en todas las coyunturas críticas a fin de asegurar buenos resultados. Estos rituales incluyen sacrificios de animales con uso de su carne o su sangre, libaciones de comida y bebida, uso de artefactos, encantamientos, y posesiones o trances especiales. Muchos ritos cuentan con un especialista que tiene conocimiento o experiencia para realizar el ritual y lograr el fin esperado.

Los pueblos que dependen de la caza y los cultivos tienen rituales y especialistas que llaman a espíritus o antepasados para que haya abundancia de animales y ganado y que haya lluvia y fertilidad para las cosechas. Hay cuatro rituales de transición relevantes: nacimiento, pubertad, matrimonio y muerte. Los niños son una gran bendición, mientras por otro lado la falta de niños se considera maldición. De manera que hay rituales asociados en torno a la concepción, la fertilidad y el nombre que se le da al recién nacido.

Durante la pubertad los jovencitos aprenden sobre sus roles sexuales y sus papeles como adultos. Se practica la circuncisión a los varones y la clitorectomía a las mujeres. Los rituales del matrimonio son en torno a la fertilidad, la familia y las alianzas sociales. En los rituales de la muerte, a los fallecidos se los pone cómodos para que se unan al mundo ancestral de los espíritus y logren buenas cosas a los que aún quedan vivos. La religión tradicional incluye rituales y especialistas en torno a eventos asociados con la salud, la enfermedad, los desastres y la tragedia, tanto humana como natural, y por cierto la muerte.

Adivinación, medicina y liderazgo

En la religión *yoruba* existe relación entre religión y asistencia médica y medicina. El doctor tradicional o "curandero", llamado Babalawo, es sacerdote de Ifa, un método de adivinación o de oráculo. El Babalawo tiene una función dual como médico y sacerdote. Como se cree que religión y medicina son resultados del Dios Supremo Olodumare a través de sus divinidades, Babalawo no sólo comparte el conocimiento y los secretos de Olodumare con el pueblo sino que además prepara hierbas medicinales y otros remedios y los administra al pueblo para que haya sanidad.

Se cree que los médicos tradicionales reciben de las divinidades y los antepasados conocimientos de medicina. Ellos aprenden su oficio por medio de sueños, trances y viviendo cerca de la naturaleza. Realizan rituales para consagrar la medicina y para ayudar a que sea eficaz en la cura y asimismo para preparar a los enfermos para que la reciban. Algunas medicinas deben tomarse en ciertas condiciones y en ciertos lugares usando encantamientos específicos. A menudo el receptor no sabe si la sanidad tiene lugar debido a los efectos de la medicina o de la ceremonia.

La religión tradicional zulú cuenta con varios especialistas para ayudar al pueblo en aspectos religiosos. Uno de dichos especialistas es el cacique-sacerdote, que representa a la familia o a la aldea ante los antepasados. El cacique procura la bendición de los antepasados para la familia, y además trata de evitar la maldición de dichos ascendientes.

Hay otros intermediarios que reciben el nombre de agentes de poder. Los zulús quieren mantener armonía tanto en la vida familiar como en la vida de la aldea. Cuando suceden o se anticipan eventos que producen desequilibrio o discordia, desgracia, enfermedad o muerte, el pueblo va en busca de rituales de los agentes de poder.

Los adivinos también son especialistas entre los zulús. A menudo son mujeres que han recibido su "vocación" a través de sueños, visiones o aprobación de antepasados. Actúan como consejeros y proveen información a víctimas o víctimas potenciales sobre las causas de enfermedad, daño y muerte. El mundo zulú tiene abundancia de entidades dañinas, y los adivinos cuentan con poderes para frustrar y evitar daños.

Los hechiceros también cuentan con poderes. Aprenden su oficio de magia negra de otros hechiceros. A través de la magia negra se libran de entidades malvadas. Los brujos también tienen poder en el mundo zulú. Se dice que cuentan con la habilidad de volar y volverse invisibles. A través de su oficio pueden usar el mal contra el bien, y por lo tanto convertirse en parte del daño contra otros. Actúan en un dominio diferente del dominio del Dios del Cielo y de los antepasados.

En África la religión tradicional incluye una variedad de rituales y especialistas que ayudan en dichos ritos. Por lo general no existe sacerdocio ni culto en templos, aunque en ciertas regiones de África hay templos y altares dedicados a ciertos espíritus, y con estos hay "sacerdotes" que realizan ceremonias. Básicamente, la cosmovisión africana considera que la enfermedad y la muerte son resultado del mundo de los espíritus, no de causas naturales. A menudo el curandero o los médicos tradicionales combinan prácticas tradicionales asociadas con magia, encantamientos y hierbas, con formas occidentales de práctica médica.

El rol del jefe-rey puede ser de especial categoría. Puede ser la figura central para relacionar al pueblo con el mundo de los espíritus y con los antepasados. Puede ser un objeto de tabú. Con la llegada del cristianismo y del Islam a África, surge un profeta que habla palabras de Dios.

En África la religión tradicional se expresa de maneras sumamente diversas. A pesar de las variedades de expresión, hay varios conceptos y prácticas generales que parecen similares. Siempre hay presente un concepto de dios o ser elevado, a quien por lo general se le ofrece reverencia, pero no hay una conexión vital entre este dios y la vida cotidiana del pueblo. Hay un mundo de los espíritus o entidades que están por debajo de este dios, y funcionan en varias capacidades y afectan la vida diaria del pueblo. Entre el pueblo hay especialistas que son "llamados" o separados para actuar como intermediarios o agentes entre el mundo de los espíritus y el pueblo. A través de varios rituales y ceremonias se intenta efectuar cambio para el bien y a veces en perjuicio.

Una de las preocupaciones en la religión tradicional africana es la preservación de armonía y equilibrio en el individuo, la familia, la aldea, la tribu y la nación. Como la familia se considera central, se busca el consejo y la protección de los antepasados. Lugares y objetos adquieren importancia sagrada o especial para interacción con el mundo de los espíritus y de los antepasados. Los especialistas usan dichos lugares y objetos a fin de lograr un equilibrio armonioso para el pueblo.

Baha'i

La religión Baha'i surgió en Irán en el siglo XIX en medio del Islam chiíta iraní. Una doctrina en el Islam chiíta anticipó el regreso y la aparición del imán número doce para traer justicia y rectitud al mundo. En el entorno de esta enseñanza y expectativa llegó un profeta llamado Baha'ullah. Consecuentemente se estableció la religión Baha'i con sus propias sagradas escrituras, sus propias leyes, sus propias instituciones administrativas y sus propios lugares sagrados. Se convirtió en una religión mundial.

Líderes

En la religión hay *cuatro figuras principales* con las cuales se asocia su historia y su desarrollo: Bab, Baha'ullah, Abdul Baha y Shoghi Effendi. El nombre del Bab fue Mirza Ali Muhammad, y nació en Shiraz en Irán. En

1844 profetizó que seguiría un profeta más grande que traería una nueva era de paz para todos los pueblos. Fue perseguido por funcionarios musulmanes por su predicación, fue apresado y en 1850 fue ejecutado en Tabriz por el gobierno. A sus seguidores se los conoció como los Babis, y muchos perdieron la vida por su fe.

La religión Baha'i fue fundada por Mirza Husayn Ali (1817-1892), a quien se lo conoció como Baha'ullah, que quiere decir "gloria de Dios". Él nació en Teherán. La palabra *Baha'i* proviene de Baha, que quiere decir gloria o esplendor. Baha'ullah había sido discípulo del Bab. Fue apresado en 1852 en Teherán cuando seguidores del Bab intentaron asesinar al Sha de Irán. Aunque no estaba enterado del intento, lo implicaron, y mientras estaba en prisión se dio cuenta de su misión como profeta.

Fue exiliado a Bagdad, donde anunció su misión profética. Desde allí las autoridades otomanas lo trasladaron a Constantinopla y a Andrianopla. Escribió cartas sobre su misión a gobernantes en Turquía, Irán, Rusia, Prusia, Austria y Gran Bretaña. Su último lugar de exilio fue Akka (Acre) en Palestina, donde murió en 1892.

Baha'ullah designó a su hijo mayor, Abdul Baha (1844-1921) como líder de la comunidad Baha'i e intérprete de las enseñanzas de su padre y fundador. Abdul Baha significa "siervo de la gloria". Él por un lado administró la religión desde Palestina y además difundió la fe. Viajó a África, Europa y el continente americano. Se establecieron comunidades Baha'i en el norte de África, el Lejano Oriente, Australia y los Estados Unidos, donde en 1912 pasó ocho meses hablando en iglesias, sinagogas y universidades.

Abdul Baha designó a su nieto mayor, Shoghi Effendi (1896-1957) como su sucesor. Él fue el "guardián de la causa", el intérprete autorizado de las enseñanzas de Baha'ullah. Shoghi Effendi desarrolló el orden administrativo de la religión y realizó el trabajo preliminar para la Casa Universal de Justicia. Después de su muerte el liderazgo de la religión Baha'i quedó en manos del cuerpo administrativo supremo, que se convirtió en la Casa Universal de Justicia en 1963 y se ubicó en el monte Carmelo en Haifa, Israel.

Escrituras

Las sagradas *escrituras* incluyen los escritos de Baha'ullah, el Bab, y Abdul Baha. Hay también importantes comentarios y explicaciones escritas por Shoghi Effendi. Baha'ullah escribió más de cien volúmenes o tabletas incluyendo el Kitab-i-Aqdas (El Libro Santísimo), que contiene muchas leyes y declaraciones de la religión; el Kitab-i-Iqan (Libro de certidumbre), que explica la unidad de la religión, y "Las palabras escondidas", que presenta toda la verdad revelada sobre todas las religiones.

Los escritos del Bab constan en especial de la historia de la venida de Baha'ullah. Los escritos de Abdul Baha incluyen el Testamento en el cual designa a Shoghi Effendi como el guardián de la fe, y muchas cartas. Shoghi Effendi escribió "El orden del mundo de Baha'ullah" y numerosas cartas a Baha'is por todo el mundo.

Enseñanzas

La religión hace énfasis en la unicidad o unidad de Dios, la unidad de la religión y la unidad de la humanidad. Aunque en esencia a Dios no lo podemos conocer, Él nos ha revelado su Palabra en cada período de la historia a través de *mensajeros*, a quien a veces se llama profetas, y a quien los Baha'is denominan "manifestación de Dios". Dichos mensajeros incluyen a Abraham, Moisés, Buda, Zoroastro, Cristo, Mahoma, el Bab y Baha'ullah. Dios es uno aunque la humanidad le ha dado varios nombres.

La *unidad* es un concepto común en las religiones, especialmente en las enseñanzas sobre Dios, la religión y la humanidad. Cada época debe ir en busca de la verdad, pero sin el obstáculo de superstición ni tradición. La adoración a Dios es importante, y el trabajo que se realiza con espíritu de servicio es adoración a Dios. Todas las formas de prejuicio merecen condenación, sea prejuicio religioso, racial, social o nacional.

La *igualdad entre hombres y mujeres* es fundamental para la fe y la práctica de los Baha'is. Ellos se esfuerzan para la adopción de un idioma auxiliar universal, la educación obligatoria, un tribunal mundial para que haya justicia y paz entre las naciones, y para abolir los extremos de pobreza y riqueza. De modo que la unidad de los seres humanos, la paz mundial y el orden mundial son objetivos especiales de la comunidad Baha'i. El desarrollo de cualidades espirituales tales como honestidad, compasión y justicia, ocurre todo dentro del marco de la adoración a Dios.

Se hace mucho énfasis en la *buena reputación y las buenas obras*. Se esperan matrimonios monógamos y dedicación a la vida familiar. Se condena el divorcio, y solo se deja como último recurso después de un año de prueba. Baha'ullah prohibió las bebidas alcohólicas y los estupefacientes. Los Baha'is respetan y obedecen las leyes de su tierra de ciudadanía, y promueven patriotismo universal. Baha'ullah declaró que la tierra es un solo país y la humanidad, sus ciudadanos. A la Comunidad Baha'i Internacional se la acredita en varios programas de las Naciones Unidas, incluyendo UNICEF, y tiene representantes con la ONU en Nueva York, Ginebra y Nairobi.

La vida espiritual y las *órdenes administrativas* de los Baha'is están comprometidas a la unidad y al orden. Los Baha'is están organizados en Asamblea Espiritual Local, Asamblea Espiritual Nacional y Casa de Justicia Universal. La Asamblea Espiritual Local está compuesta por un cuerpo administrativo de nueve miembros elegidos anualmente en cada pueblo, ciudad o distrito donde vivan nueve o más Baha'is adultos. Hay más de 25.000 asambleas locales a nivel mundial.

La Asamblea Espiritual Nacional es un cuerpo de nueve miembros elegidos anualmente por los delegados de Convención Nacional Baha'i. Son elegidos por delegados de las asambleas locales. Hay más de 130 asambleas nacionales. La Casa Universal de Justicia es un cuerpo de nueve miembros elegidos una vez cada cinco años por los delegados de las asambleas nacionales. Cuenta con poderes legislativos en cuestiones que no estén reveladas expresamente en las escrituras Baha'i. Está ubicada en el monte Carmelo en Haifa, Israel. La oficina central de la Asamblea Nacional de los Estados Unidos está en Wilmette, Illinois.

Oración, lecturas de la escritura, meditación y conferencias son funciones relevantes en las reuniones. En los cultos de adoración de las principales religiones se usan las escrituras como también música a capella. El calendario Baha'i se basa en el año solar y consta de 19 meses de 19 días cada uno. En el primer día de cada mes, los Baha'i se reúnen para la fiesta del día diecinueve. Su propósito es culto, comunión y consulta en comunidad.

Los lugares de adoración más importantes están en Wilmette, Illinois, en los EE.UU.; Francfort, Alemania; Kampala, Uganda; Sydney, Australia y Panamá, Panamá. El único requisito arquitectónico es que todas las casas de culto tengan nueve lados y estén rodeadas por una cúpula. Los Baha'is también observan ayuno todos los años desde el 2 al 20 de marzo, cuando no se ingiere comida ni bebida durante las horas del día. No hay clérigos en la comunidad.

En el monte Carmelo se halla no sólo la única Casa de Justicia Universal sino además el Santuario del Bab con su cúpula dorada, la tumba del Bab y el lugar de sepultura de Abdul Baha. Baha'ullah está sepultado cerca de Haifa en Bahji, donde hay un santuario rodeado por hermosos jardines.

En los EE.UU. Baha'ullah se mencionó por primera vez en 1893 en el Parlamento Mundial de Religiones en Chicago. El primer grupo Baha'i se formó en Chicago en 1894. Abdul Baha visitó los Estados Unidos en 1912 y colocó la piedra fundamental de la Casa de Culto Baha'i en Wilmette, Illinois, que se inició en 1920, y se dedicó en 1953. En los EE.UU. la primera Asamblea Espiritual Nacional se organizó en 1925.

El Baha'i Publishing Trust publica y maneja la venta de literatura autorizada, panfletos, cursos de estudio y material multimedia. Los Baha'is también manejan un hogar de ancianos, servicios para ciegos, escuelas de verano y una oficina de derechos humanos.

La declaración de los Baha'is es que son los guardianes de la revelación más reciente de Dios. Dicha revelación completa el conocimiento esencial, los valores religiosos y los arreglos institucionales necesarios para que la población mundial obtenga unidad espiritual y social. Esta religión tiene atractivo en todos los segmentos de la sociedad, especialmente para las mujeres y los grupos minoritarios. Sus enseñanzas parecen cruzar culturas con gran facilidad. Las personas que se acercan a la religión Baha'i tienen interés genuino en educación, problemas a escala mundial y una mente abierta a varias filosofías y enseñanzas religiosas ejemplificadas en las más importantes religiones mundiales. Abunda la literatura y se comparte. Aunque las cifras de la membresía son generales, se calcula que hay más de cinco millones en todo el mundo, con más de 100.000 en los Estados Unidos.

En Irán, donde comenzó, la religión Baha'i siempre se ha visto afectada por el Islam, la religión dominante. Su historia ha estado llena de inestabilidad y persecución en los altibajos de religión y política entre los shas de Irán y los ayatolás. Desde la revolución iraní de 1979 liderada por el ayatolá Khomeini, los Baha'i han sufrido mucha persecución y han estado en situación de desventaja.

La membresía está abierta a todos los que acepten los fundamentos de la fe Baha'i, reconozcan a sus profetas y líderes, y acepten las escrituras y las órdenes administrativas. En vista de que no hay clérigos, la responsabilidad de enseñar y difundir la religión recae en el individuo. En regiones donde no hay Baha'is, voluntarios a quien se llama pioneros pueden ir a vivir a esos lugares, buscar empleos y difundir su fe.

9

RELIGIONES EN ACCIÓN: ESTUDIO DEL MEDIO ORIENTE Y DE IRÁN

■ ▬▬▬▬▬▬▬▬▬▬▬▬▬▬▬▬▬▬▬▬▬▬▬▬▬ ■

Desde 1968 hasta 1978 viví en Irán y viajé por todo el Medio Oriente. Durante ese tiempo en Teherán se construyeron más cines que mezquitas musulmanas, y se convirtió en el campo de batalla entre los programas de modernización del sha y las fuerzas religiosas tradicionales de los ayatolás. Beirut pasó de ser una hermosa ciudad portuaria en el mar Mediterráneo y punto de reunión de la cultura oriental y la occidental, especialmente en la Universidad Americana, a ser el campo de batalla de religiosos disidentes y de fuerzas políticas que diezmaron su población y la vida de la ciudad.

El Cairo era testigo de cómo un día eran los rusos y al día siguientes eran los americanos quienes competían por el favoritismo internacional. También fue testigo de que soldados se hacían a la guerra como musulmanes árabes para pelear contra judíos israelíes, y al poco tiempo el presidente egipcio, un devoto musulmán, volaba a Jerusalén para hablar sobre la paz y la entrega de tierras, para disgusto de sus vecinos musulmanes árabes.

Siendo una ciudad musulmana, Amán se conmocionó por tener que hacer guerra contra musulmanes palestinos, y celebró la boda de su rey con una mujer norteamericana. Damasco envió ejércitos musulmanes al Líbano para garantizar la paz entre la población musulmana y la cristiana, y para rechazar intrusiones de sus vecinos judíos.

Jerusalén fue testigo de escaramuzas entre naciones árabes y disidentes palestinos cerca de lugares claves para el judaísmo, el muro del templo del

151

rey Salomón; para el Islam, el Domo de la Roca; para el cristianismo, los sitios de la crucifixión y la resurrección de Jesucristo.

En estas mismas ciudades, pero en forma más velada, sucedían otras cosas. En Teherán, el ayatolá y su junta directiva de la mezquita se reunían en la casa de un cristiano para conversar sobre cuestiones de interés mutuo entre el cristianismo y el Islam. En el Líbano, la Escuela Bautista de Beirut, una escuela primaria y secundaria de varios cientos de estudiantes cristianos y musulmanes (aproximadamente la misma cantidad de una y otra fe), seguía dictando clases diarias en medio de conflictos entre la población musulmana y la cristiana. En las afueras de Jerusalén un cristiano visitó el hogar de una familia musulmana que estaba haciendo duelo por la muerte de su pequeño hijo. Este había sido compañero de juegos del hijo del cristiano, y había sido atropellado por un vehículo. Ese día el cristiano oró con la familia musulmana.

El Medio Oriente es un complejo mosaico de pueblos, religiones, políticas y conflictos. Tras haber sufrido tantos desencantos, ante todo la gente desea estabilidad. Los límites territoriales son problemáticos, y asimismo las intrusiones foráneas. Sin embargo, desde siempre han sido personas religiosas. En la estructura de la vida del Medio Oriente, las cuestiones de teocracia, pluralismo religioso, libertad religiosa y tensiones entre religión y política parecen haber sido constantes. Han sido el germen de luchas de poder, guerras, intervención internacional y hasta amistades entre pueblos, pero el Medio Oriente no está solo en su batallar con estas cuestiones.

La teocracia, el pluralismo religioso y la libertad, y las tensiones entre iglesia y estado han sido ingredientes en la historia de los Estados Unidos de América, y continúan siéndolo hoy. La herencia histórica tiene sólo 200 años, en comparación con los milenios de la historia del Medio Oriente. Los padres de la patria tenían como sueño establecer una iglesia-comunidad regida por Dios a través de líderes elegidos. La religión y la política se fusionaron en una unidad donde no habría distinción entre iglesia y estado, entre membresía de iglesia y membresía de la confederación. Los que criticaban este modelo y cuestionaban el significado de libertad religiosa y libertad de conciencia, eran exiliados o debían huir para salvar su vida.

Para 1791 la primera enmienda a la constitución garantizó que el Congreso no pasaría leyes en cuanto a establecer una religión ni a prohibir el libre ejercicio de una religión. Había una multiplicidad de razones para la separación de iglesia y estado, incluyendo los grandes valores de liberalismo, pluralismo, libertad de elección, responsabilidad individual y voluntariedad que habían surgido en la sociedad. Sin embargo, y esto es así en todos los países, la relación entre iglesia y estado siempre ha sido oscura, y a veces hasta problemática. A menudo es el estado quien decide qué es religión. Por ejemplo, ha declarado que la cienciología no es una religión, mientras que por otro lado la cienciología afirma serlo. El estado ha manifestado que la meditación trascendental es una religión, mientras que el movimiento de MT declara ser una ciencia. En ocasiones el estado ha declarado que la Nación del Islam (musulmanes negros) es más política que religiosa. En 1968 a Muhammad Alí, el campeón peso pesado de boxeo, se le denegó la condición de objetor de conciencia, pero la resolución se invalidó en 1971. En lo que se refiere a la relación iglesia y estado, las cuestiones de impuestos, los capellanes de las fuerzas armadas y la oración en las escuelas públicas son algunos de los temas problemáticos.

En líneas generales, es evidente que el estado ha visto en la religión un aliado valioso para sostener los valores dominantes de la sociedad y para preservar el orden social. Por otra parte, la iglesia ha usado sus tradicionales contactos con el gobierno para obtener estatus favorable a fin de proteger sus propios intereses. La religión y la política en el continente americano han tenido relaciones pacíficas y tormentosas. Se han peleado batallas, y estas continúan, por las creencias y las prácticas de la libertad religiosa. La relación que continúa entre iglesia y estado, y la interrelación entre religión y política ocurren en una sociedad moldeada por creencias y prácticas basadas en la tradición judeo-cristiana.

Esta sociedad, como la del Medio Oriente, ha lidiado con temas que van desde la teocracia a la libertad religiosa, en una variedad de modelos e intensidades. El protestantismo, el catolicismo romano y el judaísmo, al igual que otras comunidades religiosas en otras naciones, también enfrentan los retos y los desafíos de estas cuestiones. Sin embargo, Oriente Medio, con su enloquecido calidoscopio de religiones y política, sirve como ejemplo máximo de religiones en acción en la compleja vida del siglo XXI.

El Medio Oriente

Desde Marruecos a Pakistán el mosaico del Medio Oriente es como un fino y colorido tapiz persa, ajustado y de intricado diseño, que recuerda a una larga y orgullosa conciencia histórica. En esa región han nacido y han caído grandes civilizaciones. Las pirámides y las esfinges son recordatorios de las grandes dinastías egipcias, cuando los faraones gobernaban cual reyes divinos. Por Egipto y la India aún quedan huellas y cicatrices de la marcha de Alejandro Magno. Todavía se recuerdan las luchas entre los cristianos de Bizancio, con un imperio que llegaba a ellos desde Constantinopla, y los zoroástricos de Persa. El judaísmo, el cristianismo y el Islam crecieron lado a lado con una compleja participación en la ciudad de Jerusalén y sus alrededores. El nacimiento del Islam desde un oasis en el desierto de Arabia y su rápida expansión en un siglo hasta llegar a dominar

Mesopotamia, Palestina, el norte de África, España, Persia y la India, e incluso su llegada a la lejana China, continúa siendo una explosión y un crecimiento extraordinario y enigmático en el escenario mundial.

Hay varios movimientos que se extienden por el Oriente Medio contemporáneo que afectan en grado sumo las religiones de esa zona. Dichos movimientos son la secularización, la geopolítica y el resurgimiento de las identidades étnicas, nacionales y religiosas. El ejemplo más destacado de secularización tuvo lugar en Turquía luego de la Primera Guerra Mundial.

Secularización

Turquía había funcionado como la base del Imperio Otomano que rigió el Medio Oriente 400 años, con el modelo de un califato islámico teocrático. En 1925 llegó al poder de Turquía Kemal Ataturk, concluyó el desmantelamiento del imperio, y se hizo cargo del país desde la perspectiva de un estado secular. Ataturk clausuró las mezquitas, silenció a los clérigos musulmanes, y promovió conceptos occidentales y modos de educación, leyes y tribunales que suplantaron las instituciones islámicas. A las mujeres se les prohibió el uso del velo, y a los hombres el uso del fez, y se alentó un estilo de vestimenta occidental. Se reinstituyó la escritura del idioma turco para reemplazar al arábigo, que era el idioma del Islam.

De modo que una teocracia islámica dio paso a un naciente estado moderno y secular. Se reprimió la religión, y la nueva política tuvo como ideal y práctica el anticlericalismo y el *establishment* antirreligioso. En las últimas décadas se ha visto un avivamiento del Islam en Turquía, pero el estado secular sigue teniendo control de la vida social y religiosa de la nación.

Otro ejemplo evidente de secularización en el Medio Oriente tuvo lugar bajo el reinado del Sha Reza el Grande de *Irán* en la época del experimento de Ataturk en Turquía. El Sha Reza quiso eliminar el Islam. Suscitó el antagonismo de los ayatolás islámicos, confiscó donaciones islámicas de tierra y dinero, y suplantó educación y leyes islámicas con educación primaria y secundaria y tribunales bajo supervisión del gobierno, y por lo tanto influencia secular. Prohibió a las mujeres el uso del tradicional velo. Estableció la Universidad de Teherán, que incluyó una facultad de teología islámica. En dicha facultad el sha quiso animar a una perspectiva más esclarecedora del Islam.

El proceso de secularización en Irán también incluyó enviar estudiantes al extranjero para entrenamiento tecnológico y científico occidental, establecer fuerzas armadas basándose en modelos occidentales, e importar consultores occidentales para que aconsejen y presten ayuda a Irán para modernizar la industria, la agricultura, la educación y otras áreas de la vida social. Turquía e Irán se destacan en Oriente Medio como escenarios donde líderes políticos alentaron la secularización como proceso para derribar los baluartes de la religión islámica. Turquía sigue siendo un estado secular. Bajo Mohammed Sha Reza Pahlevi Irán llegó a un punto en el proceso de secularización que las fuerzas islámicas hicieron eclosión bajo el liderazgo del ayatolá Khomeini, en un proceso que describiremos luego.

Geopolítica

Las naciones occidentales hicieron del Medio Oriente una salvaguarda para evitar la difusión de influencias comunistas en el golfo Pérsico y la cuenca del Mediterráneo, para establecer la seguridad del sectarismo religioso dentro de las fronteras nacionales, y para proteger el libre fluir de recursos petroleros tan vitales para las industrias y las economías mundiales.

Luego de la Primera Guerra Mundial, y bajo los auspicios de Francia, el *Líbano* se estructuró en forma diferente de Siria a fin de proteger a la población cristiana dentro de una región con mayoría musulmana, y además para dar a los franceses influencia en la zona. La constitución del Líbano declara que el presidente debe ser cristiano y el primer ministro musulmán. De esta manera se reconoce el pluralismo religioso en las estructuras legales de la nación. En las últimas décadas la población libanesa se ha tornado mayormente musulmana, y los musulmanes desean una enmienda constitucional que los favorezca con mayor representación en el gobierno. Además las guerras periódicas y las escaramuzas en el Líbano entre cristianos y musulmanes, como también entre musulmanes, reflejan una compleja mezcla de religión, rivalidad política, tierras en control de comunidades religiosas, e intriga internacional.

El estado de *Israel* alcanzó su forma actual con la ayuda de poderes occidentales. La intención era fundar una patria para el pueblo judío. Esto tuvo lugar con el trasfondo de la marginalización de judíos y el antisemitismo, sobre todo con el intento nazi de aniquilar al pueblo judío. Este desafío a la vida misma de los judíos como pueblo tuvo lugar en el centro mismo del cristianismo, aunque un cristianismo en vías de volverse secular. El estado de Israel creció y se desarrolló en medio de árabes cristianos y árabes en Palestina. Este desarrollo dio comienzo a violentas tensiones en las comunidades religiosas de la zona.

Los musulmanes árabes y los cristianos árabes en Palestina pelearon contra los judíos israelíes. Los musulmanes árabes de Egipto, Siria, Jordania, Líbano e Irak también pelearon contra el estado de Israel. Las guerras árabe-israelíes de 1948, 1956, 1967 y 1973 fueron testigos no simplemente de la geopolítica de las naciones de la región sino además de la geopolítica de los Estados Unidos, las naciones europeas y de la ex Unión Soviética. La ciudad de Jerusalén se convirtió en símbolo de derechos y privilegios religiosos, especialmente entre judíos y musulmanes. Jerusalén se convirtió en capital del estado de Israel, y las naciones debatieron que debería ser una ciudad internacional controlada por una organización que garantizara los santuarios sagrados de las comunidades religiosas de mayor relevancia.

De vez en cuando los rabinos ortodoxos en el estado de Israel y los partidos políticos religiosos han presionado al liderazgo israelí hacia una teocracia basada en la Torá. El parlamento israelí, el Knesset, promulgó leyes que restringen las actividades de minorías religiosas, y esto cuestionó las intenciones del estado hacia la libertad religiosa y la continuada aprobación del pluralismo religioso. Esta acción parlamentaria provocó una gran protesta de las comunidades religiosas en el estado de Israel. Es así que esta nación representa gran complejidad de comunidades religiosas, participación de potencias internacionales, y política de derechos y privilegios basada en santuarios y tierras santas.

Identidades que renacen

El renacer de identidades étnicas, nacionales y religiosas también afecta las religiones. La condición de los pueblos kurdos dentro y a lo largo de las fronteras de Irán, Irak y Turquía demuestra la interrelación entre la geopolítica y las identidades nacionales y religiosas. Los *kurdos* son musulmanes sunitas y superan los 14 millones. Durante años han estado en lucha contra el gobierno de Irak, una nación que también es musulmana sunita. En una época Irán, un país musulmán chiíta, proveyó a los kurdos armamento con ayuda americana para que pudieran pelear contra Irak por su libertad. En otra época, de modo abrupto Irán abandonó a los kurdos en su lucha contra el régimen iraquí.

Durante la revolución iraní con Khomeini los kurdos pelearon contra Irán para obtener derechos territoriales y por la libertad de vivir independientemente en Irán como una comunidad étnico-religiosa. Irak mismo tiene una población mayormente musulmana chiíta que es impaciente con las políticas de discriminación del liderazgo sunita en el gobierno. Las relaciones de Irak con Irán han variado e ido de hostiles a pacíficas. Mientras estaba al mando del ayatolá Khomeini, Irán peleó con Irak, al mando este del presidente Saddam Hussein. En la Guerra del Golfo, cuando Irak invadió Kuwait, las naciones árabes musulmanas bajo mandato de la ONU hicieron guerra a Irak. Tanto los kurdos como los chiítas en Irak siguen tratando de legitimar su condición y su poder.

Irán es un ejemplo destacado de una nación de religiones que han funcionado en posiciones de minoría. Aunque Irán es una pluralidad musulmana chiíta, los musulmanes chiítas a través de su historia han sido un movimiento minoritario dentro del Islam. La gran mayoría de musulmanes siempre han sido los sunitas, no sólo en el Medio Oriente sino también a nivel mundial. El zoroastrismo, el judaísmo, el cristianismo y la religión Baha'i también han tenido condición minoritaria en Irán bajo la predominancia del islamismo chiíta. Estas religiones han aprendido a coexistir, aunque la religión Baha'i, más que las otras, ha enfrentado tiempos difíciles de restricciones y persecución.

A medida que en el Medio Oriente surgió el concepto del estado moderno, a menudo los gobiernos procuraron explorar y expresar sus raíces nacionales y su herencia cultural. *Egipto* ha intentado expresar sus raíces egipcias a las épocas anteriores a las conquistas árabes e islámicas. Durante el gobierno de los ya fallecidos shas, Irán trató de revitalizar las contribuciones culturales persas durante las dinastías zoroástricas antes de la conquista islámica. En Egipto los cristianos coptos pudieron seguir su genealogía hasta los nativos egipcios. Los cristianos coptos representan aproximadamente el diez por ciento de la población, que en su mayoría es musulmana sunita. Estos análisis nacionalistas y los grandes elogios de significados culturales que se extienden más allá del comienzo de la cultura árabe y del Islam, a menudo tienen significancia ambivalente para las comunidades religiosas minoritarias como los zoroástricos, los cristianos y los judíos. Los líderes políticos hablan de políticas de libertad religiosa para las minorías, y a veces manipulan a las minorías contra la comunidad religiosa mayoritaria. Mohammed Sha Reza Pahlevi solía elogiar a los zoroástricos de Irán diciendo que eran personas trabajadoras, honestas y de confianza. Esta afirmación pudo haber sido cierta, pero fue un golpe bajo para sus enemigos en la comunidad musulmana chiíta.

Arabia Saudita por largo tiempo afirma ser guardián de los santuarios islámicos en las ciudades de La Meca, donde está la ka'ba, y en Medina, donde está la tumba del profeta Mahoma. Millones de musulmanes fieles de todo el mundo año tras año hacen peregrinaciones a estos santuarios. El país además es titular de uno de los depósitos de petróleo más grandes del mundo, y se beneficia con billones de petrodólares anuales. Esto por cierto ayuda a influenciar decisiones geopolíticas en la zona, y también entre las grandes potencias.

En su historia medianamente reciente, esta nación ejecutó a una pareja de la familia real decapitándola, y esto captó la atención de la prensa mundial. Además ejecutó a decenas de disidentes musulmanes que irrumpieron en los precintos sagrados de La Meca y asumieron el control hasta que tropas sauditas lo reasumieron. En la más reciente Guerra del Golfo, Arabia Saudita asumió una postura severa contra Irak, su vecino, y permitió que las fuerzas de la ONU usaran tierra saudita como zona de montaje para el ataque contra Irak. Ahora la nación va precipitadamente a la modernización en medio de una sociedad sumamente tradicional, tanto social como religiosa.

Hay varias incógnitas. ¿De qué manera el Islam ortodoxo, básicamente de la secta Wahabbi, podrá identificarse con las influencias modernistas de las decenas de miles de extranjeros que están construyendo una nueva sociedad en esa tierra? ¿De qué manera la secularización afectará al liderazgo? ¿Qué rol seguirá teniendo entre las naciones musulmanas árabes? ¿Habrá transigencia y síntesis entre lo viejo y lo bueno, o habrá conflicto?

Irán

La historia religiosa de Irán se extiende por varios miles de años. El rey Ciro del famoso Imperio Persa, en la época de la religión de magos, libertó a los judíos de la cautividad babilónica en el siglo VI a.C. Llevó a los judíos a Persia, donde establecieron una comunidad religiosa estable. Tiempo después, reyes persas como Darío animaron a los judíos a regresar a Palestina para reedificar el templo de Jerusalén. Ester, que tenía linaje judío, se casó con un rey persa. La comunidad judía ha vivido en Irán con relativa libertad religiosa y estabilidad social y económica durante alrededor de 2500 años.

Composición religiosa

El *zoroastrismo* fue la religión dominante en Irán desde el tiempo del rey Ciro hasta la invasión islámica. Alcanzó su punto culminante durante el reinado de los reyes Sassanian desde el 220 d.C al 651 d.C. Los cristianos nestorianos ingresaron a Irán durante el siglo IV. Desde ese momento comunidades cristianas de asirios, armenios, ortodoxos griegos, católicos romanos y protestantes han fundado iglesias. Los musulmanes han considerado que los judíos, los zoroastrianos y los cristianos son pueblos del libro, es decir, de la misma revelación divina de parte de Dios. Cuando el Islam ha sido la religión predominante en una nación, judíos, cristianos y zoroastrianos por lo general han recibido reconocimiento oficial y libertad religiosa. En realidad, durante el reinado del ya fallecido Sha de Irán, estas religiones minoritarias podían elegir representantes para el parlamento iraní de entre sus propias comunidades religiosas.

En el siglo VII d.C. *musulmanes* árabes de la península arábiga penetraron en Irán y establecieron el Islam como religión principal. Para el siglo XVI la forma chiíta del Islam predominaba, diferenciada de la rama sunita. Bajo el monarca iraní, Sha Abbas, fueron a Irán cristianos armenios de Turquía para trabajar como artesanos de la ciudad de Isfahan, que en el siglo XVI competía con la grandiosidad de Londres. Los zoroastrianos migraron a la India y se establecieron en los alrededores de Bombay durante los comienzos del islamismo en Irán. Algunos permanecieron allí para preservar sus templos de fuego y sus comunidades. Sin embargo, en tiempos recientes han disminuido en número en forma drástica.

La religión *Baha'i* surgió en Irán a mediados del siglo XIX. Baha'ullah, su profeta, fue educado en la tradición del Islam chiíta y se describió a sí mismo en términos de los imanes chiítas. Esta religión oficialmente se consideró herejía y amenaza política para las autoridades iraníes. Los líderes fueron exiliados y las comunidades recibieron amenazas. La religión baha'i nunca disfrutó de la libertad religiosa ni de la seguridad que sí tenían oficialmente los pueblos del libro. Durante el liderazgo de Mohammed Sha Reza Pahlevi, las comunidades baha'i recibieron cierto favor y protección, así como todas las otras minoridades religiosas. Sin embargo, durante la revolución iraní el pueblo baha'i fue el primero en ser perseguido.

Aunque Irán es alrededor de 98% musulmán, entre el 8% y el 10% es de la rama sunita. Los *musulmanes sunitas* incluyen a los pueblos kurdos en el noroeste y el sudoeste. Ya hemos mencionado su inestabilidad en cuanto a identidad nacional, y sus aspiraciones a tener una tierra y una nación propia. Los pueblos tribales de Baluchestán en el sudeste de Irán son musulmanes sunitas y también aspiran a territorio propio. En la zona sur de Irán, en el Golfo Pérsico y la frontera con Irak, hay una región conocida como Khuzistan, donde vive otro grupo grande de musulmanes sunitas. Todos estos sunitas han vivido gobernados por la nación persa. Sin embargo, de vez en cuando y por influencias tanto internas como externas, incitan a la subversión contra las autoridades iraníes.

De manera que Irán ofrece un variadísimo mosaico de la historia de las religiones más importantes en el Medio Oriente, en interacción y coexistencia. Luego de este rápido panorama histórico, enfocaremos la atención en el Irán contemporáneo, especialmente desde la Segunda Guerra Mundial hasta la Revolución Iraní, con un énfasis especial en la monarquía de Mohammed Sha Reza Pahlevi y las dificultades del Islam chiíta tradicional, las minorías religiosas y la libertad religiosa, y el proceso de modernización.

El Irán de los Shas

Según la constitución de Irán implementada en 1907, la religión oficial era el Chiísmo Jafarite Ithna 'Ashari, que el sha reinante debía profesar y propagar, y que debía ser practicada por la mayoría de la gente. Estipulaba que el parlamento no podía contradecir las santas prescripciones islámicas ni las leyes prescriptas por el profeta Mahoma. Requería que el Sha jurara sobre el Corán que propagaría la fe chiíta. La constitución también exigía que un comité de los ayatolás más eruditos, seleccionados por el parlamento y con totales e iguales derechos que los miembros del parlamento, supervisarían todas las leyes promulgadas por esa institución para asegurarse de que estuvieran acordes a la ley y las enseñanzas islámicas. También se garantizaba la libertad religiosa de grupos minoritarios. De modo que se preparó el escenario para la clásica lucha entre los tradicionales ayatolás y los secularizados shas, o para ser más específicos entre Mohammed Sha Reza Pahlevi y el ayatolá Khomeini.

Desde 1925 había existido una lucha entre la *dinastía Pahlevi* estableci-da por el Sha Reza y continuada por su hijo, Mohammed Sha Reza Pahle-vi, y los ayatolás. El Sha Reza (1925-1941), coronel militar pero sin linaje real, se coronó a sí mismo sha siguiendo la tradición de reyes persas como Ciro, Darío, Artajerjes y Sha Abbas. Como ya hemos indicado, lanzó un vasto programa de reformas que influyó en un ataque sobre el reordena-miento de los poderes y las estructuras del Islam, incluyendo un rol cada vez menor de los ayatolás.

El Sha Reza puso bajo control del gobierno la inmensa riqueza en dinero y tierras de las donaciones religiosas islámicas. Él sujetó la educación islá-mica poniéndola bajo los auspicios de una burocracia gubernamental secu-larizada, y así retiró a los estudiantes del tutelaje de la vasta red de escuelas que presidían los ayatolás. Se occidentalizó la ley, los tribunales, la forma de vestir y las formas de gobierno. Comenzó la industrialización, y se reins-tauró un ejército moderno y bien equipado para ayudar en la implementa-ción de las políticas de modernización. El poder de los ayatolás quedó restringido, y creció un profundo resentimiento contra el sha en las comu-nidades religiosas tradicionales.

Mohammed Sha Reza Pahlevi, que gobernó desde 1941 a 1979, here-dó de su padre el Trono del Pavo Real en 1941. En la primera década de su gobierno, el joven sha confrontó las crisis y las intrigas del comunismo, el nacionalismo con el Primer Ministro Mossadeq, la influencia de poten-cias internacionales, y la insatisfacción religiosa de los ayatolás. El sha transigió con los ayatolás y venció las dificultades de la política interna por medio de hábiles relaciones con otras naciones, incluyendo los Estados Unidos. Al comienzo de la década de los años 60, el sha tenía control esta-ble de la población, aunque era diversa. Estableció y aumentó fuerzas ar-madas competentes y una poderosa policía secreta (Savak) que reforzó su poderío en todo el país, incluyendo los territorios habitados por las mino-rías. Para esta época el sha también había decidido aliar su suerte con los Estados Unidos, e hizo contratos por miles de millones de dólares para mo-dernizar su país con rapidez. Tecnología, armamentos y consultores de los Estados Unidos y de otros países llegaron a Irán en grandes cantidades a fin de saturar el país con internacionalismo.

El sha quiso tener de su lado a tantos compatriotas como fuera posible. Las minorías religiosas prosperaron de manera especial durante su reina-do. Los judíos nativos, los zoroastrianos y los cristianos sintieron seguridad como minorías religiosas. Los judíos llegaron a ser prominentes en el mer-cado como empresarios y comerciantes. Las sinagogas se llenaban. Los ju-díos, como comunidad étnica, tenían un representante en el parlamento. Aunque en Irán no existía una embajada del estado de Israel, el sha permi-tió que hubiera un consulado. Durante el embargo de petróleo de 1973, el sha permitió que se enviara petróleo iraní al estado de Israel. El judaísmo como religión y los judíos como pueblo experimentaron cierta estabilidad durante el reinado del sha. Hubo inmigraciones de judíos iraníes al estado de Israel, y periódicamente hostilidad contra los judíos en Irán, pero en forma general los judíos gozaron de libertad religiosa.

La comunidad zoroástrica había renacido durante el reinado del sha. Él había invitado a los parsis zoroástricos, cuyos antepasados habían huido a la India cuando llegó el Islam, a regresar a Irán y gozar de ciudadanía plena. A menudo en sus discursos el sha elogiaba la contribución de los zoroastrianos. Estos se sintieron alentados por los intentos del sha de reenfocar la cultura iraní en sus raíces, tiempos preislámicos cuando floreció el zoroastrismo.

Durante la época de Pahlevi las comunidades cristianas también experimentaron estabilidad, y a veces hasta crecimiento. Si bien por un lado había menos de 50.000 zoroastrianos y alrededor de 100.000 judíos, los cristianos declaraban ser unos 200.000, que representaban una variedad de iglesias. La Iglesia Apostólica Armenia, la Iglesia Católica Armenia, la Iglesia Asiria del Este, la Iglesia Católica Caldea, la Iglesia Católica Romana, la Iglesia Episcopal y una variedad de iglesias protestantes componían las principales comunidades cristianas en la época del sha. La más grande comunidad cristiana era la Iglesia Apostólica Armenia. Trece de la veintena de iglesias que se construyeron durante la era del Sha Abbas en el siglo XVI todavía estaban en pie en Nueva Julfa, cerca de la ciudad de Isfahan. Su arzobispado en Teherán declaraba tener más de 100.000 comulgantes, y más de 20 sacerdotes ordenados.

Tanto las misiones católicas romanas como las protestantes florecieron en Irán durante el reinado de los shas Pahlevi. Aumentaron las escuelas misioneras, los hospitales y las escuelas de enfermería, las librerías, las tareas de traducción de la Biblia, los orfanatos y las congregaciones. En una época hubo cinco hospitales cristianos en Irán, incluyendo Teherán, Meshad, Tabriz y Hamadán.

La Iglesia Anglicana y la misión presbiteriana fueron clave para el establecimiento de obras misioneras. Durante la década del 70, con el influjo de decenas de miles de extranjeros, surgieron iglesias de habla inglesa en ciudades cruciales, especialmente Teherán, Isfahan, Shiraz, Ahwaz y Abadán. Los bautistas del sur ejercieron un importante rol de liderazgo en dichas iglesias. La Community Church de Teherán había sido una iglesia de habla inglesa durante mucho tiempo, y atraía a extranjeros tanto como a iraníes que hablaban inglés. La misión presbiteriana comenzó un centro cultural y de idiomas en Teherán, frente al campus principal de la Universidad de Teherán, que en un tiempo tuvo una matrícula de unos 600 estudiantes. Un reconocido grupo cristiano ubicó a un profesor en la Facultad de Teología Islámica de la Universidad de Teherán.

De modo que las comunidades cristianas crecieron en número durante los shas Pahlevi desde 1925 hasta 1979. Antiguas comunidades étnico-religiosas como los armenios y los asirios tienen gran visibilidad en ministerios y programas de la iglesia. Pero además de todo eso los misioneros y el personal de ciertas iglesias occidentales, especialmente de Europa y los Estados Unidos, tuvieron oportunidades de trabajar en Irán. Desde la base de estas misiones occidentales, surgieron iglesias iraníes con sus propios pastores y ministerios. De manera que en cuanto a pluralismo religioso y libertad religiosa, el cristianismo, tanto como el judaísmo y el zoroastrismo, tuvieron una posición y una experiencia relativamente buena. En medio de una nación abrumadoramente musulmana, los cristianos tuvieron gran visibilidad y comunidades estables.

En la década del 60, a medida que el sha Mohammed Reza Pahlevi obtuvo más control en Irán, inició programas y reformas sociales con el propósito de mejorar las condiciones de vida del pueblo, pero que alienaron al liderazgo chiíta. De manera que siguió una lucha constante entre el sha y los ayatolás. Es irónico que el sha trataba de ganarse el favor de varios partidarios potenciales y de comunidades religiosas minoritarias, pero perdió el apoyo de los líderes religiosos que gozaban la atención y la lealtad de millones de iraníes. El sha reivindicó los poderosos símbolos del Islam chiíta a fin de legitimar su reinado y su autoridad entre las masas. En su autobiografía él hizo referencia a sus sueños de lo que Alá le declaró, que Alá lo protegía de intentos de asesinato. Dijo también que su padre le puso el nombre del octavo imán, el imán Reza. El sha habló de su Revolución Blanca, que se había inspirado en el Corán.

La tierra y el dinero que los fieles musulmanes donaron para sus organizaciones religiosas bajo la autoridad de los ayatolás, fueron confiscados por el gobierno del sha y controlados por la Organización para Donaciones. Esta institución se convirtió en la segunda más rica de Irán, luego de la Compañía Nacional Iraní de Petróleo. La Organización para Donaciones controlaba y regulaba la edificación y la reconstrucción de mezquitas; asumió la responsabilidad de entrenar a los jóvenes clérigos; juntamente con la policía secreta, supervisaba las actividades en las mezquitas, como así también los mensajes que predicaban los clérigos musulmanes y las declaraciones de los ayatolás. Esta organización también publicó libros y panfletos que describían al sha y a su familia como buenos chiítas.

El sha patrocinó varios seminarios musulmanes, incluyendo la Facultad de Teología Islámica en la Universidad de Teherán. Uno de los más patéticos intentos del sha para mostrarse legítimo en el aspecto religioso, fue enviar a la tumba de su padre a varios jóvenes clérigos musulmanes, en las afueras de Teherán, para rezar oraciones. El padre del sha había muerto en el exilio en Sudáfrica y sus restos habían sido llevados de regreso a Irán y puestos en una tumba entre otros santuarios islámicos cerca de la ciudad capital. El sha había agregado el título "Grande" al nombre de su padre. Los jóvenes clérigos musulmanes realizaron un ritual semanal de oraciones frente a la tumba.

El Irán de los ayatolás

En la década del 60 y del 70 surgió una profunda rivalidad entre el sha y los ayatolás. Los levantamientos de 1963-1964 liderados por los ayatolás provocaron sangrientos disturbios en las calles de Teherán y Qum, el reducto del Islam tradicional. Los temas de conflicto, tal como los expresó el ayatolá Khomeini en 1963, eran los siguientes: reformas territoriales que privaron a las mezquitas y a las comunidades religiosas de su riqueza y su influencia; dependencia en las fuerzas "imperialistas" de los Estados Unidos", y otorgarle el derecho de votar a las mujeres. Uno de los principales ayatolás de la época le dijo al sha: "No eres tú quien decide qué está bien; soy yo y el ulema (ayatolás)". Otro ayatolá declaró: "Nuestros intereses fueron desafiados y violados por el corrupto organismo reinante".

En los consiguientes disturbios millares perdieron la vida y el ayatolá Khomeini fue enviado al exilio. A través de arrestos domiciliarios y encarcelaciones, prohibiéndoles a los clérigos que hablen sin censura en las mezquitas, y a través de restricciones de viajes y censura de lo que escribían y publicaban, el gobierno comenzó un proceso de asedio a los ayatolás y a sus seguidores, asedio que iba a continuar hasta la revolución iraní. En su frenético esfuerzo para modernizar Irán, el sha había desatado las poderosas fuerzas de la secularización, que los ayatolás interpretaban de cierta manera muy visible: cines con anuncios gráficos y escenas de violencia y sexo eclipsaban las mezquitas en pueblos y ciudades; jóvenes mujeres que vestían minishorts bajo sus velos; industrias automotrices y siderúrgicas suplantaban el énfasis en la agricultura; miles de millones que se gastaban en armas y armamento; valores e instituciones occidentales implementadas en la estructura de la nación a expensas de enseñanzas y estilo de vida islámico.

Para el momento de la revolución islámica de 1978-1979, el sha había reunido una fuerza militar de proporciones sorprendentes en cuanto a personal, armamento altamente desarrollado en tierra, mar y aire, y un complejo militar-industrial para el mantenimiento. Además el sha había importado decenas de miles de personal internacional para construir y administrar su nueva sociedad que estaba en vías de desarrollo, y para entrenar a iraníes en las mismas técnicas de fabricación y administración.

Por otra parte el sha con sus políticas se alejó de las tradicionales comunidades chiítas que estaban bajo el liderazgo de los ayatolás, y de otros segmentos de la sociedad iraní. Durante 1978-1979 millones de personas marcharon por las calles exigiendo que acabara el gobierno del sha. Se afectó la producción de petróleo, que era la manera en que la nación se sostenía. Se cerraron escuelas y universidades, y también mercados y bancos. Empezó a reinar el caos en el gobierno central y las fuerzas armadas. El sha se vio obligado a huir del país, y el ayatolá Khomeini fue recibido del exilio para que estableciera una república islámica. Inmediatamente después de la revolución y durante la transición del gobierno del sha hasta la instauración de una nueva constitución y un nuevo gobierno, hubo batallas, muertes, ejecuciones, encarcelamientos e inestabilidad masiva en todo el país. Comunidades étnico-religiosas como los kurdos se opusieron a las autoridades del gobierno de transición, y plantearon el tema de sus derechos a autonomía y territorio. Aparecieron noticias de persecución entre las minorías religiosas, especialmente los judíos, los cristianos y los baha'is. El ayatolá Khomeini declaró que Irán protegería los derechos de todas las personas, incluyendo los grupos religiosos de minoría.

La Guerra Irán-Irak bajo el liderazgo del ayatolá Khomeini (1979-1989) consumió los recursos del país. Después de la muerte de Khomeini Irán ha continuado bajo el gobierno de un estado islámico. Debemos mencionar cómo se abordó el tema del pluralismo religioso y la libertad religiosa. A los baha'is no les fue bien durante la revolución. Los misioneros de iglesias occidentales se fueron de Irán. En realidad se necesita mucha información sobre lo que sucede en Irán en el presente.

Las religiones en acción en Irán ofrecen la posibilidad de un intrigante estudio de los conceptos de teocracia, pluralismo y libertad religiosa, y las relaciones cotidianas entre las comunidades religiosas. Desde 1941 hasta 1979 el conflicto principal residió entre el sha y los ayatolás. Ambos declaraban ser voceros de Alá, conocer la voluntad de Alá, y poseer las instrucciones para guiar la nación por firmes sendas religiosas. Tanto uno como los otros trataron de conseguir la lealtad del pueblo usando los símbolos y las instituciones del Islam chiíta. Finalmente el sha confió en los derechos de sus expectativas teocráticas, en el apoyo de sus fuerzas armadas, en su policía secreta, y en el apoyo occidental a su régimen a través de provisión de armamento, tecnología, industrialización, y decenas de miles de consejeros, administradores y trabajadores a fin de implementar su sueño de modernización.

Por otro lado, los ayatolás confiaron en los tradicionales *establishments* religiosos de los clérigos musulmanes, las mezquitas, las enseñanzas del Corán, el desencanto de los intelectuales y de la generación de estudiantes, la insatisfacción de los comerciantes de clase media y de los mercados, y especialmente una profunda y latente hostilidad de un segmento de la población contra el sha, su familia y su gobierno. De diferentes maneras y en diferentes grados, tanto el sha como los ayatolás afirmaban hablar en nombre de Dios, con un plan religioso aprobado por Dios. Es así que competían dentro de un modelo teocrático. El sha restringió las libertades religiosas de los ayatolás y persiguió a muchos, negándoles ciertas garantías que establecía la constitución. De modo que las dificultades del sha con los musulmanes chiítas se daban en el plano de la vida constitucional, político-religiosa y religiosa.

Por otro lado, en tanto las minorías étnico-religiosas reconocieran y apoyaran al sha y su gobierno, se las animaba en sus comunidades y expresiones religiosas. La prueba básica de la política del sha en cuanto a libertad religiosa estaba en sus relaciones con la religión constitucional y mayoritaria del país, el Islam chiíta.

Para concluir, Irán y el Medio Oriente ofrecen expresiones religiosas con estilos que contrastan con los de tradición occidental. El Islam es tanto religión como política, y cuando la constitución de un país como Irán o Arabia Saudita reconoce una religión oficial para que esta sea legítima, habrá posibles profetas-estadistas que cuentan con ideologías y programas tanto religiosos como políticos. Por lo tanto, no hay separación de iglesia y estado, y la libertad religiosa está restringida por la religión legal mayoritaria. La libertad para elegir religión y desplazarse por los límites étnico-religiosos con frecuencia se prohíben y por lo general están muy regulados. En vista de las agrupaciones tribales y étnicas en Irán con resabios religiosos y políticos como los musulmanes kurdos sunitas, los asirios, y los cristianos armenios, todos con aspiraciones históricas (y algunos contemporáneas) a cierta identidad nacional, hay una dimensión adicional de complejidad que confronta la situación iraní, y otros países en el Medio Oriente.

Bajo los shas, los ayatolás, las constituciones y una variedad de complejidades por todo el Oriente Medio, hay un elemento de interrelaciones personales entre individuos y comunidades de variadas persuasiones religiosas. Ya hemos comentado algunas de dichas relaciones. Podrían multiplicarse por incontables relatos de judíos y musulmanes en Palestina, de cristianos y musulmanes en el Líbano e Irán, y entre una gran cantidad de personas en otras tierras del Medio Oriente.

El impacto del Islam para el siglo XXI: Lecciones que aprendí

Invitaciones sorpresa

Durante los años 1968-1974 la Facultad de Teología Islámica de la Universidad de Teherán me otorgó un permiso de trabajo y una cátedra para enseñar religiones comparadas a sus 600 alumnos que estaban estudiando para obtener másters y doctorados. La Facultad estaba compuesta por cultos y respetados juristas y predicadores musulmanes. Los estudiantes usaban turbante y toga, se graduaban y pasaban a ser imanes de mezquitas, capellanes de las fuerzas armadas iraníes y maestros de Islam en los sistemas de escuelas y universidades.

Durante mi último año de enseñanza el Sha de Irán le aconsejó al decano de la Facultad de Teología Islámica que admitiera a tres mujeres. Las tres asistieron a mi clase. Eran estudiantes por encima del nivel promedio. Sin embargo, los estudiantes varones discriminaban contra ellas, las hacían sentar en el fondo y por lo general las ignoraban. El decano hizo que mi clase fuera el programa piloto para introducir mujeres en la universidad. Durante los años de mi cátedra yo fui el único no iraní y no musulmán de la Facultad.

Recibí invitaciones a los hogares de mis predicadores musulmanes para muchas comidas y para celebraciones del final de Ramadán y de otras ocasiones festivas. Me invitaron a encuentros en muchas mezquitas y me honraron dándome el asiento al lado del púlpito donde escuché predicar sermones sin notas por miembros famosos de la ulama (clase de predicadores y juristas) a multitudes que a veces sobrepasaban los 3000 varones. Las mujeres se sentaban en lugares segregados.

En muchas mezquitas tuve conversaciones con el predicador musulmán y sus estudiantes en que hablamos del cristianismo y el Islam y el lugar de Jesucristo (Isa) en ambas comunidades religiosas. Mi esposa y yo tuvimos en nuestro hogar a predicadores musulmanes de alto rango con su junta directiva, y para un rato de comida y conversación. Ellos aprovecharon la ocasión para criticar el Sionismo, la política exterior americana a favor de Israel, y además se cuestionaron cómo los cristianos pueden creer que Jesús es el Hijo de Dios.

La primera lección

Los pueblos musulmanes son unos de los más hospitalarios del mundo. Una vez que uno ha establecido una relación con ellos, hay invitaciones a comidas, casamientos y reuniones y festividades religiosas. Mi hijo tenía cuatro años de edad cuando llegamos a Teherán. Aprendió a jugar fútbol con niños iraníes en calles polvorientas y usando rocas para hacer los arcos. Las familias de los niños nos invitaban a tomar el té, y nacían amistades en torno a tazas de té y mesas con comida. Los iraníes de la clase media echaban chispas por la lentitud de las reformas del Sha en la creación de empleos con un buen sueldo y oportunidades educativas para los niños.

A menudo yo comía en casa de predicadores musulmanes, me sentaba en hermosas alfombras persas, comiendo arroz y carne con los dedos mientras las mujeres con sus velos (chadors) nos servían. Como cristiano y como ciudadano de los Estados Unidos, siempre me aceptaron en hogares y mezquitas. La hospitalidad era genuina. He descubierto que en todo el mundo los musulmanes son igualmente hospitalarios. Sin embargo, siempre había cierta brusquedad en las conversaciones de los predicadores sobre las fallas del cristianismo y la mala política exterior de los Estados Unidos y la inmoralidad y la corrupción en la cultura americana. Ellos insistían en que el Islam era la religión perfecta con todas las respuestas para la vida personal y para la sociedad.

Segunda lección

Los musulmanes tomaban en serio la devoción religiosa. Aunque muchos jóvenes musulmanes se interesaban por ideas de occidente y cierta música y ropa occidental, respetaban el Islam de sus padres y el liderazgo de las mezquitas, y ellos mismos oraban, hacían ayuno y observaban las costumbres de la religión. Todos los musulmanes sueñan con el día en que puedan hacer la peregrinación (haj) a La Meca en Arabia Saudita.

En los musulmanes yo siempre noté orgullo de su religión. Desde los ancianos hasta los más jóvenes, todos están orgullosos del Islam, de su pureza y perfección para las cuestiones de la vida. Constantemente recordaban las grandes civilizaciones islámicas de los primeros tiempos después de la muerte de su profeta, Mahoma, y la gran época medieval cuando regían vastas tierras, y el Imperio Otomano. Se lamentaban del más reciente derrumbamiento del Islam en su condición de civilización dominante y poder político abrumador. Por lo general no asumían responsabilidad por la caída del Islam. Veían la falta en poderes e influencias externas que llamaban colonialistas e imperialistas. Algunos culpaban a sus propios líderes por "vender" el Islam a la secularización y la occidentalización. Ellos siempre parecían ser víctimas de intrusos o de políticas de terceros.

Conocí a cientos de iraníes que estudiaban en universidades en los Estados Unidos y regresaban a Irán para obtener empleo por medio de nepotismo, o no obtenían empleo porque tenían demasiada educación y entrenamiento. A pesar de lo mucho que deseaban mercancía tecnológica y parte de la buena vida americana, regresaban a casa a vivir con los padres, a esperar el matrimonio por arreglo, y a practicar devoción al Islam. En la época de la revolución del ayatolá Khomeini y la caída del Sha, les placía ver cambios y al mismo tiempo probar algo de libertad de parte de un Sha secular y americanizado. El grito de ellos era "Alá Akbaer", Dios es grande.

Yo me enteré de que un/a musulmán/a que se precie de ser tal reza las oraciones requeridas diariamente y de manera rutinaria, ayuna un mes por año, ofrenda para propagar la religión, recita la confesión de que hay un solo Dios, Alá, y que Mahoma es el profeta/mensajero final, y planea realizar una vez en su vida la peregrinación a La Meca.

Uno de los hijos de mi alumno, el predicador musulmán, fue la encarnación de los sentimientos y los pensamientos de la mayoría de los musulmanes que conocí cuando me dijo: "usted puede hacerse musulmán. El Islam es la mejor religión del mundo."

Tercera lección

Además de la gran hospitalidad para con extraños y huéspedes, y aparte del gran respeto y la reverencia al Islam y la devoción que sienten, la tercera lección que aprendí fue que los musulmanes pueden practicar un arte llamado disimulo. Pueden usar palabras en código y establecer relaciones y actuar según ciertos principios a fin de ganar y experimentar un objetivo y una meta posterior.

Muchos de mis predicadores musulmanes usaron palabras en código en su predicación en las mezquitas para enviar señales a la gente de que Alá y la verdadera religión del Islam derribarían al Sha. Temían el largo brazo represor del Sha. La revolución iraní sucedió en parte a partir de esta clase de predicación, y el congregarse de las fuerzas en cientos de mezquitas por toda la nación y en reuniones de oración secretas temprano a la mañana en hogares y mezquitas, a que yo fui invitado.

Muchos iraníes regresaban después de estudiar en los Estados Unidos, y procuraban la amistad de un americano a fin de obtener recomendaciones para que sus parientes pudieran estudiar en universidades de los Estados Unidos. Cuando yo estaba con ellos en una conversación de uno en uno, había elogios para Estados Unidos. Cuando yo visitaba a sus familias en los hogares, fomentarían la conversación con suficientes fallas de mi país para que los otros varones de la familia criticaran ferozmente la política exterior americana y los caminos rebeldes de los americanos en cuanto a inmoralidad en el aspecto sexual y el trato de las mujeres y la corrupción en el mercado laboral. Dirían que el Islam y el Corán y el profeta Mahoma eran superiores en todas las enseñanzas y las aplicaciones para la vida.

Inmediatamente después de la revolución iraní, varios pastores cristianos de iglesias evangélicas y anglicanas iraníes, algunos de los cuales eran amigos míos que se habían convertido en cristianos años atrás, fueron asesinados en sus hogares o en las calles. Durante años los habían tratado con conducta de disimulo. Cuando Irán se convirtió en la República Islámica de Irán, se los consideró apóstatas y fueron asesinados. Algún día se sabrá la historia de los mártires cristianos de Irán.

Cuarta lección

Después de vivir en Irán desde 1968 hasta 1974, observé muchas características del Islam en ese lugar. En los cientos de veces que visité las mezquitas y los hogares de los musulmanes, siempre me trataron con gran respeto y mucha cordialidad. Me gustaba pensar que lo hacían por mí y por quién era yo: un individuo, un cristiano, un estadounidense y un profesor en la Facultad de Teología Islámica de la Universidad de Teherán. Quizás fuera por una mezcla de todas estas características.

Sin embargo, la política exterior americana y el poder hacia Irán siempre fueron problemáticos para quienes yo conocí. Siempre detestaron el sionismo. A menudo los musulmanes ven una conexión muy cercana entre la corrupción y la inmoralidad americana con la presunción de que Estados Unidos es una nación cristiana, y que por lo tanto la culpa la tiene el cristianismo. Nunca conocí a un predicador musulmán ni a un musulmán que practicara los aspectos fundamentales del Islam, que no creyera que el cristianismo había corrompido las enseñanzas de Jesús (Isa), a quien ellos aceptaban como uno de sus profetas, y que el Islam era la religión perfecta para ocupar el lugar de todas las religiones del mundo.

Impactos sobre mi interpretación del Islam hoy

En los últimos 20 años he visitado mezquitas y he hablado con musulmanes por Sudáfrica, Kenia, Asia Central, Medio Oriente, Europa y los Estados Unidos. En los últimos 20 años, he llevado a varios miles de seminaristas y miembros de iglesias a mezquitas para tener conversaciones con líderes musulmanes. Como de costumbre, tanto predicadores como adoradores musulmanes me han mostrado su amistad. Yo he continuado haciendo estudios sobre el Islam en cuanto a su historia, el Corán, su Hadit y su entorno contemporáneo. Aunque he estudiado el Islam muy de cerca en Irán, hay lecciones que aprendí que creo se pueden aplicar hoy.

Los musulmanes son personas muy cordiales y hospitalarias. En lo personal, me han recibido bien en todas las culturas y en varios entornos. Hoy día tengo amigos musulmanes.

Los musulmanes vienen en variedades de fe y prácticas. Parece haber ciertas características de musulmanes que los agrupan en ciertas cosmovisiones y formas conductuales. Uno necesita cuidarse de no estereotipar. La mejor manera de entender a un musulmán es establecer una relación y tener muchas conversaciones profundas y significativas.

Musulmanes ortodoxos: La mayoría de los musulmanes que he conocido que fielmente asisten a la mezquita, escuchan los sermones del viernes, rezan las cinco oraciones diarias, ayunan durante el mes de Ramadán sin excusas, ofrendan dinero para que se propague el Islam por el mundo, y hacen planes y ahorran para hacer la peregrinación a La Meca, son musulmanes ortodoxos en pensamiento y en práctica. Creen que el Islam es la religión perfecta para todos los asuntos de la vida. Creen que el mundo está prolijamente dividido en (a) el mundo donde el Islam debe dominar y seguir a Alá y (b) el otro mundo donde el Islam no está presente o está cautivo por algún gobernante no musulmán, o musulmán pero secularista y malvado que ha vendido el Islam a los colonialistas o imperialistas y para su propio provecho. Estos musulmanes ven que el Islam va a regir al mundo basándose en el Corán y las tradiciones y los ejemplos de Mahoma, su profeta. Los enemigos que ven son el sionismo, un cristianismo corrupto en cuanto a moral (trato a mujeres) y creencias (Jesús es Dios), y naciones colonialistas e imperialistas que rigen sobre naciones y pueblos musulmanes.

Musulmanes semiortodoxos: Estos musulmanes a menudo se dan el lujo de elegir qué grandes prácticas islámicas van a observar. Pueden o no frecuentar la mezquita, y por lo general no dedican mucho tiempo al consejo y la predicación de los clérigos musulmanes. A menudo sus familiares, en especial los varones, practican la ortodoxia, y los regañan por no ser más musulmanes. Los semiortodoxos se ofenden si el Islam y su profeta son atacados de alguna manera o denigrados, y se unen en espíritu a las protestas contra los infieles. No conocen todas las complejidades del Islam, pero se unen a la opinión de que el Islam es superior para liderar el mundo.

Musulmanes cultos: Los musulmanes cultos nacen en familias musulmanas. Han sido testigos de sus parientes que practican los rituales del Islam, pero ellos han decidido no ser musulmanes practicantes de manera regular. Están abiertos a otras religiones y a otras perspectivas y valores filosóficos y culturales. A menudo, a la hora de la verdad, apoyan el Islam porque es lo que se supone que deben hacer a nivel familiar, comunitario o nacional. Estos musulmanes hacen demasiado hincapié en la noción que el Islam es una religión de paz, pero no se meten en la complejidad del Corán, ni en la vida de Mahoma y su ejemplo, ni en la ley y las tradiciones del Islam histórico.

Musulmanes fanáticos: Los musulmanes fanáticos pueden o no conocer y observar las complejidades del Islam. Sin embargo, creen que el Islam es la religión perfecta para el mundo. Creen que el Islam está bajo ataque de sus enemigos, es decir sacrosantos religiosos musulmanes que son líderes de naciones compradas por extranjeros, por naciones colonialistas e imperialistas como los Estados Unidos, y por la corrupción de aquéllos que siguen el judaísmo o el cristianismo. Básicamente viven en un mundo de "nosotros" en contraposición con "ellos", fe en contraposición con incredulidad, e Islam en contraposición con ignorancia, corrupción e inmoralidad. Los musulmanes fanáticos tienen tendencia a seguir a un líder o a un clérigo musulmán carismático, tendencia a tener un plan contra el enemigo, y a enfrentarse con el martirio en nombre del Islam.

Musulmanes occidentalizados de la clase intelectual: Estos musulmanes han recibido gran influencia del pensamiento, la cultura y los valores de occidente. Ellos adhieren a elevados conceptos del Islam que es una religión de paz, libertad y grandes ideas intelectuales perfectamente adaptables a las sociedades modernas. Dicen que Mahoma fue un hombre noble, bondadoso y benevolente cuyas características son dignas de imitar. Muchos de estos musulmanes no frecuentan la mezquita ni siguen el consejo ni la dirección de clérigos musulmanes.

El Islam contemporáneo

El Islam contemporáneo vive en un mundo donde se ha convertido en la segunda religión en cuanto a números, con 1.300 millones de seguidores, y es la que está creciendo con más velocidad. Comenzó en el Medio Oriente, y allí es donde se habla su idioma nativo y sagrado. Arabia Saudita preside sus dos ciudades más santas: La Meca, donde nació Mahoma y hacia donde todos los musulmanes deben mirar cuando oran cinco veces por día, y a donde deben hacer su peregrinación; y Medina, donde está sepultado Mahoma. Jerusalén es santa porque en ella están el Domo de la Roca y la mezquita Al-Aqsa.

Sin embargo, los cuatro países musulmanes con más habitantes están fuera del Medio Oriente: Indonesia, India, Bangladesh y Pakistán. Estas cuatro naciones cuentan con el 43% de los musulmanes a nivel mundial.

Uno halla un patrón bastante constante entre muchos musulmanes en varias culturas con respecto a lo siguiente:

- El Islam, con su fundamento en el Corán y las tradiciones y los ejemplos del profeta Mahoma, es la religión que tiene las respuestas perfectas para la organización sistemática de una sociedad, incluyendo su religión, su orden político, su economía, sus leyes y su vida de familia.

- Cuando el Islam está bajo el ataque de fuerzas foráneas, tiene el derecho de defenderse y atacar según los adecuados pronunciamientos que hagan sus clérigos.

- El Islam es una religión de paz cuando es la religión dominante y capta la atención de su gente por medio de interpretaciones y prácticas islámicas. Las minorías dentro de sus límites, especialmente judíos y cristianos, deben sujetarse a este gobierno y tendrán ciertos privilegios de culto y costumbres sectarias.

- El Islam es una religión de guerra, tanto por acción militar como también por celo misionero en su acción contra la corrupción, la inmoralidad y la ignorancia. Practica el yihad tanto en la vida individual como en la vida de la comunidad.

- Cuando un musulmán decide dejar el Islam por otra religión, se enfrenta a una crisis con la familia y la comunidad musulmana, que a menudo da como resultado el ostracismo y a veces la muerte. Un varón musulmán que se casa con una mujer no musulmana debe criar a sus hijos como musulmanes. Una mujer musulmana debe casarse con un hombre musulmán.

¿Y entonces?

Hoy se afirma que hay un choque entre civilizaciones, es decir entre el mundo de occidente, fundado sobre valores judeo-cristianos, y el mundo de la religión y la cultura islámica. Las ideas de Samuel Huntington en "Clash of Civilizations" [Choque de civilizaciones] ha tenido un gran impacto en el debate de la presencia del Islam en el siglo XXI.

Hoy algunos aseguran que el islamismo quiere dominar y gobernar el mundo en nombre del Islam.

Entre los no musulmanes hoy hay un sentir de que el Islam es una religión de violencia y odio.

Los no musulmanes hoy preguntan si el Islam puede vivir en un mundo pluralista de paz mundial, libertad de religión, libertad religiosa y separación formal de religión y orden político.

Hay quienes hablan de distintas clases de Islam en el mundo de hoy, es decir Islam fundamentalista, Islam yihadista e Islam moderado.

Algunos no musulmanes creen que el Islam opera sobre la base de tres palabras que empiezan con la letra C: conversión, capitulación y conflicto. El objetivo primario en el islamismo es convertir a todos al Islam. Si la gente no se convierte, especialmente los judíos y los cristianos, a quienes el Corán llama el "pueblo del libro", dicha gente debe capitular ante el gobierno islámico aunque se les concede ciertos privilegios de minorías para su adoración sectaria y la tradicional ley de familia y de costumbres. Si no hay conversión y capitulación, puede haber conflicto y guerra hasta el triunfo del Islam.

Creo que algunos musulmanes están batallando con sus raíces del pasado en una religión que se originó en una sociedad tribal y patriarcal, y la potencialidad del futuro en un mundo moderno al extremo, móvil y tecnológico. Sin embargo, la mayoría de los musulmanes no pueden leer su escritura, el Corán, en el idioma árabe en que le fue transmitida al profeta Mahoma. A menudo dependen de predicaciones y enseñanzas e interpretaciones de predicadores, juristas, eruditos y revolucionarios musulmanes. Los musulmanes muy de su casa y los de la calle pueden ser llevados a seguir a líderes carismáticos en una yihad militante.

El Islam militante y yihadista se desencadenó en toda su furia desde que el ayatolá Khomeini estableció la República Islámica de Irán en 1979-1980. Junto con las enseñanzas para sembrar el odio por parte de la secta Wahabi de Arabia Saudita, estas dos expresiones militantes del Irán chiíta y de los saudis sunitas han exportado la rama extremista del Islam a todo el mundo, incluyendo Europa y las Américas.

Estos movimientos han influido en millones de musulmanes incluso en la escuelas coránicas (Madrasas) de naciones como Paquistán, Afganistán e Indonesia, y además en las predicaciones en mezquitas de África, Asia, Europa y los Estados Unidos.

Decenas de millones de musulmanes están bajo su influencia para atacar a judíos, cristianos y occidentales modernos acusándolos de infieles, de ser culturas y sociedades corruptas e ignorantes, y de ser pregoneros contra el Islam y los pueblos mahometanos. Los musulmanes bien pueden enviar a sus hijos para que sean educados en estas escuelas coránicas a menudo auspiciadas por la riqueza de Arabia Saudita e Irán y por la generosidad de otros benefactores. Los musulmanes bien pueden dar dinero a la causa militante y la yihadista. Algunos musulmanes ofrecen su vida como terroristas suicidas. Otros se muestran a favor de la causa y esperan calladamente el momento adecuado para revelarse.

Aunque no se cuenta con cantidades exactas, los movimientos islámicos y yihadistas están presentes en decenas y decenas de sociedades, siempre en busca de individuos, lealtad, dinero y ofrendas futuras de hijos e hijas.

Preguntas clave que se hacen sobre el Islam

Algunas de las preguntas sobre el Islam por parte de no musulmanes se aplican a los significados y las maneras en que el Islam, el Corán, el profeta Mahoma y la ley islámica definen lo siguiente:

Paz: ¿Es real la paz para el Islam cuando es dominante y tiene poder político y religioso sobre otros? ¿Es la paz una palabra clave que significa sumisión al Islam? Islam significa sumisión u obediencia. En la práctica significa sumisión al Corán, al ejemplo de Mahoma, y a las leyes y las tradiciones basadas en el Corán y en los dichos y los hechos de Mahoma.

Yihad: ¿Acaso la yihad es una combinación de lucha individual y comunitaria para que el Islam tenga dominio mundial ya sea por la conversión al Islam, o por sumisión a las autoridades del Islam, o para provocar conflictos que darán como resultado ya sea sumisión, capitulación o muerte?

Libertad de religión: ¿Hay verdadera libertad para que un individuo siga siendo musulmán una vez que nace en una familia o comunidad musulmana, o para que deje el Islam y se haga adepto a otra religión o a ninguna religión? Si hay libertad de religión, ¿por qué la apostasía es un tema tan problemático y da como resultado conflicto, excomunión y a veces la muerte de la persona que abandona el Islam?

Religión y política: En el Islam ¿es inherente la idea de una religión política donde hay poca o nada de diferenciación entre la religión y el orden político o el sistema de gobierno?

El Islam es una fuerza religiosa poderosa que domina las mentes de los musulmanes con la promesa de un paraíso en la tierra y también en el cielo, y domina los cuerpos de los musulmanes con un estilo de vida en que se ora, se ayuna, se peregrina, se confiesa, se escuchan sermones, y se hacen grandes diferencias de roles sexuales de acuerdo a un calendario horario, diario, mensual y anual. Es una religión intransigente en sus creencias y prácticas, y tiene las respuestas perfectas para todas las preguntas y las luchas de la vida, y debe propagar el Islam hasta que todas las personas estén bajo su gobierno y su dominio.

Los no musulmanes observan para saber qué clase de Islam hay en Arabia Saudita, Irán, Sudán y otras repúblicas islámicas. Los no musulmanes observan para ver lo que ahora está emergiendo en el Líbano en expresiones políticas islámicas. Los no musulmanes observan para saber qué desafíos tienen los gobernantes musulmanes seculares al mantener reprimido el Islam político entre los que pueblan Egipto, Pakistán, Indonesia y Argelia, y también otras naciones. Los no musulmanes observan para saber qué está surgiendo en Europa y en los Estados Unidos en el Islam como expresiones de islamismo político en sociedades democráticas.

V. S. Naipaul, reciente ganador del Premio Nobel y autor de *Beyond Belief* [Difícil de creer], escribió: "El Islam no es simplemente un asunto de conciencia o de creencia privada. Tiene exigencias imperiales." Mi experiencia me ha demostrado que esa declaración es cierta. Kenneth Cragg, un reconocido clérigo, fisiólogo y escritor cristiano, en su libro *The Arab Christian* [El cristiano árabe] escribió acerca de un futuro con el Islam. Describió el Islam diciendo que tiene una naturaleza inherentemente política; un instinto a la superioridad y al dominio; "incorregibles afirmaciones y relaciones de desigualdad, a veces hostil y casi siempre superior", la creencia del Islam de que ha sido "comisionado con un mandato de poder para institucionalizar la soberanía divina en la tierra por medio de la Sharia, la Umma y la Dawla (ley sagrada, comunidad y estado)." Kenneth Cragg fue uno de los muy pocos eclesiásticos cristianos que recibió una invitación a dar una conferencia en la Universidad de Teherán cuando yo vivía en esa ciudad. He descubierto que las observaciones de Kenneth Cragg son ciertas.

10

PERSPECTIVAS CRISTIANAS Y RELIGIONES DEL MUNDO

■ ────────────────────────────── ■

Una escena en tiempos más o menos recientes en un aula en el seminario musulmán de la Universidad de Teherán presenta un panorama conmovedor de los niveles de interacción de personas de diversas religiones. Yo estaba dictando una clase de religiones comparadas a un grupo de clérigos musulmanes, e hice énfasis en que el ministerio de Jesús se caracterizó por su servicio. Ese día en particular era un día de ayuno para los musulmanes, y durante mi conferencia el llamado a la oración desde una mezquita cercana marcó el final del día de ayuno. Los estudiantes pidieron permiso para dejar la clase e ir en busca de comida. Un clérigo ciego permaneció en el aula. Después que me explicó el profundo significado del mes de ayuno para los musulmanes, e indicó que el ayuno era un tiempo de gran devoción, sacrificio y obediencia, me hizo una pregunta: "¿Los cristianos son más obedientes que los musulmanes en su religión?"

En las comunidades religiosas contemporáneas las personas se enfrentan cara a cara con astutos planteos, y creencias y estilos de vida religiosos enfrentados. Eruditos, misioneros, ministros religiosos y personas laicas de iglesias y comunidades cristianas están enfrentando nuevos desafíos de parte de las grandes religiones. A través de la historia del cristianismo hubo varias interpretaciones de las creencias y las prácticas de otras religiones, y dichas interpretaciones afectaron la relación entre cristianos y personas de otras religiones.

Una de las perspectivas cristianas sobre otras religiones ha sido que estas son falsas, y que sus seguidores son paganos e idólatras. Según esta perspectiva, el cristianismo es la religión superior, y las otras carecen de valor en sus creencias, valores, instituciones y estilo de vida. Como las otras religiones son falsas, hay muy poco que se pueda aprender de ellas.

Esta perspectiva no considera con seriedad las culturas de otros pueblos. Además olvida las perspectivas bíblicas de, por ejemplo, el Evangelio de Juan en el Nuevo Testamento, que declara que Jesús es la luz que ilumina a cada persona. Además pasa por alto los testimonios de muchos cristianos a través de la historia en cuanto a la misericordia y la justicia del conocimiento de Dios que han evidenciado en su relación con personas de otras religiones.

Otra perspectiva considera que el cristianismo es la religión que completa todas las otras. Las religiones tienen conceptos de Dios primitivos o más avanzados, y valores e instituciones religiosas primitivas o más avanzadas, pero estas características se completan en el cristianismo. Otras religiones son fragmentadas y parciales. La religión cristiana brinda equilibrio y unicidad a todas las partes. Esta perspectiva tiende a ser evolutiva y progresiva. Por ejemplo, los valores del panorama budista del sufrimiento se completan en la perspectiva cristiana del sufrimiento de Jesús en la cruz. Sin embargo, esta perspectiva exige matemáticas que sumen las partes de las varias tradiciones religiosas hasta llegar a una suma total en el cristianismo. Ignora lo que sostiene el cristianismo en cuanto a que todas las tradiciones, incluyendo la cristiana, se ubican bajo la revelación de Jesús. Las pequeñas partes de las varias religiones no dan como suma total el evangelio, bajo cuyo estándar todas las religiones son juzgadas. Esta perspectiva también ignora la complejidad de cada sistema religioso y la integridad de cada sistema religioso que no se relaciona con los otros necesariamente.

Existe una variedad de perspectivas adicionales entre los cristianos y en las comunidades cristianas. Entre los eruditos católicos existen varias posiciones. Una es que la Iglesia Católica Romana es quien preserva la totalidad de las verdades de Dios. Cuanto más grande sea la distancia de la Iglesia Católica Romana, es decir, otros cristianos, judíos, musulmanes o ateos, por ejemplo, más lejos de la verdad estarán. Entre eruditos católicos romanos, hay otra posición que afirma que la revelación de Dios y el conocimiento de la salvación son posibles en otras religiones que no sean las cristianas. De manera que entre los católicos hay diversas perspectivas.

Una posición generalizada entre algunos cristianos es que hay poca diferencia entre las religiones en cuestiones de vital importancia. Cada una hace lo mismo por las personas, señala el camino a Dios, establece parámetros para vivir, y proporciona rituales y prácticas para vivir una vida estable. Esta posición dice que el cristianismo es bueno para los cristianos, y que el hinduismo es bueno para los hinduistas. La unidad entre las religiones es mayor que las diferencias. De manera que cada religión hace lo suyo.

Otra postura es que todas las religiones, incluyendo el cristianismo, están bajo el juicio de Dios y las normas del evangelio, tal como se refleja en la vida y las enseñanzas de Jesucristo. Los conceptos religiosos, las culturas, los distintos valores, las instituciones y los estilos de vida se enfrentan a lo que dice el evangelio. En esta perspectiva, los que están más cerca de la verdad pueden ser los más hostiles al evangelio, y aquellos que creemos están más lejos de la verdad pueden estar más cerca de lo que uno cree. Este punto de vista pone mucho énfasis en la confirmación, la confesión y el andar del cristiano en la comunidad cristiana. Al mismo tiempo, el cristiano está abierto a las posibilidades y las luchas de personas de otras religiones. Se reconocen las tensiones entre revelación y razón, ley y amor, y dentro de las creencias, la fe y el pecado. Los temas fundamentales como juicio y salvación se dejan como parte de las prerrogativas de Dios y el evangelio, tanto para los cristianos como para los demás.

De manera que dentro del cristianismo hay diversas perspectivas sobre la importancia y el significado de otras religiones. Estas perspectivas han tomado forma a través de varios medios. La Biblia ha sido una fuente que moldeó actitudes y relaciones hacia otras religiones. Las interpretaciones teológicas de contenido bíblico se han convertido en escuelas de pensamiento sobre religiones. Misioneros cristianos han vivido entre pueblos de otras religiones y han proporcionado entendimiento de la cultura y la religión. Las religiones han pasado por revitalización y avivamiento y han influido en eruditos, misioneros, pastores y laicos cristianos en un intento para entenderlas. La Biblia, la teología, las misiones y la presencia cercana de religiones no sólo han moldeado las perspectivas sino que por otra parte las relaciones se han visto afectadas. Según la posición que se tenga, las relaciones se pueden basar en hostilidad, sospecha, desconfianza, curiosidad, espíritu abierto, y simpatía y amabilidad. Las relaciones interpersonales pueden adoptar la forma de proselitismo agresivo, evangelismo persuasivo, diálogo intenso, espíritu amistoso, aislamiento forzado e indiferencia.

En las páginas que siguen se desarrollará una perspectiva cristiana que considera con seriedad el evangelio y la creación de Dios de pueblos diversos con sus propios sentidos religiosos. Intentaremos penetrar más allá de las religiones, hasta llegar a las personas religiosas. A las religiones se las puede ver como sistemas teológicos y filosóficos, como instituciones, y como sistemas de valores. Estas son importantes características. Sin embargo, pueden llevar a una visión estática de la religión. Las personas son religiosas. Oran, adoran, crían a sus hijos, lloran, ríen, sufren. Hacen guerra y procuran paz en el contexto de la religión. Tienen sueños, imaginaciones, aspiraciones e historias de vida, de muerte y más allá de la muerte que son dinámicas y se dan a distintas interpretaciones y cambios. De manera que la religión consiste en personas, y las personas han sido creadas a la imagen de Dios.

Exploraremos un peregrinaje cristiano en un encuentro breve y selectivo con la historia del cristianismo. El tema se basa en el conflicto de Dios y el evangelio con los varios dioses y diosas, y con modelos para resolver el conflicto. Luego seguirán las interpretaciones y las aplicaciones del evangelio hacia personas de otras religiones, incluyendo algunas de las grandes religiones que comentamos en capítulos anteriores.

Teologías y pluralismo religioso

A través de la historia del cristianismo hubo varias y diversas tendencias hacia personas de otras religiones y la relación de dichas personas con la verdad, la salvación y el destino humano. Algunas perspectivas teológicas han sido exclusivistas, y han visto poco o nada de la revelación, del conocimiento de Dios, o de valía en personas de otras religiones. Otras posiciones han sido más inclusivas.

Estas varias tendencias han enfocado la atención en debates sobre autoridad religiosa, revelación, conocimiento de Dios, Jesucristo, fe y falta de fe, la iglesia, el reino de Dios, la historia, la cultura y experiencias religiosas. El enfoque de la mayoría de estos debates ha sido la naturaleza y la función de Jesucristo y la relación de Jesucristo con Dios y con la humanidad en el significado de la vida y el destino humano.

Sigue un panorama breve y limitado de varias expresiones de estas tendencias. Se presenta a voceros de la Iglesia Católica Romana, de varias comunidades protestantes y de la Iglesia Ortodoxa Oriental. No intentamos ser exhaustivos ni totalmente representativos.

El cristianismo primitivo se desarrolló como una minoría religiosa en el mundo griego y el romano. Para expresar conceptos bíblicos, teólogos de la iglesia primitiva usaron idioma y formas culturales de su entorno. Tertuliano empleó términos griegos como por ejemplo *homoousios* (de la misma sustancia) y *homoiousios* (de sustancia similar) para hablar de la naturaleza humana y la divina de Jesucristo en relación con Dios. Justino Mártir, Orígenes, Clemente de Alejandría y Cipriano mostraron gran aprecio por la filosofía griega e indicaron que los filósofos comprendieron la verdad del Logos (el Verbo encarnado en Jesucristo).

Hubo otros teólogos de la iglesia que discrepaban ante cualquier asociación del cristianismo con la filosofía griega o de Jerusalén con Atenas. Desde el tiempo de la iglesia primitiva hasta el siglo XX la Iglesia Católica Romana fluctuó entre dos creencias sobre la fe y la salvación de las personas: el amor universal de Dios y el deseo de salvar, y la necesidad de salvación que tiene la iglesia.

A medida que el cristianismo se convirtió en la religión establecida del Imperio Romano, se convirtió en sinónimo de la cultura occidental. La salvación se asociaba con la iglesia y los sacramentos, y surgió la doctrina de que fuera de la iglesia no había salvación. El cristianismo medieval lanzó ataques, persecuciones, inquisiciones y juicios por herejía contra musulmanes, judíos y disidentes dentro de la iglesia. Las cruzadas de los siglos XI y XII intentaron desplazar el Islam de las tierras del cristianismo.

La Reforma Protestante del siglo XVI fragmentó a la iglesia, y dio como resultado el pluralismo de las comunidades protestantes. El Islam, que había comenzado en el siglo VII d.C. en la península Arábiga y se había expandido como religión misionera en la mayoría de los continentes, permaneció mayormente sin ser materia de estudio por parte de las iglesias y sin que estas trataran de hacer contacto. En los siglos XVIII y XIX el cristianismo a través de sus misioneros comenzó a tomar con seriedad los idiomas, las ideas y los valores de personas de otras religiones.

En el siglo XX se celebraron conferencias misioneras mundiales en Edimburgo (1910), Jerusalén (1928) y Madrás (1938). El propósito de las conferencias incluía la evangelización del mundo, la creciente ola del secularismo, la relación de las iglesias con las religiones no cristianas, y la unidad de la iglesia.

Varias perspectivas teológicas

La teología dialéctica del teólogo suizo Karl Barth funcionó como una bisagra gigante sobre la cual muchos teólogos y misiólogos colgaron sus presunciones y sus estrategias en cuanto a tradiciones religiosas. Barth ubicó la revelación por sobre la razón y la religión, y consideró que la religión era incredulidad. Sin embargo, consideró que el cristianismo, si bien estaba bajo el juicio de la revelación de Dios, era la religión verdadera en que la iglesia es el lugar del milagro de la gracia, donde el pecador es justificado ante Dios.

En 1938 el teólogo y misiólogo holandés Hendrik Kraemer, basándose en la teología de Barth ofreció sus ideas de realismo bíblico y discontinuidad radical. Hizo la distinción entre la revelación de Dios a través de la tradición bíblica y la revelación de la experiencia religiosa en general. Para él la revelación en Jesucristo era única y sin paralelos. Las religiones no cristianas podían ser objeto de estudio, pero Kraemer hizo énfasis en la discontinuidad entre la religión y la revelación a través de Jesucristo. Afirmó además que el misionero cristiano es el punto de contacto entre el evangelio y los no cristianos.

Otra corriente de preguntas teológicas se centró en la teología de Paul Tillich. Este consideró que la religión era una condición del ser en que la humanidad era acometida por una inquietud fundamental que hacía que todas las otras inquietudes fueran preliminares. Consideró que las experiencias de revelación eran universalmente humanas. De modo que personas de todos los tipos de fe se enfrentaban a cierta inquietud fundamental que las guiaba a Dios. Tillich afirmó que la aparición y la recepción de Jesús de Nazaret como el Cristo es un símbolo de la automanifestación en la historia humana de la fuente y la meta de todos los seres. Las conversaciones con personas de una fe distinta hacen surgir la necesidad de libertad espiritual y presencia espiritual.

La época posterior a la Segunda Guerra Mundial produjo otros escritos sobre personas de otras creencias. Los teólogos de la iglesia y los filósofos de trasfondos cristianos consideraron la naturaleza de la salvación y el papel de Jesucristo en relación con toda la humanidad.

La Iglesia Católica Romana realizó cambios importantes en su posición y su relación con personas de otras religiones. Suavizó su doctrina de que no hay salvación fuera de la Iglesia. Los concilios Vaticano I y Vaticano II, juntamente con los teólogos católicos Karl Rahner y Hans Kung, hicieron surgir nuevos debates sobre la naturaleza y el alcance de la verdad, la revelación y la salvación fuera de la Iglesia. Esta estableció secretarías para las relaciones con religiones no cristianas, con judíos y con cristianos no católicos. Los "cristianos anónimos" de Rahner y la posición favorable de Kung en cuanto a posibilidades de gracia en otras religiones sirvieron como estímulo en las reflexiones teológicas sobre los roles de Jesucristo y la salvación en relación con otras religiones.

Misioneros de diversas iglesias que vivían entre pueblos de otras religiones ofrecieron su teología. Pensadores cristianos de iglesias autóctonas, algunos de los cuales se habían convertido de sus religiones nativas, expresaron sus puntos de vista.

Kenneth Cragg, un misionero y misiólogo que vivió entre los musulmanes, escribió sobre dicha fe diciendo que era una entrega humana a Dios. Él vio el rol de Jesucristo como quien cumplió la entrega y la redención de los musulmanes. El papel del misionero a los musulmanes es revelar a Jesucristo, quien ya está presente entre personas con religión. Raymond Panikkar, hijo de padres católicos e hinduistas, escribió *The Unknown Christ of Hinduism* [El Cristo desconocido del hinduismo]. Panikkar declaró que la razón de ser de Jesucristo es ser revelado y develado en el contexto de los símbolos y los valores hinduistas.

Lesslie Newbigin, administrador eclesiástico y misionero a la India, escribió *The Finality of Christ* [Lo conclusivo de Cristo]. Su teología es que en Jesucristo hay comunicación con no cristianos, pero la comunicación requiere arrepentimiento radical y conversión de todas las experiencias religiosas precristianas. La clave de la historia no es lo conclusivo del cristianismo sino lo conclusivo de Jesucristo.

Dos teólogos nativos de la India, Paul Devanandan y M. M. Thomas ubican la revelación de Dios en lo que ellos llaman "Cristo cósmico". Ellos entendieron la historia de la salvación como algo que no se confinaba a la iglesia sino como algo que se podía obtener en todas las historias.

Los teólogos en las naciones en vías de desarrollo ofrecieron la teología de la liberación, que hacía énfasis en las expresiones salvíficas del evangelio en relación con las condiciones humanas de dignidad, justicia y paz. Gustavo Gutiérrez, teólogo latinoamericano, escribió sobre el despertar de los pobres y de las masas abatidas, y conectó un evangelio revolucionario de cambio con paz y justicia.

Otros teólogos contemporáneos han ofrecido puntos de vista sobre otras religiones. John Hick ha llamado a una revolución copernicana para mover el énfasis en la teología de Cristo a Dios, de un enfoque cristocéntrico a uno teocéntrico. Wilfred Cantwell Smith presentó las ideas de una tradición acumulativa junto con una fe personal para entender la religión y la experiencia religiosa. Smith considera que la fe es tanto revelación como descubrimiento personal, el cual está disponible entre todas las personas.

Wolfhart Pannenberg enfatiza que la revelación de Dios viene a través de una experiencia humana que tiene lugar en la historia y que siempre está en proceso. En Jesucristo aparece el futuro divino. Sólo en Jesucristo vemos y entendemos el objetivo final de salvación, aunque las historias de otras religiones pueden demostrar aspectos revelatorios de Dios.

La "Declaración de Francfort", que formuló Peter Beyerhaus y afirmó una convención de teólogos evangélicos en 1970, hace una afirmación sobre Jesucristo, la salvación, la misión y otras religiones. La Biblia es el documento fundamental para entender y evaluar otras religiones. La salvación se basa en la crucifixión de Jesucristo y sólo se recibe al participar en ella por la fe. Todos los cristianos son llamados a ser misioneros a los no cristianos. La declaración por parte de los evangélicos se hizo en razón de una crisis que se percibió en ciertos grupos de iglesias y teólogos que estaban adoptando posturas positivas hacia otras religiones y viendo en ellas posibilidades salvíficas. Harold Lindsell, un teólogo evangélico, afirmó que los no cristianos han de perecer si mueren sin conocer a Jesucristo.

En 1974 se realizó otro congreso de evangélicos en Lausana. Se emitieron declaraciones teológicas que hicieron énfasis en la autoridad de la Biblia, la singularidad de Jesucristo y la necesidad de evangelismo. El congreso rechazó cualquier esfuerzo de las iglesias o de los cristianos que siquiera insinuara que Jesucristo habló de la misma manera a través de otras religiones, o que hubiera una posibilidad de salvación en otras religiones. Sin embargo, reconoció la realidad de diálogo con gente de otra fe a fin de comprenderlos mejor y satisfacer sus necesidades tanto físicas como espirituales.

El cristianismo ortodoxo oriental también tiene voceros para el tema de la fe cristiana y otras religiones. Georges Khodr, arzobispo metropolitano del Líbano, enfatiza que la obra de salvación se lleva a cabo en Jesucristo por medio del Espíritu Santo a través de las tradiciones religiosas y en diversas culturas.

Desde este breve y limitado panorama uno puede ver que varias y diversas posturas de cristianos han tomado forma a partir de la Biblia, la historia y las tradiciones de las iglesias, la teología cristiana, la cultura, y el vivir con y entre pueblos de otras religiones. Y hemos visto tendencias a la exclusividad, la inclusividad y la moderación.

En las páginas que siguen se presentarán ideas y prácticas con las cuales gente de otras religiones se identifican o cuestionan. Mayormente nos centraremos en hindúes, budistas y musulmanes. Recordemos entonces que estas tendencias de cristianos para con gente de otras religiones no son exhaustivas ni globales. A propósito son breves y generales a fin de llevar al lector a temas y desafíos que luego se pueden estudiar más a fondo.

Dios y los dioses

La herencia espiritual de la historia judeo-cristiana conoce bien la lucha entre Dios y los dioses. Los antiguos sumerios insistían en que los dioses construyeron ciudades y trajeron las artes de la civilización. A medida que las ciudades crecieron y prosperaron, los dioses partieron, dejando al rey para que gobernara en ausencia de ellos. El rey rigió con poder, y el pueblo no vivió en el temor de los dioses pero sí en el temor del rey y su poder. Los dioses se convirtieron en entidades secundarias. Es así que la perspectiva sumeria fue la siguiente: Los dioses gobiernan. Los dioses parten y el rey gobierna en nombre de los dioses distantes. Luego el rey gobierna. Aquí hacen eco los temas de teocracia y secularismo.

Alrededor de esta época Abraham, un patriarca del Antiguo Testamento, partió del urbanismo sofisticado de Ur, una ciudad sumeria, para ir "a la tierra que te mostraré" (Génesis 12:1). Ante el llamado de Dios, Abraham se trasladó por el desierto.

Perspectiva del Antiguo Testamento

En su desarrollo y evolución, para la época de los grandes profetas vemos que en el Antiguo Testamento la gente se había vuelto bastante exclusiva y antisincretista hacia la idea de dioses. ¿De qué manera nacen por ejemplo Asur y Baal, dioses de otras naciones? El Antiguo Testamento no considera que los dioses sean símbolos, sino ídolos fabricados con manos humanas. Los pueblos se daban a vanas imaginaciones, y así surgían las imágenes. La idea hebrea de la total trascendencia de Dios entraba en conflicto con todas las imágenes y las piedras. El Dios de Abraham, Isaac, Jacob, los profetas y los hebreos era Uno, era el Justo y el Dios del pacto. Dios dio la Ley y envió a los profetas. Los Diez Mandamientos se convirtieron en el marco religioso para los hebreos. Además el Antiguo Testamento pintó un retrato del Mesías que habría de venir, el Ungido de Dios.

Perspectiva del Nuevo Testamento

En el Nuevo Testamento encontramos lo que lleva a la historia de los cristianos. Vemos cómo en un lienzo se pinta la vida religiosa, que tiene sus raíces en el Antiguo Testamento, y que se conforma para el presente y el futuro en el evangelio de las enseñanzas y la vida de Jesucristo. Hay tres focos del evangelio y de la vida religiosa.

El primer foco está en Dios, la humanidad y la familia, posibilidades relacionales, y rebelión y pecado. Se hacen evidentes los temas de la creación, el huerto del Edén, las responsabilidades de la humanidad ante Dios, y la rebelión. La humanidad debía ser responsable ante Dios, recíprocamente, y para con la naturaleza. La rebelión contra Dios produjo la ruptura de relaciones y disensión entre Dios, los seres humanos y la naturaleza. La serpiente-Satanás hizo el papel de un dios, y la humanidad centró la atención en el pecado de negación y desobediencia en su relación con Dios. Hay mucho más en este foco, pero hemos establecido el tema central.

El segundo foco recae en Dios y el evangelio. En la vida-muerte-vida de Jesucristo. En quien recibió el nombre Emanuel, Hijo de Dios, Rabí, Maestro, Rey de los judíos, Señor y Cordero que quita los pecados del mundo. El foco es definido, nítido y penetrante histórica y culturalmente. Jesús caminó por las polvorientas calles de la campiña en Galilea y las calles de piedra de la ciudad de Jerusalén. Enseñó los mandamientos del amor y el Sermón del Monte. Sus enseñanzas y su presencia por las sendas polvorientas y las calles citadinas hacen más claro el punto focal de integración de los pactos entre Dios y la humanidad, pactos que encontramos en el Antiguo y el Nuevo Testamento. Tienen implicancias para Adán y Eva (cada hombre y cada mujer), para el rey Ciro de Persia como siervo de Dios, para Pedro y Pablo que fueron alimentados hasta llegar a la madurez espiritual, y para la aceptación de un ladrón en la cruz en el momento más profundo de su rechazo. La crucifixión y la resurrección, que dejó abierta una pesada puerta de roca en el sepulcro, enfocaron la atención en el triunfo divino por medio de Jesucristo, triunfo sobre el odio por medio del amor, y sobre el pecado y la muerte por medio de la salvación y la vida.

El tercer foco está en el cristiano como individuo o en cualquier ser humano. Es la experiencia paradójica de ser creado en el vientre de la madre, y sin embargo seguir siendo creado; de amar y morir; de usar y abusar; de estar orgulloso y avergonzado; de necesitar y ser necesitado; de reclamar y renunciar; de tratar a alguien como inferior, y ser tratado de esa manera; de estar perdido y ser encontrado. Presenta una condición universal. Y este foco proyecta una solución universal, el evangelio.

Los tres focos presentan a Dios, el evangelio y el individuo en un importante modelo de relaciones. Los datos que hallamos en el evangelio son personas y sus necesidades y posibilidades específicas. No hay estrategias para puntos identificatorios con otra religión. El punto focal son personas que pueden ser religiosas y cuyas aspiraciones, lealtades y compromisos religiosos pueden estar ubicados incorrectamente. De modo que la herencia espiritual de la peregrinación judeo-cristiana ha estado llena de iniciativas que Dios ha llevado a través del evangelio en favor de la humanidad.

Perspectiva de la historia de la iglesia

La historia del cristianismo, tanto como la historia de la humanidad, ha sido condicionada por la batalla entre Dios y los dioses. Juan Calvino escribió que la mente humana es una permanente fábrica de ídolos. También es una permanente fábrica de temores por un lado, e ideas brillantes por el otro. Los ídolos no sólo son estatuas de piedra, sino además lealtades divididas y fe ausente en el contexto de los tres focos mencionados más arriba.

Durante los *tres primeros siglos* del cristianismo, surgieron tres cuestiones cruciales. Una fue la confrontación entre la naciente comunidad cristiana y el gobierno romano, algo que a veces solía llamarse la cuestión entre Cristo y César. El culto romano imperial, que se centraba en los césares emperadores, exigía culto religioso, compromiso y lealtad de parte de los cristianos. Esto fue una lucha clásica entre Dios y los dioses. Otra cuestión fue la introducción de la filosofía gnóstica en la teología cristiana y en la práctica de la iglesia. Esta filosofía enseñaba que la creación era mala, que Dios era una criatura malvada y que Jesucristo no era un ser humano. Siguió otra batalla entre Dios e ideologías en conflicto. Una tercera cuestión fue la presentación de elementos de religiones de misterio del mundo oriental a la vida de la iglesia. Dioses de la vegetación, y diosas y cultos de la fertilidad incidieron sobre la iglesia. El conejito de la Pascua y la Virgen María se convirtieron en símbolos y prácticas que rayaban en ritos y diosas de la fertilidad. De modo que en los primeros siglos entraron a la iglesia pueblos de variadas religiones y trasfondos culturales, y la iglesia creció. Además organizó concilios para desterrar herejías y problemas de idolatría.

Durante las cruzadas en la *época medieval*, creció notablemente la militarización del cristianismo. Los papas y los reyes cristianos lideraron a los guerreros de la iglesia a liberar la tierra de Palestina que habían tomado los musulmanes. Predicaron que el enemigo de la iglesia es el enemigo de Dios. Predicaron que la iglesia debía convertir a los que adoraban a otros dioses, y debían hacerlo por amor para la salvación de esas almas, o bien la iglesia debía matarlos por amor para la salvación de otros que podrían contaminarse por estos enemigos religiosos. La iglesias de las cruzadas no permitieron ninguna otra religión. Tiempo después la iglesia estableció la Inquisición y usó sus propias cámaras de tortura para extraer confesiones de labios de los herejes o entregarlos al estado para que fueran quemados. En la época de la Reforma la iglesia había pasado por grandes períodos de corrupción con ciertos papas. El papa León X dijo: "Dios nos ha dado el papado. Es nuestro, de modo que disfrutémoslo". El culto de los Césares y el culto a ciertos papas tenían muchas similitudes.

Con la *era moderna* llegó la Ilustración, la era de la razón y los grandes descubrimientos tecnológicos. El americano Thomas Paine habló con ese espíritu de la Ilustración como un signo de los tiempos cuando dijo: "Si el diablo había llevado a Jesús a un monte y le había mostrado los reinos del mundo, ¿por qué no fue él quien descubrió América?" A Paine le siguió el gran filósofo alemán Nietzsche, quien es su libro *Así habló Zaratrusta* hizo que Zaratrusta le preguntara a un viejo que estaba adorando a Dios: "¿No ha oído que Dios está muerto?" La era de incredulidad había florecido en el centro de los pueblos cristianos.

La historia del cristianismo también ha demostrado la fiel respuesta de incontables discípulos que viven según la luz y el amor divino que hallamos en el evangelio. Policarpo, obispo en la iglesia primitiva, se negó a dividir su lealtad, obedeciendo a Dios y al mismo tiempo al culto a los Césares, y fue al martirio declarando: "He servido a mi Maestro 86 años. ¿Cómo puedo negarlo si no me ha hecho ningún mal?" En la época medieval Francisco de Asís amó a los musulmanes cuando la iglesia en general sólo los conocía a la distancia como idólatras. Martín Lutero inició la Reforma cuando su mente y su corazón se angustiaron por las enseñanzas y las prácticas de la iglesia, y predicó que el justo vivirá por la fe. A través de los siglos la iglesia ha crecido y ministrado a las necesidades de pueblos diversos y ha ayudado a vencer lealtades divididas y fe depositada erróneamente. La iglesia ha encontrado su lugar entre los pueblos de la tierra, aun entre pueblos de otras religiones, en razón de su apego y su fidelidad al evangelio.

Los desafíos a los cristianos que viven según el evangelio son muy grandes. Mentes confundidas, corazones doloridos y vientres hambrientos claman y piden palabras de comprensión y sanidad, y alimento para sus cuerpos. A menudo seguirán a cualquier dios o a cualquier persona que promete liberación de la miseria y de la muerte. Los retos de los cristianos en la era contemporánea son oportunidades que ayudan a que el evangelio se entrecruce en medio de varias tradiciones religiosas y de dioses.

Cuatro declaraciones confesionales

Para concluir esta sección sobre Dios y los dioses, se hacen cuatro declaraciones confesionales o declaraciones de fe.

1. El Dios y Padre de Jesucristo está activo en el mundo tanto a través de maneras obvias como misteriosas. Ya hemos descrito las maneras obvias. Sin embargo, en todas las maneras obvias, concretas, materiales y tangibles está el misterio del evangelio. Es algo así como la luz de Dios en el cielo oriental que siguieron los Magos por el desierto vasto y desolado hasta llegar al lugar indicado y presentar sus regalos ante el niño Jesús. Es algo así como ver como por un espejo, débilmente, sabiendo que hay más para ver. Es como dejar todas las decisiones fundamentales sobre la salvación al Dios de salvación, y ser un discípulo en la luz y el amor del evangelio.

2. En la senda cristiana hay cierto ritmo de exilio, dispersión y nueva reunión. El cristiano es un peregrino. Moisés dejó Egipto y fue al desierto, no para quedarse allí siempre sino a fin de hallar el sitio transformador con Dios a fin de regresar y crear un nuevo pueblo en el éxodo. Jesús se trasladó al desierto para confirmar lo que su Padre había dispuesto para Él y para batallar con los dioses, cuyo jefe era Satanás. Él rechazó la artimaña de los dioses para convertirse en mago, rey o dador de falsas promesas. Su ministerio como Mesías era ser siervo. Jesús regresó para estar entre la gente a fin de proclamar libertad a los cautivos y sanidad a los enfermos y perdón de pecados. Él reunió a los discípulos para que fueran una comunidad de personas con el mismo parecer.

3. Así como Juan el Bautista, el cristiano debe preparar el camino del Señor. El camino es más que razón, conocimiento, verdad proposicional o revelación de hechos divinos. El camino es un camino de revelación confesional.

4. La revelación confesional se basa en la encarnación, la crucifixión y la resurrección de Jesucristo. El clímax de todos los misterio religiosos (ya sea de creación, revelación, profecía o ley) es Emanuel, Dios con nosotros. Dios regresó al jardín a fin de salvar. En Jesucristo, el Verbo se hizo carne y habitó entre nosotros. La crucifixión es un gran escrito en universalidad, una cualidad sufriente y generosa del amor de Dios que sobrepasa a todos los otros dioses. A través de ella viene la sanidad de todos los seres humanos. Es un misterioso destino de muerte. En el tiempo en que se acercaba la muerte de Jesús, nadie quería entregarlo. Sólo Jesús sabía qué estaba ocurriendo y qué estaba haciendo Él. Su muerte se identifica con el pecado, el distanciamiento y la humanidad hecha pedazos. También equivale a redención.

¿Qué es la resurrección? Nada tiene fin hasta que Dios lo finaliza y lo comienza otra vez. En el atardecer del día de la resurrección, el Jesús resucitado se encontró con dos hombres que iban camino a Emaús y les dijo algo como esto: "Esto es lo que seguí tratando de decir que sucedería. Ahora he venido a reclamar las naciones. ¿Acaso no estaban en los salmos y los profetas, mis enseñanzas y mis conversaciones sobre la vida, la muerte, la resurrección, el arrepentimiento, el perdón y la reconciliación?" De modo que en la encarnación, la crucifixión y la resurrección se confiesa a todas las naciones que aquí está el Cordero que quita los pecados del mundo. Aquí está el León de Judá, el Siervo sufriente, la Luz, el Pan, el Agua, el Príncipe de Paz. En las secciones que siguen estos bosquejos de una perspectiva cristiana serán parte de un breve estudio sobre los contextos específicos de personas de otras religiones.

Un comentario sobre personas hinduistas

Los hinduistas tienen varias creencias y prácticas religiosas. Una sola persona puede adorar a uno de entre un millón de dioses. Una familia puede ofrecer sacrificios de alimentos en una elaborada ceremonia en el templo. Un intelectual puede debatir profundos conceptos filosóficos. Un hombre entrado en años puede pasar el resto de sus días dado a prácticas de meditación. Una persona como Gandhi puede dedicar gran parte de sus otras energías a mejorar la vida diaria de su pueblo. El hinduismo ofrece variadas maneras para que la gente experimente el sentido religioso en la vida. El hinduismo es muy tolerante de otras religiones, incluyendo el cristianismo.

Gandhi una vez dijo que Jesucristo le pertenece a todo el mundo, al margen de cómo lo adore la gente. Dentro de la tolerancia del hinduismo, el cristianismo es otra senda que lleva a la salvación, y Jesucristo es otro dios que expresa los sentidos fundamentales del universo. De modo que el hinduismo como religión es experto en absorber conceptos y valores diversos, e incorporarlos, sin embargo, su tolerancia tiene un límite. El cristianismo tendría que conformarse a los varios sistemas de pensamiento y práctica hindú.

Una perspectiva cristiana hacia los hinduistas es consciente de la gran diversidad de experiencias religiosas de estos. También sabe que los hindúes difieren en las formas en que afirman tener conocimiento e inspiración de las sendas que han tomado hacia Dios, la verdad y una vida religiosa. Por ejemplo, puede apreciar el intenso fervor religioso y el compromiso de los hindúes para con las mejores enseñanzas del Bhagavad Gita, o el gran respeto del hindú por la naturaleza. De manera que una perspectiva cristiana debe reconocer que el hinduismo es una represa de verdades religiosas con hindúes que están en varias condiciones de pensamiento, práctica y compromiso religioso. Un modo apropiado de comprender la condición religiosa de un hinduista es encontrarse con él mientras practica el hinduismo, teniendo cuidado de no abrumarlo con todos los componentes del hinduismo.

Una perspectiva cristiana también reconoce que hay diferencias radicales con el hinduismo en sus más grandiosas posturas sobre Dios y la verdad, tanto como en las nimiedades de la devoción religiosa. Como no hay fundador, no hay credos y no hay una única expresión de revelación tal como sí sucede en el cristianismo tradicional, a menudo el hinduismo resulta difícil de describir y de entender.

Sin embargo, hay varias creencias dentro del hinduismo que una perspectiva cristiana nota especialmente. Una postura básica del hinduismo es un universo unitario. Hay poca distinción entre un creador-dios y la creación. *Dios*, principio divino, humanidad, animales y naturaleza son todos básicamente uno. Un objetivo primordial del hinduismo es unión o absorción de todas las partes en el todo. Esta perspectiva se hace explícita en el concepto hindú de que en el ciclo karma-trasmigración, uno puede tomar la forma de un animal o un ser humano. Nada desaparece sino que simplemente adquiere una forma diferente con el objetivo subyacente de que en algún momento en el tiempo y el espacio todas las formas se hagan una. Algunos hindúes pueden hablar de esta unidad o forma diciendo que es Dios, un principio impersonal, o la realidad para la cual existe el dios Krishna.

En la perspectiva cristiana Dios es el creador personal del universo. La creación de Dios incluye la humanidad, una creación especial, juntamente con el orden animal y natural. La relación entre Dios y los seres humanos quiere basarse en principios personales, responsables y de compañerismo. A diferencia de la posición básica del hinduismo sobre la realidad, una *persona* difiere del orden natural, fue creada para ser responsable ante Dios, y posee voluntad, intelecto y emociones para comunicarse con Dios. No hay un ciclo de karma-reencarnación.

Hay un sentido cristiano de la *historia*. Esta tiene un comienzo. Se mueve con propósito según las intenciones de Dios, quien la originó. La historia tiene una conclusión. De modo que la historia tiene sentido. Más particularmente, tiene un sentido fundamental y último para el individuo que se relaciona con Dios en su vida. La historia demuestra la existencia singular del individuo.

La postura hindú de la historia está condicionada por tiempo sin fin. El tiempo es como un círculo o un espiral. Un individuo puede entrar y salir del tiempo y de la historia en formas variadas. Por medio de la trasmigración de almas en la reencarnación una persona puede tener vida en muchos períodos históricos.

A esta altura uno puede observar que hay divergencias entre la visión cristiana y la visión hinduista de Dios, la persona, la naturaleza, la historia y la vida. Esta divergencia se hace más pronunciada en las perspectivas sobre el *destino humano*, sus retos y su cumplimiento. Una perspectiva hindú clásica ve la dificultad primaria de la vida humana como un problema de conocimiento e ignorancia. Uno puede llegar a Dios y alcanzar unión o absorción a través del correcto entendimiento de la naturaleza de la realidad. Una solución es triunfar sobre la ignorancia con explicaciones e iluminación. Uno también puede alcanzar la unión a través de buenas obras, sacrificios y devoción a dioses en particular. Uno tiene tiempo para lograr esta clase de salvación por varios ciclos de reencarnaciones. Para una perspectiva cristiana, el problema esencial de la humanidad no son los distintos grados de conocimiento o ignorancia. El problema radica en el pecado, la rebelión moral y la maldad. La dificultad esta en la desobediencia individual a Dios a través de una elección deliberada. La gravedad del dilema de la humanidad es el rechazo de la voluntad y el amor de Dios, y el contexto del dilema tiene lugar en la historia personal de cada individuo.

La posición cristiana y la hindú difieren en la naturaleza de *los problemas humanos*, y difieren en su solución. Los hindúes tienen muchas sendas para lograr la salvación, y estas incluyen ética laboral, conocimiento místico, ejercicios de meditación y devoción a los dioses. Todos estos senderos son válidos. Algunos pueden ayudar a que uno logre la salvación más rápidamente; algunos se basan en métodos individuales; otros dependen del consejo y la benevolencia de un Krishna endiosado. En realidad, el hinduismo permite que haya nueve reencarnaciones (avatares) del dios, Vishnu, incluyendo un ciervo, una tortuga y Krishna. En el trasfondo de todos estos senderos está la perspectiva de la unión de todas las cosas.

Según la perspectiva cristiana, la solución del dilema humano radica en la relación entre Dios y el individuo en el contexto del evangelio. La trascendencia y el significado final del evangelio está en Jesucristo y sus enseñanzas. El individuo no puede solucionar solo sus dilemas. El pecado humano se soluciona a través de Dios en la encarnación, la vida y las enseñanzas, la crucifixión y la resurrección de Jesucristo. Hay perdón de pecados cuando el individuo acepta por fe la voluntad y el amor de Dios demostrados en Jesucristo. Él es único y singular. La salvación es un regalo de Dios por medio de Jesucristo al individuo. Se experimenta en la existencia histórica de la persona y en una relación eterna con Dios. La encarnación demuestra a Dios tal como es en relación con los seres humanos. La crucifixión muestra la gravedad del pecado de la humanidad y la actitud de Dios, que está siempre listo para perdonar. La resurrección demuestra las eternas posibilidades de vida en el triunfo sobre la muerte y el establecimiento de una relación con Dios y el reino de Dios que comienza en la historia.

De modo que cristianos e hindúes tienen creencias y prácticas distintivas que se desafían mutuamente con sus diferencias y proporcionan oportunidades para aprender recíprocamente. El respeto hinduista por la naturaleza, por la preocupación para con las necesidades de la vida interior a través de reflexión y meditación, y por el intento de hallar unidad e integridad en la vida y el universo, son ejemplos desafiantes. El concepto y la práctica de la no violencia (*ahimsa*) como deber religioso, expresado en la vida de Mahatma Gandhi y aprendido por Martin Luther King de las enseñanzas hindúes, son dignos de consideración. Los escritos judíos como las Vedas, las Upanishads y el Bhagavad Gita contienen muchos ideales nobles que han contribuido al desarrollo de la humanidad. Una perspectiva cristiana hacia los hinduistas reconoce el vasto depósito de alcance y expresión religiosa que ellos presentan al mundo.

Mahatma Gandhi dijo que Jesucristo le pertenece a todo el mundo. En un sentido cristiano, eso habla de lo inclusivo que es el evangelio. Este tiene significados singulares y fundamentales para el hinduismo. Sin embargo, según la perspectiva cristiana el evangelio también es exclusivo porque Jesucristo no es simplemente otra encarnación (avatar) en el sentido hindú. Jesucristo es la encarnación de Dios, único en expresión histórica y salvífico en cuanto a significado para todas las tradiciones religiosas.

Un comentario sobre personas budistas

Cuando se estudian las enseñanzas del budismo clásico, uno nota que el énfasis está en el ser humano, no en Dios. Las inquietudes del Buda no estaban tanto en lo metafísico y especulativo sobre la existencia de Dios sino más en la naturaleza psicológica y ética de la humanidad. Sin embargo, además del budismo clásico se desarrolló un movimiento que hizo énfasis en la metafísica, los dioses y la salvación. En una perspectiva cristiana hacia el budismo es importante saber que los budistas Hinayana adhieren más puntillosamente a las enseñanzas clásicas, mientras que los budistas Mahayana han interpretado y cambiado estas enseñanzas, que ahora incluyen fe y práctica en dioses que proporcionan salvación.

Budistas Hinayana

Una perspectiva cristiana hacia los budistas Hinayana se basa ante todo en "Las cuatro verdades nobles" y en "El sendero de ocho aspectos", como lo enseñara Buda. En estas verdades y este sendero no hay un concepto de Dios. El énfasis está en el individuo quien, por medio de entendimiento apropiado, acciones éticas y disciplina mental puede vencer las dificultades de la vida y entrar en el Nirvana, un estado indescriptible. El problema más grande de la vida es el sufrimiento, que se inicia a través de deseos en lugares errados. No hay un concepto del alma, y no hay un estado descriptible de existencia después de la vida. Los budistas continúan creyendo, tal como los hindúes, en el ciclo karma-reencarnación, pero sin creer en el concepto del alma. Esta negación del alma (anatta) hace surgir preguntas sobre qué es lo que trasmigra de una era histórica a la otra. De modo que un cristiano tiene muy poco en común dentro de lo que es pensamiento-formas budistas Hinayana para comunicar a Dios, el alma y una realidad trascendente como la vida eterna.

Los budistas Hinayana dan gran importancia al concepto y la experiencia del sufrimiento, y crean métodos por los cuales el sufrimiento se puede vencer o eliminar. Una perspectiva cristiana ve el sufrimiento en el contexto de la creación de Dios, el pecado de la humanidad, la maldad y la crucifixión de Jesucristo. La razón de ser se puede hallar en y a través del sufrimiento. La crucifixión de Jesucristo demuestra una manera por la cual se encuentra el sufrimiento, no escapándole sino experimentándolo y, consecuentemente, triunfando sobre él. Los más profundos significados que se le adosan al sufrimiento, como la maldad y la muerte, también se pueden vencer en la crucifixión y la resurrección de Jesús.

Para el budista toda la responsabilidad del sufrimiento está en el individuo. No hay ayuda de Dios. No hay esperanza basada en una vida futura. Sin embargo, los budistas creen que las acciones éticas de buena voluntad (*metta*), benevolencia y compasión (*karuna*) ayudarán a eliminar el sufrimiento. Los monjes budistas sirven como mediadores ayudando a los budistas con el problema del sufrimiento. Como los monjes tienen más tiempo para la práctica de los ideales éticos más elevados y las disciplinas mentales, los budistas los recompensan con ofrendas para que los méritos de los monjes se puedan transferir a los budistas mismos. De manera que en el budismo Hinayana hay un sistema mediatorio.

Una perspectiva cristiana de budistas Hinayana reconoce su ansiedad y frustración con los problemas complejos de vivir en el mundo. El sufrimiento es real. Uno puede tener en alta estima las elevadas doctrinas éticas del budismo que enfatizan honestidad, integridad, pacificación y equilibrio ecológico con la naturaleza. La responsabilidad que el individuo debe asumir por sus acciones y la libertad de elección son creencias y prácticas admirables. Sin embargo, la cosmovisión cristiana no es atea ni agnóstica. Reconoce a Dios y una creación buena. Afirma la potencialidad de los seres humanos como también la humanidad pecadora. La ética se centra en la relación entre un Dios de justicia y amor y la humanidad, y Jesucristo como el mediador-reconciliador de la humanidad con Dios. El mundo no es un lugar del cual escapar sino un lugar donde vivir positivamente.

Budistas Mahayana

Los budistas Mahayana se basan en el fundamento de las enseñanzas de Buda, pero tienen distintas interpretaciones y prácticas. Estos budistas elevan una enseñanza central: la idea de un salvador-dios, el Bodhisattva, que ayuda a los individuos a alcanzar la salvación. El Bodhisattva es una persona santa que ha alcanzado la iluminación pero demora la entrada al Nirvana para ayudar a otros a que la alcancen. A través de la fe, el individuo se apoya en la gracia y la compasión del Bodhisattva. Los budistas del movimiento de la "tierra pura" adoran a Amida, que les promete un paraíso en el más allá.

Una perspectiva cristiana advierte que hay diferencias clave entre los budistas Hinayana y Mahayana. Estos últimos ven al individuo no tanto como autónomo sino como dependiente. Es prominente una experiencia religiosa fundamentada en creencias, fe, gracia y salvación. Es importante una cosmovisión que incluya un salvador y vida después de la muerte.

Hay varios aspectos de una perspectiva cristiana hacia budistas Mahayana. En las clásicas enseñanzas de Buda, la existencia de Dios no tenía importancia. En realidad, el lugar de la religión con sus creencias y rituales básicamente era irrelevante. Sin embargo, los budistas tienen una tendencia a creer en una realidad más allá de ellos mismos, mientras la postura cristiana sostiene que Dios es una realidad.

La idea budista va del énfasis en el individuo a la importancia de la relación del individuo con otros y con el Bodhisattva. Una posición cristiana confirma la necesidad religiosa del individuo para la comunidad y para la correcta relación con Dios. Entre los budistas Mahayana uno puede preguntar qué ha pasado con el concepto de sí mismo. Si el yo no es real, como implican las enseñanzas clásicas, ¿por qué se da tanta importancia a tratar de preservarlo? ¿Por qué no dejar que se apague, que expire, que se extinga? Si el yo es una ilusión, ¿por qué vale la pena que el Bodhisattva lo preserve en otra existencia? Entre los budistas con buena voluntad desinteresada se otorga valor a hacer bien a otros sin considerar el propio bienestar. Sin embargo, está la enseñanza fundamental de ya no desear ni ansiar sino dejar el mundo libre de pensamientos, emociones y relaciones con otros seres humanos.

Así como el hinduismo, el budismo ofrece opciones a sus seguidores. En religiones donde el conocimiento de los dioses puede ser esotérico y los caminos para alcanzar la salvación pueden ser complejos, las religiones se amoldan. Una perspectiva cristiana nota que ocurrieron cambios en el budismo, y se fue de un sistema basado en filosofía y psicología a uno con creencias y prácticas religiosas. Sin embargo, a través del budismo permaneció la idea de karma-reencarnación. Para los budistas Hinayana los monjes se convirtieron en los santos que ayudan a las masas a escapar de ciclos de renacimiento más rápidamente a través de un sistema de méritos. Para los budistas Mahayana los Bodhisattva se convirtieron en los dioses que ofrecen salvación durante una vida que podría romper el ciclo de renacimiento y proveer una vida eterna después de la muerte.

Una perspectiva cristiana hacia los budistas denota tensiones y posibles contradicciones dentro de sus enseñanzas y estilos de vida, pero esto puede ser cierto en todas las religiones. La psicología budista es compleja y a menudo difícil de traducirse a otras formas culturales y otras terminologías. Uno puede llegar a apreciar la seria búsqueda empírica y pragmática de los budistas a medida que ellos delinean los problemas de la situación humana e intentan validar sus respuestas a partir de la experiencia personal. Ellos continúan teniendo preocupaciones sobre Dios y la realidad trascendente, la naturaleza humana, la maldad, la salvación y la liberación, y un salvador. Una perspectiva cristiana invitará a los budistas a considerar el pleno significado del evangelio tal como se lo presenta en Jesucristo y sus enseñanzas.

Un comentario sobre personas musulmanas

De las religiones más importantes, el Islam está experimentando una historia singular en el mundo contemporáneo. Cientos de miles de musulmanes viajan por todo el mundo para estudiar en escuelas, universidades y centros de investigaciones; para trabajar en industrias; para llevar a cabo transacciones comerciales basadas en su riqueza petrolera; para hacer turismo y visitar familias y amigos. Ellos podrían contar la historia de su familia, de su nación, de su religión y de sus aspiraciones para el futuro. Algunos musulmanes son entusiastas de su fe y de su práctica religiosa, de la creciente importancia del Islam en el mundo, de la publicidad que los acontecimientos del presente brindan a su religión y a sus países nativos. Otros musulmanes se angustian por el rápido cambio en sus países de nacimiento cuando estos se tornan más modernos. ¿Qué le hará el cambio a su religión, a su familia y a su nación? Algunos musulmanes están procurando una razón de ser para sus fragmentadas y confundidas vidas.

Cristianos y musulmanes han interactuado durante más de 1300 años. El Islam creció en un trasfondo con dejos de iglesias cristianas. El profeta Mahoma tuvo contacto con cristianos, y transformó muchos aspectos de las narraciones del Nuevo Testamento para luego incluirlos en el Corán.

Durante el oscurantismo cristiano en la Europa medieval, el arte islámico, la arquitectura, la literatura, las ciencias, las matemáticas y la medicina florecieron en el Medio Oriente. El Islam preservó las obras filosóficas de eruditos cristianos durante este período, que se convirtió en un renovado legado de la iglesia en la Edad Media tardía. Las cruzadas marcaron un punto bajo en las relaciones entre cristianos y musulmanes, y esta era permanece como una fuerza negativa en las relaciones contemporáneas entre cristianos y musulmanes.

Ambos tiene una variedad de ideas teológicas similares, y valores y prácticas religiosas que pueden explorar. Conceptos teológicos como el monoteísmo, la revelación, los profetas, la salvación, el juicio, la escatología, la ley y la ética presentan oportunidades para exploración. El simple hecho de que el Islam edifique su fundamento religioso sobre trasfondos hebreo-cristianos ofrece similitudes de ideas y de ideales. El énfasis musulmán en la oración, la adoración colectiva, la mayordomía, la predicación y la escritura le da al cristiano puntos de contacto en la comunicación.

Una perspectiva cristiana hacia los musulmanes puede sentir aprecio por varias declaraciones doctrinales islámicas. Los cristianos pueden reflexionar en las declaraciones de los musulmanes sobre la naturaleza de Dios incluyendo la unidad, la misericordia, la compasión, la rectitud y la justicia. Los musulmanes dan énfasis a una religión profética en la cual Dios se comunica a través de individuos llamados profetas. Su cosmovisión incluye la creación por parte de Dios, una experiencia histórica decisiva donde los individuos viven la vida y toman decisiones con consecuencias fundamentales para después de la muerte, y un juicio final. La fe y la incredulidad, el compromiso religioso y la decisiones éticas son aspectos importantes para los musulmanes.

El enfoque de la fe y la práctica de estos musulmanes le proporciona al cristiano grandes medios de comunicarse a nivel de creencias y de fe. Una perspectiva cristiana también puede apreciar la disciplina y el compromiso en la vida de muchos musulmanes. Estos dan mucho tiempo y recursos a la oración, tanto formal como informal. Se observan las épocas de ayuno. Los indigentes son responsabilidad de la mayordomía del musulmán fiel.

La comunidad musulmana tiene la responsabilidad de reunirse para la adoración y la oración en los tiempos señalados. A los ojos de los musulmanes, estas disciplinas no son opcionales, sino que son expresiones musulmanas de devoción y alabanza a Dios.

Quizás más que cualquier otro grupo religioso, los musulmanes tienen opiniones muy particulares hacia los cristianos. Estas han nacido de la proximidad de ambos trasfondos y de ideas y prácticas similares. Hay varias ideas que tienen los musulmanes sobre la fe cristiana y su práctica, ideas que han causado malentendidos entre ambos pueblos. Los musulmanes enfatizan la unidad de Dios (Alá) en naturaleza y en atributos. Ellos ven el concepto cristiano de Dios como fragmentado y desunido, y piensan que los cristianos creen en tres dioses. Han malentendido la declaración cristiana de la Trinidad y la realidad de la experiencia sobre la cual habla esa declaración. Los cristianos son monoteístas. Ellos creen en la unicidad y en la unidad de Dios, características confirmadas en la revelación de Dios y en la experiencia cristiana.

Los musulmanes consideran que tanto los cristianos como los judíos son *pueblos del libro*. Entienden que la revelación de Dios ha llegado a judíos y a cristianos a través de profetas de Dios como Moisés y Jesús. Sin embargo, los musulmanes creen que estas personas malentendieron y distorsionaron la revelación. Consecuentemente, la Torá (Antiguo Testamento) y el Injil (Nuevo Testamento), o la Biblia tanto para cristianos como para judíos contienen corrupciones, que no son fallas de los profetas sino de las personas. Los musulmanes creen que Dios dio la revelación final y pura por medio del último profeta, Mahoma. El Qur'an contiene dicha revelación. Esta es el contenido corregido de la revelación en la Torá y el Injil. Por lo tanto, los cristianos y los judíos viven bajo las distorsiones y las falsedades de sus propias Escrituras. Que consideren a los cristianos un pueblo del libro ha equivalido a otorgarles cierta posición especial en comunidades musulmanas, como por ejemplo la libertad religiosa de culto.

La perspectiva cristiana de la revelación, los profetas y la Escritura varía de la musulmana. La revelación de Dios se ve en la naturaleza, en la historia humana y en el contenido de la Biblia. Esta se convierte en el depósito de los ejemplos de la revelación de Dios. Para ser más específicos, la Biblia y el evangelio, es decir Jesucristo y su enseñanza, se convierten en puntos de sostén para la revelación. Los profetas son los mensajeros de la revelación de Dios. Sin embargo, la postura cristiana sostiene que la revelación de Dios de manera única y fundamental se expresó en Jesucristo. Una perspectiva cristiana puede llegar a apreciar toda verdad que sea evidente entre musulmanes, incluso los pensamientos y las enseñanzas de Mahoma y los dichos del Corán. Sin embargo, la perspectiva cristiana no se refiere a Mahoma como el sello de los profetas o al Corán como la revelación de Dios más reciente, suprema y correctiva.

Tal vez el punto más discutido entre cristianos y musulmanes sea la naturaleza y el significado de *Jesús*, y quizás sea el punto de contacto más volátil y de más tensión. Los musulmanes demuestran tener un gran aprecio por Jesús, como se registra en el Corán y en varias tradiciones escritas y expresiones verbales. El Corán se refiere al nacimiento virginal de Jesús, y asocia a Jesús con milagros. En el Corán palabras descriptivas sobre Jesús incluyen siervo, espíritu, Mesías, profeta, mensajero, señal, parábola, testigo, justo y bendito. Se le dan más títulos honrosos que a cualquier otro profeta en el Corán. Este difiere con la Biblia en su narración sobre la crucifixión de Jesús. De acuerdo al Corán, Jesús no fue crucificado en la cruz ya que alguien tomó su lugar; y no hubo resurrección.

Como hemos indicado, los cristianos tienen sus puntos de apoyo en el Dios que se reveló en Jesucristo. Las narraciones bíblicas de la encarnación, la crucifixión y la resurrección de Jesús son los sellos distintivos no solo de las enseñanzas sino de la experiencia cristiana. Las cuestiones difíciles entre cristianos y musulmanes se centran en la naturaleza de la revelación, la autoridad, y la naturaleza y el rol de Jesucristo. Estos también son temas problemáticos con otras religiones. Los cristianos y los musulmanes usan palabras cuya historicidad y semántica pertenecen a la Palestina de Abraham, a la Nazaret y la Jerusalén de Jesús, y a la La Meca y la Medina de Mahoma. A veces usan las mismas palabras que transmiten los mismos significados. Otras veces pronuncian las mismas palabras con significados totalmente distintos. Está el idioma de las palabras y el idioma de las relaciones. Una perspectiva cristiana equilibrada reconoce las dificultades adosadas al uso y los significados de palabras entre cristianos y musulmanes, mientras al mismo tiempo opta por un idioma de relaciones fundadas sobre confianza, paciencia y servicio.

EJERCICIOS PARA LA REFLEXIÓN

■ _____ ■

Capítulo 1 Panorama de los pueblos y sus religiones

1. Hacer una lista y debatir cuatro razones de por qué el estudio de las religiones del mundo resulta de importancia.

2. ¿Cuáles son las diferencias entre monismo, animismo, politeísmo y monoteísmo?

3. ¿Por qué los escritos sagrados son importantes para las personas religiosas? ¿Por qué la escritura sagrada es importante para usted? ¿Cómo explicaría usted esa sagrada escritura a otra persona?

4. ¿Hay principios y prácticas similares entre las religiones más importantes? ¿Qué las hace similares o diferentes?

5. ¿Cuáles son los desafíos básicos para que la religión sobreviva y crezca? A su entender, ¿cuáles son los más importantes? ¿Por qué?

6. Escribir un breve ensayo sobre el tema "Mi perspectiva hacia otras religiones es…"

7. Escoger una o más de las siguientes opciones:

    a. Preguntar a una persona de otra religión que explique su perspectiva de Dios.

    b. Entrevistar a una persona de otra religión sobre la perspectiva que tiene esa persona sobre la escritura y la vida religiosa que se deriva de la escritura.

c. Tomar un mapamundi. Marcar los orígenes y la expansión de las religiones mundiales más importantes. ¿Qué religiones son más misioneras?

Capítulo 2 Hinduismo

1. ¿Cómo se puede explicar la diversidad de creencias en el hinduismo?

2. Explicar la devoción hindú hacia la vaca. ¿De qué manera esta devoción resulta normal para el hinduista?

3. ¿Qué es el sistema de castas en el hinduismo? ¿De qué manera la devoción a Krishna afecta el sistema de castas?

4. Los hindúes oran en el nombre de Señor Krishna. Los cristianos oran en el nombre del Señor Jesús. ¿Qué quiere decir el hindú? ¿Qué quiere decir el cristiano?

5. Explicar el significado de términos como:

a. Avatar	f. Moksha
b. Brahma	g. Trasmigración
c. Brahmán	h. Cuatro sendas (margas)
d. D. Atman	i. Veda
e. Karma	j. Bhagavad Gita

6. Elegir una de las siguientes tareas:

a. Entrevistar a un hindú y determinar su perspectiva y su lealtad a una deidad hindú, su manera de culto en el hogar y en un templo, y su creencia en la vida después de la muerte. ¿Qué necesita el hindú para obtener la vida en el más allá?

b. Visitar un templo hindú, observar las ceremonias, conversar con los hindúes, y poner por escrito la experiencia como si usted fuera un periodista que está preparando un artículo para el periódico del día siguiente.

c. ¿Cómo explicaría usted su fe religiosa a un hindú? ¿Qué características del hinduismo le parecerían más fáciles de afrontar al hablar de su propia fe? ¿Qué características del hinduismo le parecerían más difíciles?

Capítulo 3 Budismo

1. Defina o identifique lo siguiente:

   a. Buda   f. Mahayana

   b. Tres votos   g. Bodhisattva

   c. Cuatro verdades nobles   h. Zen

   d. Sendero óctuple   i. Nichiren Shoshu

   e. Hinayana   j. Tripitaka y Sutra

2. ¿Fue Buda un reformador del hinduismo? ¿De qué manera?

3. ¿Qué significa la palabra Buda? ¿Cuáles son las diferencias, si las hay, entre la perspectiva de Gautama Buda y la palabra Buda entre los Hinayana y los Mahayana?

4. ¿Cómo describiría el Bodhisattva, y cómo compararía ese término con el término avatar del hinduismo?

5. ¿Qué significa Nirvana? ¿Hay diferencia en el significado que le dan los Hinayana y los Mahayana? ¿Cuál es la diferencia, si la hay?

6. ¿Es el budismo un movimiento misionero? Explicar.

7. ¿Cuáles son las formas más importante del budismo en el continente americano?

8. Elija una o más de las siguientes opciones:

   a. En un mapa, siga el movimiento del budismo desde su tierra nativa hacia Norteamérica. Detalle las formas de budismo más importantes en los distintos países.

   b. Converse con un budista. Si fuera posible, asista a una ceremonia budista en un templo. Descubra cuáles considera el budista son las creencias y las prácticas fundamentales por las cuales se demuestra el budismo.

   c. ¿A quién preferiría explicarle su fe religiosa? ¿A un budista Hinayana o a uno Mahayana? ¿De qué forma lo haría?

   d. Estudie el concepto de Bodhisattva. Escriba un breve ensayo sobre su significado y el significado de Jesucristo.

Capítulo 4 Tradiciones religiosas chinas y japonesas

1. Defina o identifique lo siguiente:

   a. Confucio   f. Sinto

   b. Lao Tzu   g. Kami

   c. Cinco relaciones confucianas   h. Analectas

   d. Tao   i. Dioses del arroz

   e. Yang y Yin   j. Li

2. ¿Quién fue Confucio? ¿Un maestro, un filósofo y/o un líder religioso?

3. ¿Qué es el taoísmo? ¿En qué defiere del confucianismo?

4. ¿De qué manera el sintoísmo afecta al individuo, a la familia y a la nación de Japón?

5. ¿Cuál es la relación entre budismo y sintoísmo en Japón?

6. Elija una o más de las siguientes opciones:

   a. Escriba un breve ensayo sobre el impacto del confucianismo en la China contemporánea.

   b. Compare las ceremonias en templos y santuarios confucianos, taoístas y sintoístas. ¿En qué se parecen o se diferencian? Haga un cuadro con las características.

   c. Escriba un breve ensayo sobre el lugar que ocupan los antepasados en las religiones chinas y japonesas.

Capítulo 5 Judaísmo

1. Haga una lista de las religiones que comenzaron o tuvieron sucesos muy importantes alrededor del siglo VI a.C. ¿Por qué cree que ese fue un tiempo productivo en el proceso de desarrollo de las religiones?

2. Defina o identifique:

a. Torá

b. Talmud

c. Religión profética

d. Mesías

e. Judaísmo reformado

f. Judaísmo conservador

g. Judaísmo ortodoxo

h. Maimónides

i. Israel

j. Sinagoga

3. ¿Qué es el judaísmo? ¿Quién es judío? ¿Qué importantes principios de fe y práctica son parte del judaísmo?

4. ¿Cuáles son las implicaciones de la formación de la nación de Israel en 1948 en lo que se refiere a la historia del pueblo de Israel, el pueblo de Palestina, los judíos en el mundo y otras naciones?

5. ¿Cuál es el significado de la ciudad de Jerusalén en la historia de Israel, en la historia del cristianismo y en la historia islámica?

6. Elija una o más de las siguientes opciones:

a. Bosqueje la historia de los judíos desde el Antiguo Testamento hasta el presente.

b. Visite una sinagoga durante el culto judío y escriba un ensayo sobre dicha observancia.

c. Entreviste a un rabino sobre las experiencias de su vida, incluyendo decisiones de entrar en la vida religiosa, su entrenamiento como rabí, y su tarea como tal.

d. Escriba un ensayo sobre el significado del monoteísmo en el contexto del judaísmo, el cristianismo y el Islam.

e. Entreviste a varios judíos sobre el significado del Mesías en el pensamiento judío.

Capítulo 6 Cristianismo

1. Defina o identifique:

   a. Nuevo Testamento

   b. Trinidad

   c. Cuatro aspectos de la iglesia

   d. Martín Lutero

   e. Mesías

   f. Catolicismo romano

   g. Ortodoxia oriental

   h. El apóstol Pablo

   i. El libro de Hechos

   j. Jerusalén

2. Bosqueje los períodos históricos más importantes de la iglesia cristiana.

3. Escriba un breve ensayo sobre las raíces de la tradición cristiana tal como surgió del judaísmo.

4. ¿Cuál es el significado de los siguientes términos dados a Jesús de Nazaret: Salvador, Señor, Cristo, Hijo de Dios, Hijo del Hombre?

5. ¿Es el cristianismo una religión misionera? ¿De qué modo? Compárelo al hinduismo, al budismo y al judaísmo en cuanto a su condición de religiones misioneras.

6. Elija una o más de las siguientes opciones:

   a. Compare las creencias y las prácticas más importantes del catolicismo romano, de la ortodoxia oriental y del protestantismo. ¿Cuáles son sus más grandes similitudes y diferencias?

   b. ¿Cómo difiere la arquitectura de la iglesia? ¿Qué transmite la arquitectura de la iglesia en lo que se refiere a arreglos físicos y simbolismo?

   c. ¿Cómo difieren los roles y las funciones de un sacerdote católico romano y un ministro protestante?

   d. Salvación es un término usado en el cristianismo. ¿Cómo se usa esta palabra en el hinduismo, el budismo y el judaísmo, o cuáles son sus equivalentes?

Capítulo 7 Islam

1. La religión del Islam comenzó en el siglo VII d.C. ¿Qué influyó para su comienzo?

2. Defina o identifique:

a. Mahoma	g. La Meca
b. Alí	h. Medina
c. Seis pilares del Islam	i. Jerusalén
d. Sunita	j. El Corán
e. Chiíta	k. Imán
f. Sufi	l. Pueblos del libro

3. Compare las perspectivas judía, cristiana y musulmana de Yahvéh, Dios y Alá respectivamente. ¿Qué criterio usaría para evaluar la perspectiva de una persona en cuanto a un ser divino?

4. Compare las creencias y las prácticas principales de judíos, cristianos y musulmanes. Tome nota de las similitudes y las diferencias.

5. ¿Qué rol tiene Jesús en el Islam?

6. Elija una o más de las siguientes opciones:

   a. Marque en un mapamundi la expansión misionera del Islam desde el siglo VII d.C. hasta el presente. ¿Qué países tienen importantes poblaciones de musulmanes?

   b. ¿Por qué los musulmanes llaman a judíos y cristianos "pueblos del Libro"?

   c. ¿Por qué Jerusalén es importante para judíos, cristianos y musulmanes?

   d. Visite una mezquita. Observe el programa del culto. Escriba un breve ensayo que detalle la arquitectura y la ceremonia.

   e. Entreviste a un musulmán. Determine lo que entiende por Dios, profeta, oración, ley, amor y Jesús.

Capítulo 8 Otras tradiciones religiosas

1. Defina o identifique:

a. Animismo	i. Oladumare
b. Mahavira	j. Baha'ullah
c. Nanak	k. Avesta
d. Khalsa	l. Casa de Justicia
e. Ahimsa	m. religiones de misterio
f. Zeus	n. antepasados
g. Zigurat	o. templo de fuego
h. Zoroastro	p. Amón-Ra

2. ¿Qué influencias tuvieron las religiones mediterráneas en el desarrollo del cristianismo?

3. El jainismo y el sijismo nacieron en la India. ¿Cuál fue la influencia del hinduismo en el jainismo, y cuál la del hinduismo y el Islam en el sijismo? ¿Cuánto difiere cada uno del hinduismo y del Islam?

4. ¿Fue el zoroastrismo una religión monoteísta y ética? ¿De qué manera? Comparar en relación con el judaísmo y el cristianismo.

5. La religión africana tradicional se ha descrito como monoteísta. Describir cómo la entiende usted.

6. La fe Baha'i se ha descrito como la religión mundial más reciente. ¿Está de acuerdo? ¿Cuál es su relación original con el judaísmo, el cristianismo y el Islam?

7. Elegir una o más de las siguientes opciones:

   a. Escribir un breve ensayo sobre el impacto de una de las siguientes religiones sobre la población mundial: jainismo, sijismo, zoroastrismo, baha'i o religión tradicional africana.

   b. ¿Cuáles fueron las similitudes y las diferencias del rol del profeta Zoroastro para su tiempo y lugar con el rol de Amós, el profeta hebreo; Buda, el iluminado; Mahoma, el profeta musulmán?

   c. Visite un templo o un lugar de reunión sij o baha'i, y observe a su alrededor. Entreviste a un sij o a un baha'i sobre sus creencias y prácticas. Escriba un breve ensayo sobre lo que descubra.

Capítulo 9 Religiones en acción: Estudio del Medio Oriente

1. Hacer una lista de las principales religiones del Medio Oriente. Describir los lugares donde tienen más fuerzas.

2. ¿Qué grandes movimientos o influencias están actuando en las religiones del Medio Oriente? ¿Cuál es su importancia?

3. Escriba un breve ensayo sobre varios de los siguientes temas:

   a. La religión y la política en el Líbano

   b. El judaísmo y el Estado de Israel

   c. La libertad religiosa en Medio Oriente

   d. Kemal Ataturk y el Sha Reza

   e. Las tradiciones religiosas americanas y las de Oriente Medio

4. Escriba un breve informe sobre varios de los siguientes temas:

   a. El Islam chiíta en Irán

   b. El cristianismo en Irán

   c. Las religiones minoritarias en Irán y la libertad religiosa

   d. Religión en Irán: poder y política

   e. El sha Mohammed Reza Pahlevi y el ayatolá Khomeini

5. Proyectos para investigación adicional:

   a. Elegir un país en el Medio Oriente y estudiar sus comunidades religiosas, observando los patrones y los estilos de pluralismo religioso y libertad religiosa.

   b. Considerar el conflicto y la tensión como se expresan en la religión y entre las comunidades religiosas en el Medio Oriente. ¿Cuáles son las fuentes de conflicto? Haga una proyección de cómo se puede resolver el conflicto.

   c. La religión caracteriza naciones, comunidades, familias e individuos. Considerar el significado de la religión de cada entidad de más arriba en el contexto del Medio Oriente y los Estados Unidos.

Capítulo 10 Perspectivas cristianas y religiones del mundo

1. Formule una lista de declaraciones que caractericen sus creencias principales. Hable sobre ellas con otra persona u otro grupo.

2. Haga una lista y reflexione sobre varias perspectivas cristianas hacia otras religiones.

3. Escriba un breve ensayo sobre el tema: "Mi perspectiva hacia otras religiones es…"

4. ¿Qué religión cree usted representa el desafío más grande para el cristianismo? ¿Por qué?

5. En este ejercicio usted puede asumir un rol con miembros de su grupo o puede imaginar la situación y tratar de determinar qué haría. Imagine que una persona extrovertida, devota de otra religión como el hinduismo, el budismo, el Islam o Baha'i se convierte en su vecino. Dicho hindú, budista, musulmán o baha'i está ansioso por hablar con usted sobre su propia religión, y tal vez lo invite a un encuentro religioso. Esta persona bien puede ser un misionero para con usted.

   a. ¿Cuáles son sus sentimientos iniciales sobre este encuentro?

   b. ¿Cuáles imagina serán las suposiciones de esa persona?

   c. Describa lo que piensa sobre las creencias de esa persona, sus prácticas y la invitación que le hizo a usted.

   d. ¿Cuál sería su respuesta a esa persona según su propia fe, práctica y valores religiosos?

6. Con su estudio de las religiones del mundo trate de hacer pronósticos sobre lo siguiente:

   a. ¿Qué religiones crecerán? ¿Por qué? ¿Dónde?

   b. Describa el estatus del cristianismo entre las religiones del mundo.

   c. ¿Qué parte tendrá la libertad religiosa entre las religiones y las naciones?

NOTAS

1. Trad. libre del inglés. F. Edgerton, trans. *The Bhagavad-Gita* (Londres: George Allen & Unwin, 1944), 65-67.

2. Notas personales de un maestro budista Zen, Bhikku Bodhi, que dio una conferencia en Teherán, Irán, el 1 de noviembre de 1970.

3. De www.kuran.gen.tr/html/Spanish/, Exordio, versos 1-7.

4. Ídem, Cap. 2, La vaca, versos 177, 183-185.

5. Ídem, Cap. 3, La familia de Imran, versos 3-4.

6. Idem, Cap. 3, La familia de Imran, versos 67-68.

7. Ídem, Cap. 5, La mesa servida, versos 46-47.